HERFRIED MÜNKLER

Machtzerfall

Die letzten Tage des Dritten Reiches
dargestellt am Beispiel
der hessischen Kreisstadt Friedberg

EVROPA

HERFRIED MÜNKLER

Machtzerfall

Die letzten Tage des Dritten Reiches
dargestellt am Beispiel
der hessischen Kreisstadt Friedberg

Europäische Verlagsanstalt

Bibliografische Information der Deutschen Nationalbibliothek
Die Deutsche Nationalbibliothek verzeichnet diese Publikation in der Deutschen Nationalbibliografie; detaillierte bibliografische Daten sind im Internet über http://dnb.d-nb.de abrufbar.

4. verbesserte und ergänzte Auflage
CEP Europäische Verlagsanstalt GmbH, Hamburg 2014/2024

Signet: Dorothee Wallner nach Caspar Neher »Europa« (1945)

Printed in Germany

ISBN 978-3-86393-171-1

Informationen zu unserem Verlagsprogramm finden Sie im Internet unter www.europaeischeverlagsanstalt.de

Inhalt

Editorial zur Neuausgabe

Dieses Buch ist vor dreißig Jahren geschrieben worden. Es ist dennoch nicht veraltet, weder in methodischer Hinsicht noch im Hinblick auf seine Fragestellung und die ihr zugrunde gelegten Hypothesen. Andererseits könnte dieses Buch heute nicht mehr so geschrieben werden, wie es vorliegt, da die meisten Zeitzeugen, die in den 1980er Jahren noch zur Verfügung standen und bei gezielten Nachfragen über ein insgesamt gutes Erinnerungsvermögen verfügten, nicht mehr am Leben sind. Die vier Jahrzehnte, die zwischen den beschriebenen Ereignissen in Friedberg und der Wetterau sowie ihrer damaligen Rekonstruktion und Darstellung lagen, waren der optimale Abstand: hinreichend, um die erforderliche Distanz zu haben, und nahe genug, um auf das Erinnerungsvermögen der Augenzeugen sowie einiger am Gang der Ereignisse aktiv Beteiligten zurückgreifen zu können.

Die frühen 1980er Jahre waren eine Hochzeit der *oral history*, der Wertschätzung mündlicher Erinnerung. Die Rekonstruktion der Kampfhandlungen in und um Friedberg, eines ersten gescheiterten Übergabeversuchs und der schließlich erfolgten Kapitulation war freilich nicht allein auf nachträgliche Befragungen und Interviews angewiesen, sondern es existierten Aufzeichnungen, die schon bald nach den fraglichen Ereignissen angefertigt worden waren. Dokumente und spätere Erinnerung konnten sich dadurch wechselseitig ergänzen und korrigieren. Zugleich war während der 1980er Jahre ein Interesse an der Lokalgeschichte entstanden, in der das große Geschehen durch das Brennglas kleiner, für den Ausgang des Gesamtgeschehens unbedeutender Orte betrachtet und beschrieben wurde. Was hier sichtbar wurde, war nicht die dämonische Faszination des NS-Regimes mit seinen nächtlichen Fackelzügen, seinen großen Aufmärschen und glänzenden Paraden, etwa in München, Nürnberg und Berlin, die wenige Jahre später in den späteren Fernsehdokumentationen das Bild des nationalsozialistischen Regimes in Deutschland prägen sollten, sondern die kleinstädtische Banalität dieses Regimes, der die große Kulisse abging und in der darum viele Gesten und Reden grotesk und lächerlich erscheinen.

Freilich es gab auch in Friedberg, etwa in der Mitte zwischen Frankfurt und Gießen gelegen, fanatische Nazis, vor allem aber viele, die mitliefen und mittaten, so lange das für sie opportun war und sie sich auf der stärkeren Seite wähnten. In der Zeitspanne zwischen Anfang Januar und Ende März 1945, als die Stadt dann von US-Truppen eingenommen wurde, änderte sich dies, und Risse im Gefüge der Macht wurden sichtbar, bevor das ganze Gebäude schließlich in sich zusammenbrach. Diesen inneren Auflösungsprozess vor dem Zusammensturz wollte ich analysieren und beschreiben, und darauf bezieht sich auch der Buchtitel *Machtzerfall*. Dieser Prozess des Machtzerfalls zog sich über mehrere Monate hin; er begann mit den Selbstzweifeln der Offiziere in der Garnison, ob sie wirklich eine entschlossene Verteidigung der Stadt organisieren oder sich vielleicht doch auf eine schnelle Kapitulation vorbereiten sollten, und ging bis zur Zivilbevölkerung, die zunächst keine aktive Rolle im Geschehen spielte, sich offenbar aber von der Vorstellung eines Kampfes bis zum Untergang verabschiedet hatte, wie sich dann nicht nur im Heraushängen von Bettlaken als »weißen Fahnen« zeigte, sondern vor allem auch in der Plünderung des Proviantamts, eines staatlichen Lagers für Lebensmittel.

Beides, weiße Fahnen wie Plünderungen staatlicher Bestände durch die deutsche Bevölkerung, war im Westen, wo man es mit den Amerikanern zu tun hatte, eigentlich nichts Besonderes: Fast überall wurden weiße Fahnen gehisst und Vorräte geplündert, um sich auf »die Zeit danach« vorzubereiten. Melvin J. Laski, der im frühen April 1945 als Historiker der US-Armee nach Deutschland kam und sich über einige Woche im südhessischen Raum aufhielt, hat das in seinen 2014 erschienenen Erinnerungen (*Und alles war still. Deutsches Tagebuch 1945*, Berlin 2014) eingehend beschrieben. Auch James Stern, der sich im Frühjahr und Sommer 1945 in Bad Nauheim, Darmstadt und Frankfurt aufgehalten hat, weiß ähnliches zu berichten (*Die unsichtbaren Trümmer. Eine Reise im besetzten Deutschland*, Frankfurt am Main 2004). Im hiesigen Fall ist es darüber hinaus möglich, den Zerfall der inneren Bindung an das Regime, die Erosion des Glaubens an Hitler, in allmählichem Fortschreiten zu beobachten und die Plünderung des Proviantamts als einen gleichsam kathartischen Vorgang zu beschreiben: in ihm löste sich mit einem Schlag die nationalsozialistische »Volksgemeinschaft« auf und verwandelte sich zurück in eine Menge von ihrem Eigeninteresse verpflichteten Einzelpersonen. So steht im Zentrum des Buches die These von der für einen kurzen Augenblick ausgelebten Anomie als psychologischem Wendepunkt in der inneren Einstellung vieler Menschen: Durch die Plünderung öffentlicher Vorräte wurden aus Personen, die den Zerfall des Regimes zu ertragen und hinzunehmen hatten, solche, die diesen Zerfall aktiv vorantrieben und ihn – freilich nur im kleinen und als solchen auch nicht beabsichtigt – vorantrieben.

Während es in Friedberg nach einigen Kampfhandlungen zur raschen Kapitulation kam, durchzogen abziehende SS-Verbände Wetterau und Vogelsberg und machten Jagd auf Personen, die sie der Desertation beschuldigten, oder ermordeten diejenigen, die nach offizieller Lesart des Regimes als »fremdrassig« galten. Michael Keller hat die am 26. März 1945 erfolgte Ermordung von 87 Personen, Gestapo-Häftlingen sowie einer größeren Gruppe russischer Fremdarbeiterinnen, in Hirzenhain, etwa dreißig Kilometer von Friedberg entfernt, detailliert rekonstruiert (»*Die Sache mit den Russenweibern ist erledigt*«, Friedberg 2000). Solche Einheiten waren während des Rückzugs der Wehrmachtsverbände überall unterwegs, und die beiden Kampfkommandanten Friedbergs, die eine schnelle Kapitulation der zur »Ortsverteidigung« vorgesehenen Stadt erwogen, wenn nicht gar planten, mussten jederzeit mit dem Eingreifen solcher Einheiten rechnen. Bei der Beurteilung ihres Handelns, das aus heutiger Sicht manchem als eher zögerlich und unentschlossen erscheinen mag, ist dies in Rechnung zu stellen. Was sich im Rückblick als das Naheliegende, ja Selbstverständliche ausnimmt, war es damals keineswegs, sondern die handelnden Personen mussten sich zu einem solchen Entschluss buchstäblich »durchringen«. Es war und ist ein Anliegen dieses Buches, diesen Prozess der Entscheidung und Entschlussfassung nachvollziehbar zu machen.

Berlin, November 2014 / Oktober 2023
Herfried Münkler

Vorwort zur Neuauflage

Als ich Anfang der 1980er Jahre damit begann, das Kriegsende in meiner Heimatstadt Friedberg zu erforschen, war noch umstritten, ob das Ende des Zweiten Weltkriegs für die Deutschen vor allem eine Niederlage oder doch eher die Befreiung gewesen sei. Zwar hatte das sogenannte Wirtschaftswunder die meisten, mit denen ich damals Interviews über die Ereignisse des Jahres 1945 führte, zu einer prinzipiellen Anerkennung der Nachkriegsordnung gebracht, doch diese Anerkennung bestand gelegentlich nur aus einem dünnen Firnis, der sich seit Ende der 1950er Jahre gebildet hatte, als der Lebensstandard in Deutschland den der Vorkriegszeit und noch der ersten Kriegsjahre zu übertreffen begann. Der Rückblick auf die Ereignisse im Winter und Frühjahr 1945 war bei vielen der befragten Zeitzeugen noch von der Erinnerung an getötete Angehörige geprägt, und wenn es sich bei diesen um Kinder handelte, die bei amerikanischen Bombenangriffen auf Friedberg getötet worden waren, so war für die Betroffenen nichts ferner liegend als die Vorstellung einer Befreiung. Das hat sich mit dem Generationenwechsel, der seitdem stattgefunden hat, grundlegend geändert. Während des Vierteljahrhunderts, das seit Beginn meiner damaligen Recherchen vergangen ist, hat die Bezeichnung des Kriegsendes als Befreiung weithin Akzeptanz gefunden.

Für die offizielle politische Kultur der Bundesrepublik hat die große Rede des damaligen Bundespräsidenten Richard von Weizsäcker am 8. Mai 1985 eine tiefgreifende Veränderung bewirkt: In ihrem Gefolge wurde die Niederlage als Befreiung anerkannt, und damit kam es zu einer Selbstanerkennung der Bundesrepublik Deutschland, mit der auch deren Status als politisches Provisorium im Bewußtsein der Mehrheit ihrer Bürger schwand. Die Formel der politischen Selbstanerkennung, die auch über den Zusammenbruch der DDR im Herbst 1989 hinweg für das vereinigte Deutschland Bedeutung behielt, lautet: Weil die Deutschen sich nicht selbst zu befreien vermocht hatten, mußten sie von anderen befreit werden, und das ging nur auf dem Weg über die militärische Niederlage. Das ist eine geschichtspolitische Konstruktion, die den Gang der deutschen Geschichte retrospektiv in eine Ordnung bringt, mit der es sich individuell wie kollektiv leben läßt, auch wenn klar ist, daß die Alliierten den Krieg nicht geführt haben, um die Deutschen von ihrem »Führer« zu befreien, ja, daß sie diesen Krieg nicht einmal geführt haben, um die Opfer der Deutschen zu befreien. Die Befreiung der Deutschen und der von ihnen Unterjochten war ein nichtintendierter Nebeneffekt des Kriegsausgangs, der um so stärker ins Zentrum der geschichtspolitisch angeleiteten Erinnerung trat, je länger das Kriegsende zurücklag. Auf diese Weise wurden individuelles wie kollektives Ressentiment allmählich getilgt. In den zwanzig Jahren, die seit der Erstveröffentlichung des *Machtzerfalls* inzwischen vergangen sind, ist der Zweite Weltkrieg endgültig Geschichte geworden.

Wie wichtig und zugleich schwierig die Überwindung von aus Niederlagen erwachsenen Ressentiments ist, zeigt der vergleichende Blick auf Ereignisse unserer Tage: Die politische Führung der USA hatte gehofft, einen politischen Regimewechsel im Irak in ähnlicher Weise militärisch erzwingen zu können, wie ihr dies im Zweiten Weltkrieg in Deutschland und Japan gelungen war. Und sie glaubte, allen Grund zu dieser Annahme zu haben, war doch von vornherein klar, daß dies infolge der waffentechnischen Entwicklungen inzwischen mit viel weniger Opfern geschehen würde – sowohl an eigenen Soldaten als auch auf seiten der zu befreienden Zivilbevölkerung. Diese amerikanischen Erwartungen haben sich jedoch sehr schnell als Illusion erwiesen. Die

Gründe dafür müssen hier nicht geklärt werden, aber gerade die vielfache Apostrophierung der Befreiung Deutschlands und Japans als Modell für die Befreiung des Iraks hat die Ereignisse im Winter und Frühjahr 1945 in einer Weise politisch aktuell werden lassen, wie man es sich vordem kaum hätte vorstellen können.

Tatsächlich gab es, wie auch die Lektüre dieses Buches deutlich macht, zunächst eine bemerkenswerte Reihe von Analogien und Übereinstimmungen. Ohne daß damit Hitler und Saddam gleichgesetzt werden sollen, beginnen diese Ähnlichkeiten damit, daß die vor der Niederlage Stehenden ein nach innen wie außen grausames, ohne jeden Zweifel verbrecherisches Regime getragen haben, das seine Nachbarn zuvor mit Krieg überzogen und gegen Teile der eigenen Bevölkerung ein brutales Gewaltregime errichtet hatte. Und sie reichen bis zu den Plünderungen, die in Deutschland wie im Irak im Augenblick des Machtzerfalls der alten Ordnung stattgefunden haben. Aber damit enden sie dann auch: Während nämlich die Plünderungen in Deutschland, wie hier ausführlich beschrieben wird, eine innere Verabschiedung der Beteiligten von der alten Ordnung, ein Dementi von Ehre und Opferbereitschaft und der Beginn einer neuen Sorge um sich selbst waren, haben nach allem, was wir darüber wissen, die Plünderungen im Irak dazu gedient, einem Teil der korrupten Elite des alten Regimes die materiellen Ressourcen zu verschaffen, die ihm auch nach dem Machtverlust ermöglichen sollten, das gewohnt aufwendige Leben weiterzuführen. Vergleichbares hat es im übrigen auch in Deutschland gegeben, nur daß hier die Funktionäre und Amtsträger des alten Regimes in aller Stille versucht haben, ihren zu nicht unerheblichen Teilen zusammengeraubten Besitz in Sicherheit zu bringen. Es waren also zweierlei Typen von Plünderung, die in Deutschland und im Irak nach dem Zusammenbruch des alten Regimes stattfanden, und deswegen war es auch ein Fehler der politischen und militärischen Führung der USA, im Irak ähnlich zu reagieren, wie sie dies in Deutschland im Frühjahr 1945 getan hatte: Während es in Deutschland sinnvoll gewesen war, die Plünderungen für einige Zeit hinzunehmen und nicht dagegen einzuschreiten, war dies im Irak ein verheerender politischer Fehler.

Der erste große Unterschied zwischen dem von den USA analogisierten Kriegsende in Deutschland und im Irak war jedoch der erstaunliche Fortbestand der administrativen Infrastruktur in Deutschland, während sich im Irak die alte Verwaltung innerhalb kürzester Zeit auflöste. Der amerikanische Stadtkommandant in Friedberg etwa hatte sein Amt gerade angetreten, als sich die Leiter der deutschen Behörden, vom Finanzamt bis zum Wasserwirtschaftsamt, bei ihm meldeten, um zu erfragen, ob und wie sie ihre Tätigkeit wieder aufnehmen sollten. Und selbst die deutsche Polizei versah wenige Tage nach Übergabe der Stadt wieder ihren Dienst – wenn zunächst auch ohne Schußwaffen. Der ordnungslose Zustand hatte nur wenige Tage, eigentlich nur ein paar Stunden gedauert. All dies war im Irak völlig anders.

Bevor daraus jedoch falsche Schlußfolgerungen hinsichtlich eines geordneten und nach den Regeln zivilisierter Kriegführung erfolgenden Kriegsendes in Deutschland im März und April 1945 gezogen werden, ist es erforderlich, den Blick auf Vorgänge zu werfen, die sich nahezu zeitgleich mit der weitgehend kampflosen Übergabe der Kreisstadt Friedberg in dem etwa dreißig Kilometer entfernten Städtchen Hirzenhain vollzogen: Hier verübte ein SS-Kommando einen Massenmord an vorwiegend osteuropäischen Zwangsarbeiterinnen, die sich dort in Gestapo-Haft befanden. In der Nacht vom 25. auf den 26. März wurden 81 Frauen und 6 Männer erschossen und in einem Massengrab verscharrt, das sie tags zuvor selbst ausgehoben hatten. Michael Keller hat die Vor- und Nachgeschichte dieses Massenmords in seinem Buch *»Das mit den Russenweibern ist erledigt«* (Friedberg/Hessen 2000) minutiös aufgearbeitet. Erst wenn man die Ereignisse während der letzten Märztage 1945 in Friedberg und in Hirzenhain zusammennimmt, bekommt man ein umfassendes Bild vom Kriegsende in der Gegend zwischen Taunus und Vogelsberg nördlich von Frankfurt am Main.

Auch in Friedberg hat es überzeugte Nazis und fanatische Durchhaltekämpfer gegeben, nur daß sie hier nicht zum Zuge kamen. Das freilich hat mehrfach auf Messers Schneide gestanden. Ich habe, als ich vor zwanzig Jahren diese Vorgänge geschildert habe, versucht, das Exemplarische der Ereignisse deutlich werden zu lassen. An vielen Orten dürfte sich im Frühjahr 1945 ähnliches zugetragen haben, und man wird davon ausgehen können, daß nicht nur die Entscheidungsabläufe, sondern auch die Abwägungsprozesse in den Köpfen der Beteiligten ähnlich abgelaufen sind. Das war es auch, was mich beim Zusammentragen des Materials und schließlich bei der Niederschrift des Buches weit über das Interesse an einem Stück Geschichte meiner Heimatstadt hinaus beschäftigt hat: das Exemplarische der Vorgänge, bei denen, gleichsam wie in der Dramaturgie eines Schauspiels, unterschiedliche Charaktere in verschiedenen Rollen auftreten, Entscheidungen treffen oder in Nichtentscheidungen verharren und sich im nachhinein bemühen, die Folgen ihres Tuns und Unterlassens vor sich und anderen zu rechtfertigen.

Bei alledem hat die in den 1970er/80er Jahren dann so wichtig gewordene Frage, ob es sich um Niederlage oder Befreiung gehandelt habe, keine Rolle gespielt. Ich habe darum als Bezeichnung für das Rekonstruierte den Begriff »Machtzerfall« gewählt. Machtzerfall bleibt gegenüber den geschichtspolitisch eindeutigen Begriffen von Niederlage oder Befreiung in der Schwebe. Aber das genau war es, was ich aus dem Puzzle der unterschiedlichen Quellen rekonstruieren konnte: einen sich mit großer Geschwindigkeit vollziehenden Verfall nicht bloß der äußeren Machtstrukturen, sondern auch der inneren Bindung an diese Macht. Manche, die wenige Tage zuvor noch bereit gewesen waren, für den »Führer«, für Deutschland oder für das, was sie als ihre Aufgabe oder Ehre erachteten, zu sterben, wollten nun nichts als leben. Die Voraussetzung dafür aber war das Überleben jenes Augenblicks, in dem die Front das zur Ortsverteidigung vorgesehene Städtchen erreichte und sich entschied, ob es zur kampflosen Übergabe kam oder ob sich Kampfhandlungen entwickelten, die einen massiven amerikanischen Luftangriff zur Folge gehabt hätten. Die Stunden, in denen sich dies entschied, stehen im Mittelpunkt des Buches.

Nach Veröffentlichung des Buches im März 1985 haben sich einige Zeitzeugen bei mir gemeldet und ihren von mir nicht hinreichend gewürdigten Anteil am letztlich glimpflichen Ausgang der Ereignisse herauszustellen versucht. Darunter waren manche, die ich im Verlaufe meiner Recherchen angeschrieben und von denen ich zunächst keine Antwort erhalten hatte. Zeitweilig reproduzierten sich in der Recherche Konstellationen, wie sie auch während der zu recherchierenden Ereignisse vorgeherrscht hatten. Bei der Beantwortung meiner Fragen konnte ich drei Gruppen ausmachen: diejenigen, die mir antworteten und weiterführende Hinweise gaben; diejenigen, die »die ganze Fragerei« ablehnten oder doch mit Mißtrauen beobachteten und mir nach Kräften Schwierigkeiten bereiteten (bis hin zur fortgesetzten Drohung mit Strafanzeigen); und schließlich jene, die nur beobachteten, was sich da tat, und abwarteten, was als Ergebnis meiner Recherchen herauskommen und wie das Buch aufgenommen werden würde. Als dieses dann eine überaus freundliche und zustimmende Aufnahme fand, nicht nur bei den Rezensenten überregionaler Fachzeitschriften, sondern auch in Friedberg selbst, wollten die Letztgenannten natürlich dabeigewesen sein, und einige gaben mir zu verstehen, daß meine Darstellung schon darum unzutreffend sei, weil ihr eigener Anteil am Gang der Dinge darin nicht hinreichend gewürdigt worden sei.

Ich bin in den Monaten nach dem Erscheinen des Buches noch einmal allen Hinweisen und Anfragen nachgegangen, die womöglich hier und da zu einer anderen Akzentsetzung in der Darstellung hätten führen können. Dabei bin ich zu dem Ergebnis gelangt, daß ich auch im Wissen um die nachträglich eingegangenen Hinweise und Informationen zu demselben Ergebnis gelangt wäre. Deswegen kann das Buch nunmehr auch ohne jede inhaltliche oder formale Veränderung wieder aufgelegt werden. Bei den nach Erscheinen des Buches bei mir eingegangenen Hinweisen handelte es sich nämlich nicht um Informationen, die den äußeren Gang der Ereignisse betrafen, sondern um Einschätzungen des Handelns von Personen: Hatte Hauptmann Henrich, der erste Kampfkommandant der Stadt, tatsächlich von langer Hand eine kampflose Übergabe der Stadt vorbereitet oder hatte er bloß im nachhinein sein eher kopfloses Agieren beim Eintreffen der amerikanischen Panzerspitze als wohlbedachten Kapitulationsversuch dargestellt? Wer war an der Durchfahrt des amerikanischen Jeeps zum Gefechtsstand der deutschen Kampfkommandanten beteiligt bzw. hatte diese Fahrt ermöglicht? Und so weiter.

All dies waren Fragen, die bei der Niederschrift des Buches im Mittelpunkt meiner Überlegungen gestanden hatten. Diese Fragen ließen sich, das war mir schon bald klar geworden, nicht mit letzter Sicherheit entscheiden. Plausibilitätserwägungen und Einschätzungen mußten hier letztlich an die Stelle sicheren Faktenwissens treten. Ich hatte vor und während der Niederschrift diese Erwägungen und Einschätzungen mehrfach mit Zeitzeugen besprochen, Alternativen erwogen und war schließlich zu dem Ergebnis gelangt, daß sich die Vorgänge so, wie ich sie beschrieb, entwickelt haben mußten. Daran hat sich auch aus heutiger Sicht nichts geändert.

Was sich dagegen verändert hat, ist nicht nur die allgemeine Wahrnehmung und politische Beurteilung des Kriegsendes in Deutschland, sondern auch das verfügbare Wissen über den Verlauf des amerikanischen Vorstoßes, den Zerfall der deutschen Wehrmacht und die ersten Monate des alliierten Besatzungsregimes. Zu nennen ist zunächst das umfangreiche Buch von Klaus-Dietmar Henke, *Die amerikanische Besetzung Deutschlands* (München 1985), das auf über tausend Seiten das Kriegsende im Westen Deutschlands untersucht. Wer sich, angeregt durch die Lektüre des *Machtzerfalls*, einen umfassenden Überblick verschaffen und den hier behandelten regionalen Ausschnitt in einen größeren Rahmen stellen will, sei auf diese Arbeit verwiesen. Ein noch breiteres Bild, nämlich das Europas in der Zeit von 1944 bis 1948, zeichnet der von Ulrich Herbert und Axel Schildt herausgegebene Sammelband *Kriegsende in Europa. Vom Beginn des deutschen Machtzerfalls bis zur Stabilisierung der Nachkriegsordnung 1944–1948*

(Essen 1998). Und schließlich ist noch der im Auftrag des Militärgeschichtlichen Forschungsamtes von Hans-Erich Volkmann herausgegebene Band *Ende des Dritten Reiches – Ende des Zweiten Weltkriegs* (München/Zürich 1995) zu nennen. Vergleichbare Arbeiten waren Anfang der 1980er Jahre, als ich mit den Recherchen zum Kriegsende in Friedberg begann, nicht verfügbar. Insofern haben sich seitdem nicht nur die politische Einschätzung, sondern auch die wissenschaftliche Erkenntnis um das Kriegsende 1945 verändert.

Zur Wissens- und Einstellungsveränderung dürften mikrohistorische Arbeiten nicht nur den Anstoß, sondern auch entscheidende Beiträge geliefert haben. Was auf der makrohistorischen Ebene Geschichte ist, die uns gleichsam als Schicksal, also gegeben und unverfügbar, gegenübertritt, stellt sich bei der Betrachtung der Ereignisse im lokalen Rahmen gänzlich anders dar: Hier können wir das Handeln von Einzelpersonen beobachten, die Voraussetzungen und Folgen von Entscheidungen betrachten und uns vorstellen, was eingetreten wäre, wenn diese oder jene Entscheidung anders gefallen wäre. Hier werden Verantwortung und Verantwortlichkeit von in der Befehlskette relativ weit unten stehender Personen sichtbar. Das Ensemble der *dramatis personae* bleibt überschaubar, der Ort des Geschehens verändert sich nicht, und es gibt so etwas wie einen durchgängigen Handlungsstrang mit Anfang und Ende. Das sind, wenn man so will, die drei Einheitsforderungen der aristotelischen Dramentheorie, die Einheit von Ort, Zeit und Handlung. Mikrohistorische Studien unterliegen darum immer der Gefahr einer Dramatisierung des Geschehens, die eher literarische als wissenschaftliche Qualität hat. Ich bin mir bei der Niederschrift des *Machtzerfalls* dieser Suggestionen bewußt gewesen und habe mich von ihnen soweit wie möglich freizuhalten versucht. Ob mir dies gelungen ist, muß einmal mehr der Leser beurteilen.

Berlin, Dezember 2004
Herfried Münkler

Vorwort

Seit mehreren Jahren gibt es ein wachsendes Interesse, den Nationalsozialismus auch lokalhistorisch aufzuarbeiten. Dabei ist jene Normalität und Banalität des Systems sichtbar geworden, in der nicht fanfarenumrahmte Staatsaktionen und Parteiaufmärsche, sondern das Sammeln von Bucheckern, nicht Sondermeldungen, sondern die Aufrufe zum Verzehr von Eintopf einmal pro Woche das Bild des Regimes bestimmen. Hier fand sich der Bodensatz, auf dem die nationalsozialistische Herrschaft hatte errichtet werden können. Hier wurden die Wasserträger des Systems vorgeführt, die Blockwarte und Blockwartshelfer, ohne deren Bereitschaft und Einsatzwillen das System nicht hätte funktionieren können.

Und doch wollte nach 1945 kaum einer von ihnen gewußt haben, welchem Regime er gedient hatte. Dabei ist sicherlich viel an Verdrängungen, Entschuldigungen und Schutzbehauptungen mit im Spiel, aber ein Körnchen Wahrheit ist wohl auch daran: Aus der Perspektive derer, die den Nationalsozialismus »vor Ort« erfahren hatten, stellte er sich völlig anders dar als in den Augen derer, die die Türen zu den Lagern und Geheimarchiven öffneten. Woran sich die meisten der Befragten heute spontan erinnern, ist jene Alltäglichkeit des Nationalsozialismus, die zu seiner Herrschaft freilich ebenso gehört wie die Vernichtungslager und der Krieg. Tatsächlich hat der Nationalsozialismus »vor Ort« ein anderes Aussehen, als die Darstellung auf Grundlage seiner Proklamationen und Protokolle, seiner Taten und

Untaten erwarten läßt. Das gilt auch für sein Ende: Es wurde nicht zur Götterdämmerung, in der die Welt in Blitz und Donner unterging, sondern es war ein langsamer, schleichender Machtzerfall.

Bei der Sicherung dieser Spuren stellte sich eine Reihe von Problemen: Viele Augenzeugen waren bereits verstorben, bei anderen hatte das Erinnerungsvermögen stark nachgelassen, und schließlich war die Erinnerung häufig überlagert durch das, was sich seitdem ereignet hatte: Wiederaufbau, Wirtschaftswunder und Wiederaufrüstung. Ein und dasselbe Ereignis wurde während der Nazizeit oder kurz danach ganz anders erinnert als fünf Jahre später und wieder anders als dreißig bis vierzig Jahre danach.

Das vorliegende Buch gründet freilich nicht allein auf den Möglichkeiten der *oral history*, der Einvernahme von Augenzeugen, sondern es bedient sich ihrer nur als *einer* Quelle. Zunächst stützt es sich auf deutsche und amerikanische Zeitungen und Zeitschriften, soweit diese über die Vorgänge berichten, die sich im Frühjahr 1945 in der hessischen Kreisstadt Friedberg und ihrer Umgebung abgespielt haben. Vor allem aber beruht es auf den schriftlichen Berichten deutscher Soldaten und Zivilisten, die teilweise unmittelbar unter dem Eindruck der dargestellten Ereignisse, in der Regel aber Ende der vierziger, Anfang der fünfziger Jahre abgefaßt wurden. Die Befragung von Augenzeugen zu den Artikeln und Berichten sollte nicht nur die Kenntnis über die Vorgänge im Frühjahr 1945 in Friedberg vervollständigen, sondern eröffnete auch die Möglichkeit, unterschiedliche Ebenen der Erinnerung miteinander zu vergleichen und so ansatzweise etwas von der Verarbeitung des Nationalsozialismus und seines Zusammenbruchs in den Blick zu bekommen.

Die lokalhistorisch orientierten Untersuchungen zum Nationalsozialismus haben sich bisher fast ausschließlich auf dessen Aufstieg konzentriert, seinen Zusammenbruch dagegen weitgehend vernachlässigt. Dem Jahr 1933 vor allem galt das Interesse, auch noch der Zeit bis 1939, weniger den Kriegsjahren und kaum dem militärischen und politischen Ende des Regimes. Und doch ist das Jahr 1945 für eine lokal- wie regionalhistorische Aufarbeitung des Nationalsozialismus nicht weniger interessant als das Jahr 1933, tritt doch hier eine ganze Reihe von Problemen und Fragen wieder hervor, die mit dem Aufstieg des Nationalsozialismus zur Macht verbunden sind: Der Anziehungskraft, die die NSDAP vor und nach 1933 auf Menschen ganz unterschiedlicher sozialer und politischer Herkunft ausgeübt hatte, entspricht nun die Distanzierung von der Partei, bei den einen früher, bei den anderen später. Die NSDAP zerfällt wieder in die Bestandteile, aus denen sie vor und nach 1933 amalgamiert worden ist.

Wie hat sich dieser Prozeß des Machtzerfalls abgespielt? War alles nur eine Machtfrage, etwa derart, daß man sich den Nazis anschloß, als sie im Aufstieg waren, und wieder absprang, als es bergab ging? War der Massenzulauf zur NSDAP nach den Reichstagswahlen im März 1933 nur eine Frage des Opportunismus oder der sozialen und wirtschaftlichen Ängste, wobei man nicht so genau darauf sah, wem man sich hier anschloß? Bei manchen war dies sicherlich der Fall, aber doch nicht bei allen. Viele fühlten sich auch von den Parolen angesprochen, von der Idee der Volksgemeinschaft etwa, von der Überwindung des Klassenkampfes oder von dem Versprechen, im Schoße des Deutschen Reiches Schutz und Geborgenheit zu finden. Das Ende erhellt hier den Anfang; die Motive, aus denen sich 1945 viele von der NSDAP distanzierten, werfen ein Licht auf die Gründe, aus denen sie sich zwölf Jahre zuvor der Partei angeschlossen hatten. Wie so oft ist auch hier der Machtzerfall ein Schlüssel zum Verständnis des Machterwerbs.

Das gilt in ähnlicher Weise für die Wehrmacht, deren Einheiten im Frühjahr 1945 wieder in die Bestandteile zerfielen, aus denen sie in den zurückliegenden Monaten und Jahren zusammengeschweißt worden waren. Verschiedentlich wurden jetzt Orden gegen Zigaretten getauscht, und die Uniform wurde heimlich abgelegt, um der Kriegsgefangenschaft zu entgehen. Die Einheitlichkeit des Militärischen löste sich auf, und die Unterschiedlichkeit der Individuen trat wieder zutage. Auch das war eine Form des Machtzerfalls.

Was sonst bei der Darstellung von zwölf Jahren nationalsozialistischer Herrschaft auseinanderfällt, kommt im Frühjahr 1945 zusammen: die Kriegsereignisse und die Funktionsweise des Regimes draußen und drinnen. Das Besondere des Frühjahrs 1945 ist, daß Front und Heimat jetzt eins werden und die verschiedenen Arme des Regimes auf engstem Raum ineinandergreifen. Wehrmacht, Partei, Bevölkerung – sie sind hier weder durch große Entfernungen noch durch unterschiedliche Aufgaben voneinander getrennt, sondern alle sitzen gewissermaßen im gleichen Boot. Auch die Parteiführer haben jetzt militärische Aufgaben übernommen, und die bisher noch nicht eingezogene männliche Bevölkerung ist zum Volkssturm einberufen worden. Doch gerade der Moment größter Vereinheitlichung schlägt um in den völligen Zerfall. Auch darin ist das Frühjahr 1945 paradigmatisch für die nationalsozialistische Herrschaft.

Wenn die Ereignisse des Frühjahrs 1945 vieles aus den Jahren vorher verständlich werden lassen, können sie dann vielleicht auch Aufschluß geben über die Zeit danach? Oder anders gefragt: Läßt sich vom Zusammenbruch des Nationalsozialismus her erklären, warum plötzlich so viele, die zuvor dafür empfänglich waren, nun nichts mehr damit zu tun haben wollten? Auf der Ebene des Reichs, von Hitler bis Himmler, von Goebbels bis Göring, kam das Verhalten der Parteigrößen einer Pervertierung ihrer Parolen und Appelle gleich. Das begann damit, daß die Lüge verbreitet wurde, Hitler sei an der Spitze der Truppen im Kampf gegen den Bolschewismus gefallen. Noch deutlicher zeigt sich der Widerspruch zwischen Realität und Propaganda auf der regionalen und lokalen Ebene, wo viele Gau- und Kreisleiter, die eben noch markige Durchhalteparolen ausgegeben hatten, bei Annäherung des Feindes flohen beziehungsweise desertierten. Das Verhalten der örtlichen Parteigrößen, so meine ich, hat entscheidend zur Desillusionierung der Bevölkerung und damit zur »Entnazifizierung« beigetragen.

Das Ende des nationalsozialistischen Regimes ist so gesehen nicht nur die Folge seiner militärischen Zerschlagung, sondern auch das

Ergebnis eines inneren Machtzerfalls, der sich noch vor dem Einmarsch der Alliierten in das jeweilige Gebiet im Zusammenbruch der Institutionen und Hierarchien, aber auch in den Verhaltensweisen der Menschen aufzeigen läßt. Zuerst verlor das Regime seine Faszination, dann seinen Schrecken. Als Weltanschauung war der Nationalsozialismus aus den Köpfen der meisten verschwunden, bevor noch die offizielle Entnazifizierung begann.

Mit der zumindest in der Vorstellung schwindenden Präsenz des Regimes wurde vielen plötzlich klar, was sie an Opfern gebracht hatten: unbezahlte Arbeitsstunden, Teile des Vermögens, Gesundheit, körperliche Unversehrtheit und nicht zuletzt das Leben von Angehörigen. Sich dieser Opfer als *Opfer* bewußt zu werden zwang jetzt, da der Rausch verflog, zur Entscheidung: Entweder waren die Opfer zu groß und das, wofür sie gebracht worden waren, war sie nicht wert, zumindest nicht wert, daß weitere und noch größere Opfer gebracht wurden, oder man klammerte sich um so fester an das zerfallende System, weil man sich die Sinnlosigkeit und Vergeblichkeit des Ganzen nicht eingestehen wollte, nicht eingestehen konnte.

Um dergleichen Bewußtwerdungen auf die Spur zu kommen, muß man sich zunächst auf die Perspektive der Beteiligten einlassen. Steht von vornherein fest, daß alles, was sie damals dachten und taten, moralisch schlecht und politisch unvernünftig war, dann ist es weder überraschend noch bemerkenswert, wenn sie schließlich zu Einsicht und Vernunft kamen. Unter solchen Prämissen hat der Sinneswandel alle Dramatik verloren, er ist selbstverständlich und seit langem überfällig, und wo er ausbleibt, kann man nur noch Dummheit konstatieren. Man muß sich aber auf die Ängste und Hoffnungen, die Erwartungen und Befürchtungen der Beteiligten selber einlassen, wenn man nachvollziehen und verstehen will, wie schwer oder leicht ihnen das Festhalten am Regime, die Distanzierung oder gar der Widerstand gefallen sind.

Eine reine sozialwissenschaftliche Analyse, die den Wandel der Strukturen über härtere oder weichere Daten zu erfassen sucht, etwa über die Quote der Desertionen aus der Truppe, über die Anzahl der gefallenen und verwundeten Soldaten pro Woche und Einheit oder über die Selbstmordrate unter der Zivilbevölkerung beim Einmarsch des Feindes, wird dies nicht leisten können. Sie mag statistisch mehr oder weniger präzise alle sozialwissenschaftlich relevanten Vorgänge für eine bestimmte Gegend und einen begrenzten Zeitraum festhalten, aber sie erfaßt das Handeln der Menschen doch nur von außen.

Demgegenüber muß der Versuch, die Handlungen und Entscheidungen der Beteiligten aus deren Motiven heraus zu verstehen, den Anspruch auf Vollständigkeit und Belegbarkeit aller Aussagen aufgeben; die eigentlichen Ziele sind dann Repräsentativität und Plausibilität. »Vielleicht«, »möglicherweise«, »allem Anschein nach«, »es steht zu vermuten« sind im vorliegenden Buch deshalb mehr als nur seitenfüllende Floskeln. Sie zeigen an, wo die Quellen des Verfassers versiegen und die Spekulation beginnt. Der Begriff der Spekulation wird von Historikern in der Regel pejorativ gebraucht: Er dient dazu, kritisch anzumerken, daß es sich hier um Aussagen handelt, die, mehr von der *Subjektivität* des Verfassers als von der *Objektivität* des Materials bestimmt, nicht in jeder Hinsicht abgesichert und eigentlich keine qualifizierten wissenschaftlichen Aussagen sind. Was man quellenmäßig nicht exakt belegen kann, davon muß man schweigen!

Die Folge ist, daß viele Untersuchungen dort enden, wo es eigentlich erst interessant wird. Nicht *daß* der Kampfkommandant von Friedberg die Verteidigung der Stadt für sinnlos hielt, ist aufregend, sondern *warum* er sie für sinnlos hielt. Nicht *daß* einer seiner Offiziere mit angelegter Maschinenpistole ihn an der Einwilligung in die Kapitulation hindern wollte, ist das Interessante, sondern *warum* er es tat. Eine Untersuchung, die auch den inneren Machtzerfall des nationalsozialistischen Systems zum Gegenstand hat, die schwindende Faszination und den schwindenden Schrecken des Regimes, wird vor spekulativen Aussagen nicht haltmachen können. Natürlich hat keiner der Offiziere in seinem Bericht zugegeben, daß er Angst hatte, aber es ist ganz unwahrscheinlich, daß wirklich keiner Angst gehabt haben sollte. Wo es um die Frage geht, ob der Kampf gegen einen übermächtigen Gegner aufgenommen oder ob kapituliert wird, muß auch über Angst gesprochen werden dürfen. Und natürlich hat 1983 keiner gesagt, er habe damals weiterkämpfen wollen, weil es ihm um Orden und Beförderungen gegangen sei, aber es steht außer Frage, daß dies bei denen, die kämpfen wollten, eine Rolle gespielt hat. Erschwerend kommt hinzu, daß die vorliegenden Berichte ausschließlich von denen stammen, die in irgendeiner Weise den Ablauf der Ereignisse beeinflußt haben, während diejenigen, die dem Geschehen nur ausgesetzt waren, keine Berichte geschrieben haben und sich 1983, als einige von ihnen befragt wurden, an Einzelheiten nur dunkel erinnern konnten.

Im Mittelpunkt des Buches stehen die Ereignisse, die sich im Frühjahr 1945 in Friedberg abgespielt haben. Aber es wird nicht nur der Ablauf der Ereignisse berichtet, sondern auch versucht, diese Ereignisse zu analysieren und die Motive der Handelnden zu ergründen. Dementsprechend werden Darstellung, Reflexion und Spekulation ineinander verschränkt. Der Ablauf der Ereignisse wird immer wieder angehalten, um das Berichtete noch einmal zu durchdringen: Inwieweit sind die Ereignisse charakteristisch, die Motive der Handelnden repräsentativ? Es wird versucht, das Typische herauszufiltern und festzuhalten, aber es wird auch deutlich gemacht, was sich nur unter diesen Umständen und nur so abspielen konnte, wie es sich eben im Frühjahr 1945 in Friedberg abgespielt hat. Durch die Ereignisse hindurch wird das Muster sichtbar, nach dem der Machtzerfall in vielen Städten des Deutschen Reichs damals stattgefunden hat.

Die Ereignisse, die sich im Frühjahr 1945 in Friedberg zugetragen haben, sind in mehreren Etappen rekonstruiert worden. Auf der Basis des im Friedberger Stadtarchiv vorhandenen Materials habe ich im April 1983 in der *Wetterauer Zeitung*, der Lokalpresse für den Kreis, eine dreiteilige Artikelserie veröffentlicht. Dabei habe ich mich auf die Darstellung der militärischen Ereignisse in Friedberg im März 1945 beschränkt. Diese Artikelserie war als Anstoß für diejenigen gedacht, die Weiteres berichten konnten. Tatsächlich trafen neue Informationen, Hinweise und Anregungen ein. Damit kam mir sicherlich zustatten, daß ich in Friedberg groß geworden bin und auch hier wohne. So erhielt ich manche Informationen, an die ein »Fremder« kaum gelangt wäre. Was sich auf den ersten Blick als Manko ausnehmen mag, daß ich die beschriebenen Ereignisse nicht selbst erlebt habe – ich wurde erst sechs Jahre später geboren –, stellte sich als ein Vorteil heraus: Ich fragte nämlich auch nach dem, was den Augenzeugen so selbstverständlich war, daß sie es von sich aus nicht der Erwähnung für wert hielten, aber in ihrem Erstaunen, daß dies für den Historiker interessant sein könnte, erinnerten sie sich längst entschwundener »Belanglosigkeiten«.*

Daß das Bild von der Ereignissen im Frühjahr 1945, von den Hoffnungen und Befürchtungen der Menschen immer dichter und farbiger wurde, dazu haben viele beigetragen: Zunächst ist Wilhelm Hans Braun zu nennen, der viele im Frühjahr 1945 in Friedberg eingesetzte Offiziere dazu veranlaßt hat, über ihre Erlebnisse zu berichten. Von 1949 bis 1953 hat er den Grundstock des Materials zusammengetragen, auf dem die Darstellung beruht. Mein Dank gilt weiterhin Michael Keller, dem Leiter des Wetterau-Museums und des Friedberger Stadtarchivs, der mir jederzeit den Zugang zu den Dokumenten ermöglicht, und Gertrud Thomas, die mir im Stadtarchiv bei der Suche nach weiterem Material geholfen hat. Mein Dank gilt den zahlreichen Gesprächspartnern, die in Interviews und Briefen geduldig meine Fragen beantwortet haben, Hinweise gaben, erzählten und oft mit Mühe sich das längst Vergessene wieder in die Erinnerung zu-

* Auf der Grundlage der stark erweiterten Materialsammlung verfasste ich den Aufsatz »Friedberg im März 1945«, der in dem Band *Von Schwarz-Weiß-Rot zum Hakenkreuz. Studien zur nationalsozialistischen Machtergreifung, zur Judenverfolgung und zum politisch-militärischen Zusammenbruch in Friedberg* erschienen ist.

rückriefen. Mein Dank gilt nicht zuletzt der Gemeinnützigen Stiftung der Kreissparkasse Friedberg, die meine Arbeit durch ein großzügiges Stipendium gefördert hat. Zu danken habe ich ferner all denen, die sich die Zeit genommen und die Mühe gemacht haben, das Manuskript in den verschiedenen Stadien seiner Entstehung zu lesen und zu kritisieren. Mein akademischer Lehrer Iring Fetscher und mein Vater Friedrich Münkler sind hier vor allen zu nennen. Sylva Stein, die das Manuskript getippt hat, war eine aufmerksame und kritische Leserin. Dank schulde ich auch den Teilnehmern der Tagung über »Politische Kulturforschung«, die von der *Deutschen Vereinigung für Politische Wissenschaft* Anfang April 1984 in Tutzing veranstaltet wurde und auf der ich meine Thesen zur Diskussion stellen konnte. Vor allem aber gilt mein Dank meiner Frau Marina Münkler, mit der ich die Ereignisse und die Motive der Beteiligten immer wieder besprochen und diskutiert habe. Ohne ihren kritischen Einspruch und ihre aufmunternde Hilfe wäre das Buch nicht entstanden. Ihr ist es gewidmet.

Friedberg, September 1984

Ortsverteidigung

Ende Januar 1945 begann sich die militärische Lage des Deutschen Reichs dramatisch zu verschlechtern. Erstmals seit den napoleonischen Kriegen drangen kämpfende Truppen auf deutschen Boden vor, hatten die Kämpfe, im Osten wie im Westen, auf Reichsgebiet übergegriffen. Der Krieg, den Hitler der Welt aufgezwungen hatte, kehrte zu seinem Ursprungsort zurück.

Am 22. Januar, zehn Tage nach dem Beginn der sowjetischen Großoffensive in Ostpreußen und an der Weichsel, wurde im ganzen Reich und so auch in der oberhessischen Garnison Friedberg der Alarmplan »Gneisenau« ausgelöst. Die letzten Reserven des Reichs sollten mobilisiert werden, um die ins Wanken geratene Front zu stabilisieren. Stufe 1 des Alarmplans sah vor, neue Einheiten aufzustellen und der Front zuzuführen; Stufe 2, die in Friedberg Mitte März ausgelöst wurde, befahl die Einigelung und Ortsverteidigung der Stadt. Am 7. Februar, gut zwei Wochen nach Aufruf der 1. Alarmstufe, war Hauptmann Fred Henrich zum Kampfkommandanten von Friedberg bestimmt worden. Er hatte den Befehl, die Stadt »bis zum Äußersten« zu verteidigen.

Der Alarmplan »Gneisenau« sollte nicht nur materielle Reserven freisetzen, er sollte auch einen Mythos beschwören: die gemeinsame Verteidigung Kolbergs im Jahre 1807 durch den Soldaten Gneisenau und den Bürger Nettelbeck, die Einheit von Heer und Volk in der Abwehr des äußeren Feindes. »Gneisenau«, das sollte heißen: Widerstand auch unter dem Eindruck der Niederlagen, damit zuletzt doch noch der »End-Sieg« errungen würde.

Die Einheit von Heer und Volk war die letzte Hoffnung des nationalsozialistischen Regimes. Das Volk sollte dem Heer den Rücken stärken, damit sich 1918 nicht wiederhole. Daß 1918 der »Dolchstoß« der Heimat die Deutschen um den Sieg gebracht habe, hatten in der Weimarer Republik viele geglaubt. Wenn dem so war, dann kam jetzt alles auf die Heimat an.

Mitte Januar hielten SA-Standartenführer Riecke und NS-Kreisleiter Fleischhauer in Friedberg einen »Appell des Volkssturms« ab. Dabei hat Riecke, wie die *Gießener Zeitung* am 26. Januar berichtete, »alle Volkssturmmänner ermahnt, nach dem leuchtenden Vorbild unserer Helden an den Fronten unermüdlich an der eigenen körperlichen und weltanschaulichen Vervollkommnung zu arbeiten«. Danach appellierte Kreisleiter Fleischhauer an die Anwesenden, »stets eingedenk zu sein, daß das deutsche Volk gerade in ernsten Stunden sich stets seiner wahren Kraft bewußt wurde«. Fleischhauer schloß den Appell mit dem Hinweis, »daß alle Männer des Deutschen Volkssturmes stahlhart ihren Dienst versehen müßten, damit den vor den Toren des Reiches stehenden Feinden zum Bewußtsein kommt, daß das ganze Deutschland entschlossen ist, sein Leben bis zum letzten Mann zu verteidigen«.

»Du Volk, steh auf, und Sturm, brich los«, hatte Josef Goebbels, Minister für Volksaufklärung und Propaganda, ausgerufen. Den Volksempfängern, Volkswagen und Volkskühlschränken, mit denen das Dritte Reich seine Popularität bei den Volksgenossen gepflegt hatte, folgte nun die Rechnung: Volksgrenadierdivision, Volksmaschinenpistole, Volkssturm. Alte und Junge, Greise und Kinder sollten ihren im Heer kämpfenden Söhnen und Vätern zu Hilfe kommen. So stellte das Regime es dar. Nach über fünf Jahren Krieg, so versprach Goebbels, werde nun die Entscheidung fallen: an der Heimatfront.

Auch in der Garnisonsstadt Friedberg wurden nun alle fronttauglichen Soldaten aus ihren Ausbildungs- und Genesendenkompanien

FRONT

und

HEIMAT

Die Heimat ist zur Front geworden.

Die Front steht in der Heimat.

Die Front weiss: Es ist aus!

Die Heimat weiss: Der Krieg ist verloren!

Schafft die Verbindung von Heimat und Front–

zur Beendigung des Krieges,

zum Kampf gegen die Kriegsverlängerer.

ERZWINGT FRIEDEN

VOR BEGINN DES

SECHSTEN KRIEGSWINTERS!

Von den Amerikanern im Herbst 1944 abgeworfenes Flugblatt.

herausgezogen. Kranke wurden gesundgeschrieben, Rüstungsreklamierte eingezogen, Rückstellungen aufgehoben. Zwei Tage nach Aufruf des Alarmplans war die »Kampfgruppe Reineck« marschbereit. Bei starkem Schneetreiben wurde sie im Friedberger Bahnhof in einen Zug verladen, der sie an die – inzwischen gar nicht mehr so ferne – Ostfront bringen sollte.

Für die Zivilbevölkerung in Friedberg hatte die Stufe 1 des Alarmplans »Gneisenau« zunächst keine einschneidenden Auswirkungen. Betroffen waren diejenigen, die zum 1. Aufgebot des Volkssturms gehörten, das für den überörtlichen Einsatz vorgesehen war. Dies waren alle kriegsverwendungsfähigen Männer der Jahrgänge 1884 bis 1924, die bislang als »unabkömmlich«, u. k., gegolten hatten, nun aber anscheinend doch »ohne Gefährdung lebenswichtiger Funktionen in Produktion und Verwaltung« aufgeboten werden konnten. Sie wurden zu einem der beiden »Volkssturmbataillone z. b. V. Hessen« einberufen. In Friedberg wurde die »Kampfgruppe Reineck« aufgestellt. »Dr. G. R. nach dem Osten in Marsch gesetzt«, notierte der Friedberger Gymnasiallehrer Ferdinand Dreher am 25. Januar in seinem *Kriegstagebuch.* Die meisten der an die Ostfront kommandierten Volkssturmmänner des Kreises Friedberg sind gefallen.

In Friedberg und Umgebung hatte sich seit Mitte Januar eine schwere Diphtherieepidemie ausgebreitet, und so kam zu der Angst um die eingezogenen Verwandten und Bekannten für viele noch die Sorge um die erkrankten Kinder. Dazu ständiger Luftalarm. Immer häufiger mußte man die Nächte im Keller verbringen. Auch die Versorgung mit Lebensmitteln hatte sich seit dem Sommer 1944 deutlich verschlechtert. Da Medikamente allmählich knapp wurden, konnten viele nur noch unzureichend behandelt werden. Vor allem Kinder sind an der Diphtherie gestorben. Die Epidemie zog sich von Mitte Januar bis Anfang März hin. Ältere Friedberger berichten, sie hätten sich an den Herbst 1918 erinnert gefühlt, als eine schwere Grippewelle in der Stadt viele Todesopfer gefordert habe. Damals sei ja auch Krieg gewesen …

Eine im nachhinein vorgenommene Parallelisierung von 1918 und 1945? Oder haben die Betreffenden schon zu Beginn des Jahres 1945 diese Parallele gesehen, Ausdruck ihrer Opposition zu dem offiziellen Bemühen, jede derartige Gleichsetzung zu unterbinden? Und wenn sie eine Parallele gesehen haben, haben sie dann nur an die epidemische Verbreitung der Krankheit gedacht oder weiter, an die bevorstehende

Niederlage Deutschlands? Waren sie gar »abergläubisch« und sahen eine Verbindung zwischen Krieg und Seuche? So viel wird man sagen können: Kaum einer in Friedberg hat das Jahr 1945 so erlebt, wie es sich später in seinem Gedächtnis festgesetzt hat: als Neubeginn. Für die meisten bedeutete dieses Jahr eine weitere Steigerung der Angst, dann den Zusammenbruch des Reichs, für das man all die Opfer gebracht hatte, und schließlich die Sorge um den Lebensunterhalt.

Friedberg liegt auf einem leicht aus der Ebene aufsteigenden Basaltrükken am Rande der Wetterau, etwa in der Mitte zwischen Gießen und Frankfurt. Zwei Faktoren haben die Geschichte der Stadt bestimmt: die verkehrsgünstige Lage und die politisch und verwaltungstechnisch herausgehobene Stellung in einer der fruchtbarsten Landschaften Deutschlands. Bereits die Römer hatten, um ihre Eroberungen in Germanien zu sichern, auf der strategisch wichtigen Erhebung ein Kastell errichtet. Anfang des 13. Jahrhunderts wurde Friedberg erstmals urkundlich erwähnt, zunächst nur die Burg, wenige Jahre darauf auch die Stadt. Es dürfte eine staufische Doppelgründung gewesen sein.

Nach einer kurzen wirtschaftlichen Blüte ging es mit der Stadt Ende des 14. Jahrhunderts bergab. Formell blieb Friedberg zwar weiterhin Freie Reichsstadt, de facto aber wurde sie von der Burg beherrscht, die immer stärker in die städtischen Angelegenheiten eingriff. 1803 beziehungsweise 1806 endete die politische Selbständigkeit von Stadt und Burg; beide wurden der Landgrafschaft, dem späteren Großherzogtum Hessen, einverleibt. Friedberg wurde Kreisstadt, Verwaltungszentrum des südlichsten Kreises der Provinz Oberhessen. Am Ende der Weimarer Republik hatte der Kreis etwa 100 000 Einwohner, von denen knapp ein Zehntel in der Kreisstadt wohnte.

Beamte, Handwerker, Kaufleute dominierten, und fast alle waren evangelisch; dazu kamen einige Arbeiter der im Osten der Stadt gelegenen Zuckerrübenfabrik und eine Reihe von Bahnbediensteten. Seit der Mitte des 19. Jahrhunderts war Friedberg Eisenbahnknotenpunkt an der Main-Weser-Bahn: Hier waren die Strecken von Nidda, Hungen, Hanau und Bad Homburg an die Bahnlinie Frankfurt–Kassel angeschlossen.

In der großen Wirtschaftskrise nach 1929 lag die Arbeitslosigkeit im Kreis Friedberg immer unterhalb des Reichsdurchschnitts. Die weltwirtschaftlichen Faktoren schlugen auf die mittelständische Wirtschaft nicht so stark durch wie auf die Großindustrie. Dafür gab es in der Wetterau seit Ende der Kaiserzeit einen starken Antisemitismus, der für die Parolen der NSDAP empfänglich machte. Das Klima gegenüber den jüdischen Mitbürgern war keineswegs so liberal, wie dies später gern behauptet wurde. Mehrere Faktoren spielten dabei eine Rolle: Sowohl in Friedberg selbst als auch im benachbarten Kurort Bad Nauheim bestanden größere jüdische Gemeinden mit eigenen Synagogen. Die jüdische Gemeinde in Friedberg war fast so alt wie die Stadt selbst. In beiden Städten lag der Anteil deutscher Staatsbürger jüdischen Glaubens klar über dem Reichsdurchschnitt. 1933 lebten in Friedberg über 300 Juden, die mehr als 50 Geschäfte und gewerbliche Unternehmungen betrieben, darunter die meisten der größeren Geschäfte. 1942 gab es in Friedberg keine Juden mehr; sie hatten entweder rechtzeitig emigrieren können, oder sie waren deportiert worden.

Seine eigentlichen Wurzeln hatte der Antisemitismus im Kreis Friedberg vor allem jedoch in den klein- und mittelbäuerlichen Familienbetrieben der Wetterau, die fast alle hoch verschuldet waren. Die Parolen gegen das »jüdische Kapital« fielen hier auf fruchtbaren Boden. Die Agitatoren kamen zumeist aus Friedberg, doch städtische Hochburg des Nationalsozialismus im Kreisgebiet war Bad Nauheim, ein Eldorado pensionierter Offiziere, wo die Nazis schon zu Beginn der dreißiger Jahre die absolute Mehrheit errungen hatten.

Am 15. November 1931, bei der Wahl zum Hessischen Landtag, war die NSDAP im Kreisgebiet zur stärksten Partei geworden und hatte die bis dahin führende SPD klar überflügelt. Die SA-Standarte 222 Friedberg-Büdingen bestand jetzt aus 800 Mitgliedern. Auch das protestantische Bürgertum in Friedberg hatte überwiegend braun gewählt. Wie überall in Deutschland hatte die NSDAP Stimmen vor allem aus dem Lager der bürgerlichen Parteien gewonnen, die fast völlig verschwanden. Außerdem war es ihr in hohem Maße gelungen, bisherige Nichtwähler zu mobilisieren. Die Dörfer im Osten von Friedberg, Schwalheim, Dorheim, Bauernheim und Ossenheim, wählten allerdings bis zuletzt »rot«, das Dorf Ockstadt im Westen wählte überwiegend das Zentrum.

Von einigen Ausnahmen abgesehen, waren die Friedberger Bürger keine fanatischen Nazis, aber sie zeigten sich empfänglich für die neuen Parolen – allen voran die Lehrerschaft und die protestantischen Pfarrer. Einer der beiden Pfarrer trat schon 1931 auf NS-Heimatabenden auf, und der andere wurde nach Hitlers Ernennung zum Reichskanzler schnell Parteigenosse. Noch am Abend des 30. Januar hatte der nationalsozialistische Landtagsabgeordnete des Kreises, der im Frühjahr 1933 zum hessischen Staatspräsidenten ernannte Dr. Ferdinand Werner, auf dem Landratsamt in Friedberg die Hakenkreuzfahne gehißt. Auf die Frage eines Beamten, auf wessen Weisung hin dies erfolge, antwortete er, Genehmigungen seien hier nicht mehr erforderlich. Am gleichen Abend veranstaltete die SA einen Fackelzug durch die Stadt.

Im Frühjahr 1938 wurde Friedberg wieder Garnisonsstadt: Am 17. April traf das I. Bataillon des gerade aufgestellten Infanterieregiments 36 ein und bezog die im Süden der Stadt neu gebaute Wartturmkaserne. Schon zweimal war Friedberg Garnisonsstadt gewesen, von 1803 bis 1870, dann wieder von 1913 bis 1918, als hier das III. Bataillon des Infanterieregiments 168 stationiert war – zunächst in den Gebäuden des Alten Bahnhofs und einem angemieteten Hofgut, ab Frühjahr 1914 in der neu errichteten Bergkaserne. Gemäß den Bestimmungen des Versailler Vertrages hatte die Friedberger Garnison nach dem Ersten Weltkrieg geräumt werden müssen. Die Grenze der entmilitarisierten Zone verlief mitten durch die Stadt. Daß man jetzt keine Soldaten mehr habe, war einer der Hauptpunkte in der konservativen, nationalistischen und völkischen Agitation gegen das

»Schanddiktat von Versailles«: Die Friedberger hingen an »ihren« Soldaten.

Im Frühjahr 1938 war die Garnison also wieder da. Mit klingendem Spiel zogen die vier Kompanien des I. Bataillons, die Kompanie Infanteriegeschütze und die Panzerabwehrkompanie in Friedberg ein, vornweg zu Pferd der Regimentsstab. Das II. Bataillon und das Ersatzbataillon des Regiments bezogen Quartier in Butzbach, einem kleinen Industriestädtchen etwa zwölf Kilometer nördlich. Am 1. Oktober 1937 war das Infanterieregiment in Gießen neu aufgestellt worden; andere Einheiten hatten Offiziere und Unteroffiziere als Stammannschaften abtreten müssen. Die »Stämme« des Stabs und des I. Bataillons in Friedberg kamen aus Sachsen und Oberbayern, die Rekruten aus Hessen.

Bei Kriegsbeginn wurde aus dem in Butzbach stationierten II. Bataillon und dem Ersatzbataillon des Regiments das Infanterieregiment 471 aufgestellt, während Stab und I. Bataillon in Friedberg den Stamm für das neu formierte IR 36 stellten. Während des Zweiten Weltkriegs bildete das Infanterieregiment 36 zusammen mit dem IR 116 und dem IR 57 (Siegen) die 9. Infanteriedivision, im August 1944 ist das Regiment in Rumänien nahezu aufgerieben und danach aufgelöst worden. Aus seinen Resten wurde im November 1944 in Dänemark das Grenadierregiment 36 aufgestellt. Nach den schweren Verlusten, die das Regiment im Januar 1945 an der Westfront erlitt, wurde es Anfang Februar aus dem Verband der 9. Volksgrenadier-Division herausgelöst und in den Friedensstandort Friedberg zurückverlegt. Dort sollte es zum dritten Mal neu aufgestellt werden; vorerst unterstanden die Reste des Regiments unmittelbar dem OB West, Generalfeldmarschall Kesselring.

Anfang 1945 kehrten auch die beiden Stammkompanien des Grenadier-Ersatz- und Ausbildungsbataillons 36 zurück, die nach mehreren Bombenangriffen auf Friedberg nach Hanau verlegt worden waren. Die Hessen-Homburg-Kaserne in Hanau, das zeitweilige Quartier, war bei einem schweren Bombenangriff vollkommen zerstört worden.

Wegen der ständigen Luftangriffe auf Friedberg war es freilich nicht ratsam, zu viele Soldaten in der Wartturmkaserne unterzubringen, die ein ideales Ziel für amerikanische Jagdbomber war. So wurden die meisten Soldaten kompanie- oder zugweise in Privatquartiere der umliegenden Wetteraudörfer verlegt. Das galt auch für die Genesendenkompanie des Regiments und für die beiden Ausbildungskompanien. Dazu kam noch die 4. Kompanie des ungarischen Honved-Regiments 88, die etwa 130 Rekruten stark war. Die Ausbildungseinheiten lagen in Rodheim, Ober- und Nieder-Rosbach.

Per Erlaß hatte Hitler am 18. Oktober 1944 angeordnet: »Es ist in allen Gauen des Großdeutschen Reiches aus allen waffenfähigen Männern im Alter von 16 bis 60 Jahren der *Deutsche Volkssturm* zu bilden. Er wird den Heimatboden mit allen Waffen und Mitteln verteidigen, soweit sie dafür geeignet erscheinen. (...) Die Angehörigen des deutschen Volkssturmes sind während ihres Einsatzes *Soldaten* im Sinne des Wehrgesetzes.«

Das aus dem Gebiet des Landkreises zusammengezogene Volkssturmbataillon bestand vor allem aus den Angehörigen des 2. Volkssturmaufgebots. Das waren alle Männer der Jahrgänge 1884 bis 1924, die bis zur Annäherung der gegnerischen Truppen als unabkömmlich galten. Im Unterschied zu dem 1. Aufgebot, das Ende Januar 1945 an die Ostfront kommandiert worden war, konnte das 2. Aufgebot darum nur im Kreisgebiet selbst eingesetzt werden. Hinzu kam das 3. Aufgebot, bestehend aus den Männern und Jungen der Jahrgänge 1925 bis 1928, die keinen Wehrdienst leisteten. Als am 5. März 1945 der Jahrgang 1928 zur Wehrmacht eingezogen wurde, wurde die Volkssturmpflicht auf den Jahrgang 1929 ausgedehnt: Fünfzehnjährige Hitlerjungen mußten nun zum Volkssturm antreten. Das 4. Aufgebot schließlich umfaßte alle, die zu einem bewaffneten Einsatz eigentlich nicht in der Lage waren: die Schwerbeschädigten beider Kriege. Kommandeur des Friedberger Volkssturmbataillons war Kreisstabsführer Riecke.

Die »fanatische Kampfentschlossenheit«, von der die nationalsozialistische Propaganda seit Monaten sprach, scheint nur bei wenigen Angehörigen des Friedberger Volkssturms vorhanden gewesen zu sein. Offensichtlich war eine Reihe von Schwerversehrten nicht davon begeistert, wieder in einen militärischen Verband zurückkehren zu müssen. Am 12. und 13. Februar hieß es in der *Gießener Zeitung*, in der nach der Einstellung der Friedberger Lokalpresse im Sommer 1943 die Nachrichten für Kreis und Stadt veröffentlicht wurden: »In den verschiedenen Gemeinden des Kreises Friedberg gibt es immer noch einige Volksgenossen, die sich nicht bei ihrer zuständigen Ortsgruppe zum Dienst im deutschen Volkssturm gemeldet haben bzw. durch die Ortsgruppen noch nicht erfaßt sind. Die Kreisstabsführung macht noch einmal darauf aufmerksam, daß auch die Volksgenossen, die schwerkriegsbeschädigt oder seitens der Wehrmacht ausgemustert sind (im Besitz des rosa Ausmusterungsscheines), sowie auch alle in die Gemeinden umquartierten oder beruflich verlagerten Volksgenossen dort meldepflichtig sind. Letzter Meldetermin ist der 15. Februar. Nichtmeldung bedeutet Schwächung der Wehrkraft der Nation und wird, wie der Kreisstabsführer hervorhebt, entsprechend bestraft.«

Kriegsbegeisterung zeigte sich, folgt man wiederum der *Gießener Zeitung*, bei einigen Hitlerjungen. »Tapfere Jugend des Kreises Friedberg« war am 14. März ein Artikel überschrieben, dessen Hintergrund allerdings eher makaber anmutet: Kreisstabsführer Riecke, der Kommandeur des Volkssturmbataillons, wollte eine Meldung nach Bad Nauheim übermitteln. Anstatt zu telephonieren, ließ er sie durch Melder überbringen; offensichtlich hielt er das für militärischer. Aus einem unsinnigen Befehl hat der Schriftleiter der Zeitung ein Exempel für Heldenmut konstruiert: »In einer HJ-Dienststelle. Telephonanruf: Es wird sofort ein freiwilliger Melder benötigt. Kurze Zeit später tritt bereits der Hitlerjunge Heinz Klotzeck zum Befehlsempfang an. Er ist nicht allein gekommen. Sein Kamerad Helmut Michel erbietet sich, ihn zu begleiten. Ob beide wohl ahnen, wie schwer die Ausführung des Auftrags werden wird.« – Daß SA-Sturmbannführer Riecke, um sich wichtig zu machen, die beiden durch ein Gelände schickte, in dem tagsüber ständig mit Tieffliegern zu rechnen war, konnte der Redakteur natürlich nicht schreiben. Er verallgemeinert und fährt fort:

»Sie wissen wohl, daß die Feinde überall darauf lauern, wehrloses deutsches Menschenleben zu vernichten. Hart und einsatzfreudig besteigen beide ihr Fahrzeug, das sie nach B. bringen soll. Kurze Zeit danach: Achtung! Feindliche Tiefflieger! Das Fahrzeug in den Graben und sich selbst in Deckung werfen war Gebot. Doch die Jungen wurden von den Feinden bereits gesichtet. Sie scheinen ein lohnendes Ziel für die amerikanischen Luftgangster zu sein. Sechsmal fliegen sie an, sechsmal sprühen sie Feuergarben auf die Wehrlosen. Beide werden schwer verwundet.«

Der Verfasser des Berichts kann sich nicht entscheiden: War es ein wichtiger militärischer Auftrag, den die beiden »hart und einsatzfreudig« ausführten, dann handelte es sich bei dem Angriff der amerikanischen Flugzeuge um eine Kampfhandlung und nicht um ein neuerliches Verbrechen der »Luftgangster«; waren es wehrlose Jungen, dann ist das Heldenpathos fehl am Platz. Mitleid und Durchhaltewille, Wehrlosigkeit und Heldentum werden zu propagandistischen Zwecken geschickt ineinander verwoben: »Des Wegs kommende Soldaten finden sie und sorgen für schnelle Hilfe. Für den Hitlerjungen Michel kam ärztliche Hilfe zu spät, obwohl sich viele Blutspender freiwillig zur Verfügung stellten. Er opferte sein junges Leben für Deutschland. Die erste Frage seines überlebenden Kameraden Klotzeck nach seiner Einlieferung in das Krankenhaus war: Was macht mein Kamerad – ist die Meldung geborgen? So kämpfen und, wenn es sein muß, sterben junge deutsche Helden. Beide wurden zur Kriegsauszeichnung eingereicht.«

Zahlenmäßig waren es auf den ersten Blick bedeutende Streitkräfte, die dem designierten Kampfkommandanten von Friedberg zur Verfügung standen. Doch nur auf dem Papier. Schwere Waffen waren überhaupt nicht vorhanden, wenn man von einigen Flieger-Abwehr-

Gefallen für die Freiheit unseres Volkes!

Feindlichen Terrorangriffen auf Orte des Kreises Friedberg fielen folgende Volksgenossen zum Opfer:

Helmut Michel aus Friedberg
Paul Huhnstock aus Griedel
Berta Hallmann aus Nieder-Wöllstadt
Minna Balser aus Nieder-Wöllstadt
Kaspar Scherer aus Ober-Mörlen.

Ihr Opfer ist nicht umsonst gewesen. Im Siege unserer Waffen und damit in der Freiheit unseres Volkes wird es unsterblich sein.

Fleischhauer, Kreisleiter.

kanonen absieht, die zum Schutze des Bahnhofs gegen Jagdbomberangriffe aufgestellt worden waren. Außerdem war damit zu rechnen, daß alle einigermaßen intakten Verbände bei einer weiteren Zuspitzung der Lage an die Front abkommandiert würden, etwa am 6. März, als die Amerikaner ihren Druck auf die deutschen Linien in der Eifel verstärkten. Die dadurch entstandenen Lücken, so wurde dem Kampfkommandanten versprochen, könnten durch Übernahme von Genesenden aus den Bad Nauheimer Lazaretten leicht geschlossen werden. In den Krankenhäusern, Kliniken und Kurheimen von Bad Nauheim lagen nahezu 6000 Verwundete, von denen man bei Annäherung der Amerikaner einige hundert in Marsch setzen konnte.

Was dem Friedberger Kampfkommandanten tatsächlich zur Verfügung stand, waren mehrere Ausbildungskompanien, zunächst freilich nur deren Stammannschaft, da die Rekruten des Jahrgangs 1928 erst Anfang März eingezogen wurden, einige aus Leichtverwundeten und Genesenden zusammengewürfelte Kompanien und das Volkssturmbataillon – also durchweg Einheiten, deren Einsatzfähigkeit äußerst beschränkt war. Daß eine aussichtsreiche Verteidigung Friedbergs damit ausgeschlossen war, scheint auch denjenigen klar gewesen zu sein, die die Ortsverteidigung befohlen hatten. Ihre Überlegungen gingen dahin, die zurückgehenden Fronttruppen in die Stellungen um die Stadt einzugliedern. Auch dann würde man die Stadt nicht länger als ein paar Tage halten können. Einige Zeit jedoch, so die Absicht, sollten amerikanische Kräfte gebunden, ihr Vorstoß abgeschwächt und verlangsamt werden. Ob dies alles noch irgendeinen Sinn hatte, ob es nicht vielmehr nur ein sinnloses Hinauszögern der endgültigen Niederlage war, wurde nicht gefragt.

In dem »Führerbefehl Nr. 11« vom 8. März 1944, der die Aufgaben von »Kommandanten der festen Plätze und Kampfkommandanten« festlegte, hatte Hitler die Einsetzung »besonders energischer und krisenbewährter Offiziere« verlangt. So fiel die Wahl auf Hauptmann Henrich, der die größte Fronterfahrung von allen besaß, und nicht auf einen der ranghöheren Standortoffiziere, die die Kriegsjahre überwiegend in der Garnison verbracht hatten. Als der Erlaß ausgegeben wurde, war noch recht genau unterschieden worden zwischen dem »Kommandanten eines festen Platzes« und dem »Kampfkommandanten«, der einen »Ortsstützpunkt« zu verteidigen hatte: Der Kommandant eines festen Platzes hatte die Aufgaben eines Festungskommandanten und sollte die ihm anvertrauten Stellungen auch nach ihrer Einschließung verteidigen, während der Ortsstützpunkt als Eckpfeiler einer durchgehenden Front begriffen wurde. Als sich die militärische Lage Mitte 1944 dramatisch verschlechterte, wurde diese Unterscheidung immer stärker relativiert. So wurden 1945 Kommandanten fester Plätze als Kampfkommandanten bezeichnet, und diesen wurden Aufgaben übertragen, die eigentlich jenen zugedacht waren. Die präzise militärische Aufgabenstellung trat hinter der Forderung nach einer »Verteidigung bis zum Äußersten« zurück. Seitdem militärische Aktionen kaum noch sinnvoll begründet werden konnten, kam es nur noch auf den Kampf an – »bis zum Äußersten«.

Genau dies wurde auch von den Kampfkommandanten von Friedberg erwartet. Die Pläne zur Ortsverteidigung, die Henrich am 7. Februar gleichzeitig mit seiner Bestimmung zum Kampfkommandanten übergeben wurden, sahen vor, die Stadt wie eine Festung zu verteidigen. Nur, Friedberg war längst keine Festung mehr. Die Stadtmauern, insofern sie überhaupt noch standen, stammten aus dem späten Mittelalter, aus einer Zeit, als es noch nicht einmal Geschütze gab. Die Friedberger hatten die Nutzlosigkeit ihrer Mauern bereits während des Dreißigjährigen Krieges erkannt und auf jeglichen Widerstand gegen durchziehende Heerhaufen von vornherein verzichtet. In der ersten Hälfte des 19. Jahrhunderts hatte man dann, um die Stadt in südliche Richtung erweitern zu können, große Teile der alten Stadtmauer abgetragen.

Auch die Befestigungsanlagen der Burg, ihre Gräben und Mauern hatten angesichts der kriegstechnischen Entwicklung nur noch musealen Wert, was freilich die Planer der Ortsverteidigung nicht daran hinderte, die Burg als den Ort des letzten Widerstandes vorzusehen. Zehn Tage nach Henrichs Bestimmung fand eine erste Besprechung mit dem Kommandeur der Sicherungsdivision Marburg, General von Uckermann, statt. Er könne sich sehr gut vorstellen, erklärte der ältere Herr, »daß hinter den starken Burgmauern der letzte Widerstand stattfinden würde«. Hauptmann Henrich stand diesen Vorstellungen skeptisch gegenüber. Während Uckermanns Ausführungen, so erinnerte er sich später, habe er sich »im Geiste in das graue Mittelalter zurückversetzt« gefühlt, »da die Zwingermauern, die Schießscharten und das Bohlentor noch ihren Zweck erfüllten und Amerika noch nicht entdeckt war«. Unbestreitbar war, daß die Eroberung der Burg für jeden Angreifer verlustreich würde. Fest stand aber auch, daß Friedberg danach nur noch ein Trümmerhaufen wäre.

Im einzelnen sahen die Pläne zur Ortsverteidigung vor: Übernahme der Befehlsgewalt über alle in Friedberg befindlichen Einheiten, Behörden, Dienststellen sowie Militär- und Zivilpersonen durch den Kampfkommandanten; Anlage von Verteidigungsstellungen in einem weiten Kreis um die Stadt zur Eingliederung der Fronttruppe; Anlage eines inneren Verteidigungsgürtels durch Ausbau und Befestigung der Häuser zu Widerstandsnestern; Sperrung der Stadtausgänge; Anlage von Panzersperren; Einsatz der Bürgermeister des Landkreises zur

Feinderkundung und Nachrichtenübermittlung nach entsprechender Schulung; Einsatz des Volkssturmes; Bildung eines Standgerichts; bewaffnete Feindaufklärung; Eingliederung der Fronttruppe in die Ortsverteidigung; Sprengung der Verkehrsadern wie Bahnanlagen, Brücken und Viadukte; schließlich Ablehnung eines jeden Angebots zur freiwilligen Übergabe und Verteidigung der Stadt »bis zum Äußersten«. In der Burg sollte die Ortsverteidigung dann im »Kampf bis zum letzten Mann« ihr heroisches Ende finden.

Die relative Verteidigungsfähigkeit der Stadt hing von zwei Voraussetzungen ab: zunächst von der Eingliederung stärkerer Fronttruppen in die Ortsverteidigung. Damit würden möglicherweise auch schwere Waffen nach Friedberg gelangen, auf jeden Fall aber würden dem Kommandanten dann kampferfahrene Truppen zur Verfügung stehen. Noch wichtiger waren wohl die Sperrung der Straßen und die Sprengung der Brücken, die dem Gegner die schnelle Annäherung erschweren sollten; alle natürlichen Hindernisse mußten für die Verteidigung nutzbar gemacht werden.

Auf Hauptmann Henrich kamen allerdings mehr Aufgaben zu als allein die Vorbereitung der Ortsverteidigung. In Friedberg befanden sich über hundert Frauen ungarischer Offiziere mitsamt ihren Kindern, die Anfang Januar bei Annäherung der Roten Armee aus Ungarn evakuiert worden waren. Viele waren schwanger, einige standen unmittelbar vor der Niederkunft. Infolge einer Fehlleitung der Reichsbahn war der Transport der ungarischen Offiziersfrauen nach Friedberg dirigiert und dort ausgeladen worden. Im »Haus des Handwerks« hatte man sie notdürftig unterbringen können. Henrich ließ Lebensmittel und Kinderwäsche beschaffen; die ständige Forderung der ungarischen Frauen nach Offiziersburschen aber konnte er nicht erfüllen.

Erheblich größere Probleme bereitete Henrich der Alarmplan »Wellensittich«. Dabei ging es um den Schutz des Frankfurter Senders, der wegen der ständigen Bombenangriffe auf die Mainmetropole nach Bad Nauheim ausgelagert worden war. Inmitten der vielen Lazarette glaubte man ihn vor Bomben sicher. Der ungestörte Betrieb des Rundfunks war für die nationalsozialistische Führung von allergrößter Wichtigkeit, denn nach wie vor war der Rundfunk das wichtigste Mittel zur Beeinflussung der Bevölkerung. Die Bedeutung, die das Regime dem Rundfunk immer beigemessen hatte, zeigte sich zuletzt noch in den Maßnahmen zu seinem Schutz. Ein Wachzug der Waffen-SS lag ständig in der Nähe des Senders. Am 28. Januar, also noch vor seiner Ernennung zum Kampfkommandanten von Friedberg, war Hauptmann Henrich mit dem Schutz des Senders befaßt worden: Der Frankfurter Standortälteste Generalmajor Stemmermann nahm ihn in seinem Wagen mit nach Bad Nauheim, wo mit Rundfunkintendant Fries und SS-Oberscharführer Weber, dem Führer des Wachzuges, die Möglichkeiten zur Verteidigung des Senders gegen alliierte Kommandounternehmen besprochen wurden.

Stemmermann, der als Frankfurter Stadtkommandant für den Schutz des Senders verantwortlich war, wollte diese Verantwortung offensichtlich auf Henrich übertragen. Im Falle eines Angriffs auf den Sender, so argumentierte er, würden die aus Frankfurt herbeigerufenen Truppen zu spät kommen, während die Friedberger Einheiten relativ schnell in Bad Nauheim sein könnten. SS-Oberscharführer Weber war jedoch keineswegs damit einverstanden, den Befehlen eines Wehrmachtsoffiziers folgen zu müssen. Er sei dem Reichsführer SS Heinrich Himmler direkt unterstellt, wandte er gegenüber Stemmermann ein, und er könne darum nicht akzeptieren, daß sein Wachzug unter den Befehl der Wehrmacht komme. »Ich werde mich«, äußerte er einen Tag nach der Besprechung mit Stemmermann gegenüber Henrich, »mit Gewalt diesem General widersetzen, wenn er es wagen sollte, mir jemanden von der Wehrmacht vor die Nase zu setzen.«

Der geschwundene Einfluß der Wehrmacht in den Entscheidungsstrukturen des Dritten Reiches wird durch diese Bemerkung schlaglichtartig beleuchtet: Wie konnte ein Unterfeldwebel – das etwa wäre der Rang eines Oberscharführers in der Wehrmacht gewesen – erklären, sich den Befehlen eines Generals notfalls gewaltsam zu widersetzen, ohne auf der Stelle festgenommen zu werden. Aber eine SS-Uniform war offensichtlich genug, die Befehle eines Wehrmacht-Generals zur Bedeutungslosigkeit verkommen zu lassen.

Weber handelte in völliger Übereinstimmung mit seinen Befehlen. Die Kontrolle des Rundfunks, das wußte niemand besser als die nationalsozialistische Führung, war eine wesentliche Voraussetzung zur Aufrechterhaltung der uneingeschränkten Macht. Nach dem Attentat auf Hitler stand erst recht außer Frage, daß der militärische Schutz und damit die potentielle Kontrolle des Senders unter keinen Umständen der Wehrmacht anvertraut werden durfte. Gerade der Rundfunk mußte unter der direkten Kontrolle der *Führergewalt* bleiben – und das war die SS, im Gegensatz zur Wehrmacht, in der sich viele Offiziere als ein Organ der *Staatsgewalt* verstanden und damit Ziele verfolgten, die nicht unbedingt mit denen der NS-Führung übereinstimmen mußten. Andererseits aber war der SS-Wachzug in Bad Nauheim zur Verteidigung des Senders allein zu schwach, ein Problem, das schließlich sogar das Reichssicherheitshauptamt in Berlin beschäftigte. Anfang März wurde von dort der Polizeimajor Tamaschke nach Friedberg geschickt, um den Alarmplan »Wellensittich« mit dem Kampfkommandanten zu besprechen. Wahrscheinlich sollte Tamaschke auch prüfen, ob man sich auf Hauptmann Henrich verlassen konnte.

Nach mehreren Besprechungen mit SS-Oberscharführer Weber und einigen Offizieren der Garnison Friedberg hatte Henrich Anfang Februar einen Alarmplan zum Schutz des Senders ausgearbeitet: Auf das Stichwort »Wellensittich« hin sollten die Stammannschaften der 1. und 2. Ausbildungskompanie, die in Ober-Rosbach und Ockstadt im Quartier lagen, sofort nach Bad Nauheim in Marsch gesetzt werden, um den Schutz des Rundfunksenders zu übernehmen. Wer das Kommando über diese Einheiten hatte, blieb vorläufig offen; Weber wollte eine Verstärkung seines Wachzuges durch die Wehrmacht, Henrich dagegen bestand auf der Unterstellung des Wachzuges unter sein Kommando.

Am 20. Februar war Probealarm: Henrich saß in der Vernehmung eines Soldaten, als das Stichwort ausgelöst wurde. Sofort brach er die Vernehmung ab und alarmierte das Zentralersatzteillager, von wo aus Lastwagen zu den Standorten der Ausbildungskompanien in Marsch gesetzt wurden. In Ober-Rosbach und Ockstadt wurden die Soldaten in aller Eile aufgeladen, Henrichs Wagen setzte sich an die Spitze der Kolonne, dann ging es nach Bad Nauheim. Dort wurden die Alarmeinheiten von Generalmajor Stemmermann bereits ungeduldig erwartet: Ihm hatte das alles viel zu lange gedauert. Henrich erklärte ihm, die Truppen ließen sich nicht schneller nach Bad Nauheim bringen, da die Transportfahrzeuge erst von Friedberg aus zu den Alarmeinheiten fahren müßten. Offensichtlich war Stemmermann – Henrich nennt ihn in seinem Bericht einen »kleinen Giftpilz« – wütend über die Verzögerungen und die Ausreden des Friedberger Kampfkommandanten. Er wollte die Verbandspäckchen der Alarmeinheiten kontrollieren, stauchte Henrich zusammen, weil diese fehlten, und zählte die mitgeführte Munition nach. Das entscheidende Problem jedoch, wer das Kommando über die alarmierten Einheiten führen sollte, konnte Stemmermann nicht lösen.

Ähnliche Probleme gab es auch zwischen Hauptmann Henrich und Kreisstabsführer Riecke, dem Kommandeur des Friedberger Volkssturmbataillons. Als am 17. Februar in Anwesenheit des aus Marburg angereisten Kommandeurs der Sicherungsdivision, General von Uckermann, die Pläne zur Ortsverteidigung besprochen wurden, verlangte Henrich von General von Uckermann noch einmal eine ausdrückliche Bestätigung, daß auch die SA des Kreises ihm als Kampfkommandanten von Friedberg unterstellt sei. Riecke widersprach sofort: Die gesamte SA des Gaues Hessen-Nassau, so erklärte er erregt, sei ihm für die besonderen Zwecke des Reichsverteidigungskommissars, des hessischen Gauleiters Jakob Sprenger, unterstellt worden. Es sei ausgeschlossen, daß er den Anweisungen eines Wehrmachtshauptmanns folge. Im übrigen sei die SA weit besser bewaffnet als die Wehrmacht.

Riecke ging noch weiter: Er verlangte die Herausgabe der Sprengpläne an die SA. Nur die SA biete Gewähr dafür, daß die Bahnanlagen, Brücken und Viadukte bei Annäherung der Amerikaner auch tatsächlich gesprengt würden. Damit freilich stellte Riecke die Funktion des Kampfkommandanten grundsätzlich in Frage. Selbst General von Uckermann, der, so berichtet Henrich, »bisher ständig mit dem Kopf gewackelt hatte, forderte Herrn Riecke jetzt auf, sich zu mäßigen, und bemerkte schließlich, daß er eine Entscheidung über diese Punkte höheren Orts einholen wolle«.

Da diese Entscheidung jedoch nicht eintraf, setzte sich der Kompetenzstreit zwischen Henrich und Riecke fort. Henrich weigerte sich auch weiterhin, die Sprengpläne herauszugeben, und Riecke wiederholte, den Befehlen des Kampfkommandanten keine Folge zu leisten. Bei einer Besprechung Ende Februar, bei der Henrich noch einmal einen Versuch machte, die strittigen Fragen einvernehmlich zu klären, erklärte Riecke schließlich: »Wenn unsere Sache verlorengehen sollte, dann kann ich Ihnen jetzt schon sagen, daß dies die Schuld der Wehrmacht ist und nicht die der Partei; denn diese hat ihre Pflicht und Schuldigkeit getan!« Offensichtlich rechnete selbst Riecke inzwischen damit, daß »die Sache« schiefgehen könnte, und er suchte nach einem Schuldigen. Für ihn stand dieser Schuldige schon fest: Weder leistete die Wehrmacht an den verschiedenen Fronten den Widerstand, den man von ihr forderte, noch stand sie in bedingungsloser Geschlossenheit hinter dem Führer. Das hatte das Attentat vom 20. Juli gezeigt; der Zusammenbruch der Front in Rußland war in Rieckes Augen eine Folge des Attentats.

Der Konflikt zwischen Partei, SA und Wehrmacht, der bereits in den ersten Jahren der nationalsozialistischen Herrschaft aufgebrochen war, kam in den letzten Wochen und Monaten des Regimes wieder unverhüllt zum Vorschein. Vor allem die Gauleiter sahen im Volkssturm eine Parteiarmee, die sie außerhalb der Befehlsgewalt der Wehrmacht einzusetzen gedachten. Der Umstand, daß die meisten Gauleiter zu Reichsverteidigungskommissaren für ihr Gebiet ernannt worden waren, bestärkte sie in diesem Vorhaben und verlieh ihnen die dazu erforderliche Befehlsgewalt.

Auch in Friedberg zeigte sich, was für den politischen und militärischen Zerfall des Dritten Reiches in den Wochen und Monaten vor der bedingungslosen Kapitulation grundsätzlich gilt: die Auflösung klarer Befehlsstrukturen und die verschärfte Konkurrenz zwischen den verschiedenen Trägern der politischen und militärischen Macht. Die Hierarchien zerfielen bereits in inneren Konflikten, bevor sie von außen zerschlagen wurden. Jeder wollte sein eigener Herr sein; selbst die untersten Chargen wollten Befehle nur noch akzeptieren, wenn sie von »ganz oben« kamen. Der Zerfall der militärischen Strukturen hatte bereits vor der bedingungslosen Kapitulation der Wehrmacht begonnen: So waren für die in Friedberg und Umgebung stationierten Truppen vier verschiedene Führungsstäbe oder politisch-militärische Stellen zuständig: Der Kampfkommandant selbst unterstand, sobald er sein Kommando übernommen hatte, dem stellvertretenden Generalkommando in Kassel; die nach Friedberg verlegten Reste des Grenadier-Regiments 36 ressortierten unmittelbar dem OB West Generalfeldmarschall Kesselring; der SS-Oberscharführer Weber bestand darauf, nur unmittelbar von dem Reichsführer SS Heinrich Himmler Befehle entgegenzunehmen, und Kreisstabsführer Riecke machte geltend, mitsamt der SA dem Gauleiter Jakob Sprenger in Frankfurt unterstellt zu sein: Der Machtzerfall 1945 hatte viele Facetten.

Das System der übereinandergelagerten Befehlsstränge und der sich gegenseitig blockierenden Kompetenzen schränkte die Möglichkeiten des Kampfkommandanten zwar ein, eröffnete ihm andererseits aber auch die Chance, diesen Kompetenzstreit zu seinen Gunsten auszunutzen, wenn er nur entschlossen genug auftrat. Mit dem Zerfall der klaren Befehlsstrukturen erhielt die Person des Kampfkommandanten zusätzliches Gewicht. Fast alles hing von seiner Entscheidungs- und Entschlußkraft ab.

Bombenkrieg und Propaganda

Was ging bei Kriegsende in den Köpfen der Menschen vor? Über Jahre hinweg hatte man Siegesmeldung auf Siegesmeldung aus dem Volksempfänger gehört. Dann hatte es örtliche Rückschläge gegeben, sogenannte »Frontbegradigungen« und »planmäßige« Rückzüge. Wann wurde klar, daß der Krieg verloren war? Oder glaubte man bis zuletzt an den Sieg? Wer glaubte was?

Bis Mitte 1944 hatte der Krieg Friedberg weitgehend verschont. In den ersten Kriegsmonaten hatte es verschiedentlich Einquartierungen gegeben, doch nach dem Frankreich-Feldzug war auch das vorbei. Wer wollte, konnte zum Bahnhof gehen und dort die Truppen- und Waffentransporte beobachten, die Friedberg passierten und von denen gelegentlich auch einer hielt. Rotkreuzschwestern, Mitglieder der NS-Frauenschaft und BdM-Angehörige standen dann bereit, die Soldaten zu verpflegen. Dem Bahnhof gegenüber war das »Soldatenheim« eingerichtet worden; rund um die Uhr taten hier Rotkreuzschwestern und Jungmaiden Dienst. Ansonsten aber wurde der Krieg in Friedberg »privat« erfahren. Er betraf nicht die Stadt und ihre Bevölkerung als Ganzes, sondern einzelne: Fast alle hatten Angehörige bei der Wehrmacht, um die sie sich sorgten. Mit dem Angriff auf die Sowjetunion im Sommer 1941 wuchsen die Sorgen; die Todesanzeigen in der Lokalpresse mehrten sich. Die Versicherung der Hinterbliebenen, man habe »in stolzer Trauer« von dem Gefallenen Abschied genommen, wurde seltener; statt dessen las man von der »tiefen Trauer«, dem »tiefen Schmerz«, dem »unsagbaren Leid«. Nachdem die Siegesbegeisterung, die auch vor den Toten nicht haltgemacht hatte, abgeklungen war, wurde bei vielen die Trauer wieder zu einem privaten Akt. Wer den Tod seiner Angehörigen »in tiefer Trauer« anzeigte, verweigerte sich – zumindest in diesem Augenblick. Die Familie reklamierte ihren Toten für sich; er war gefallen für »Führer, Volk und Vaterland«, aber nachdem er seine Pflicht erfüllt hatte, gehörte er wieder ausschließlich ihr. Natürlich gab es auch Hinterbliebene, die sich nach wie vor »stolz« gaben.

Seit 1943 überflogen immer wieder starke englische und amerikanische Bomberverbände Friedberg in großer Höhe, immer häufiger wurden »öffentliche Luftwarnung« und »Fliegeralarm« ausgelöst. Man gewöhnte sich an das Heulen der Sirenen und an die Stunden im Keller, man las von den schweren Luftangriffen auf die deutschen Großstädte, hörte auch vieles, aber hier auf dem Land, so dachten die meisten, war man sicher. Über ein Jahr lang schaute die Bevölkerung der Stadt dem Bombenkrieg nur zu. Und es gab viel zu sehen für die, die nicht in den Keller gingen: Am 4. Oktober 1943 wurde bei einem Luftkampf über der Stadt ein amerikanischer Bomber abgeschossen. Einen langen Feuerschweif hinter sich herziehend, stürzte er wenige Kilometer entfernt ins Feld und explodierte. Drei Tage später wurde vormittags ein deutscher Jäger abgeschossen; der Pilot rettete sich mit dem Fallschirm. Am Nachmittag wurde wieder ein amerikanischer Bomber getroffen; ein Teil der Besatzung konnte abspringen, die anderen verbrannten in der explodierenden Maschine. Ein Fallschirmjagdkommando nahm die abgesprungenen Flieger gefangen und lieferte sie bei der Standortverwaltung des Infanterieregiments 36 ab. Sie wurden vernommen und dann in ein Kriegsgefangenenlager gebracht. Solange die Stadt von Bomben verschont blieb, wurden die abgesprungenen amerikanischen Flieger, wenn sie zur Kaserne gebracht wurden, von Schaulustigen bestaunt. Haßausbrüche und Tätlichkeiten gab es nicht – noch nicht.

Am 26. November 1943 detonierte gegen 20 Uhr die erste Bombe in der Nähe der Stadt, unmittelbar neben der Bahnlinie Friedberg–Nidda, unweit der großen Bahnüberführung über das Rosental, die die Friedberger nach der Zahl der Rundbögen die Vierundzwanzig Hallen nannten. Unter dem Druck der Detonation zerbarsten in den Häusern der Usagasse und der nördlichen Kaiserstraße die Fensterscheiben. Offensichtlich hatte die Bombe einem auf offener Strecke haltenden Güterzug gegolten. Der Heizer habe das Feuer zu sehr geschürt, so daß der Bomberpilot auf den Zug aufmerksam geworden sei, hieß es am nächsten Morgen. Das beruhigte: Wenn man nur entsprechend vorsichtig war, dann konnte einem eigentlich nichts passieren. Viele machten einen Spaziergang zu dem Bombentrichter. Er war etwa zehn Meter breit und fünf bis sechs Meter tief. Die Polizei stellte Sprengstücke sicher und maß die Wandung der Bombe: 15 mm. Es dürfte eine zehn Zentner schwere Sprengbombe gewesen sein, schätzte Polizeihauptmann Rust.

Ab Januar 1944 gab es fast jeden Tag Fliegeralarm, an manchen Tagen sogar mehrere Male. Friedberg lag auf der Route, auf der die Alliierten ihre Angriffe auf Mitteldeutschland flogen. Im Februar und März 1944 folgten die ersten schweren Angriffe auf Frankfurt. Die Detonationen waren bis nach Friedberg zu hören; im Süden färbte sich der Himmel glutrot, notierte Rust im *Luftschutz-Kriegstagebuch* der Stadt. Frankfurt brannte nieder. Genaueres war in den nächsten Tagen zu erfahren, als zahlreiche Ausgebombte aus Frankfurt nach Friedberg evakuiert wurden. Die Friedberger selbst wiegten sich noch immer in Sicherheit. »Kein Bombenabwurf auf Friedberg«, konnte Polizeihauptmann Rust fast nach jedem Fliegeralarm notieren. Nur gelegentlich gab es Notabwürfe angeschossener Maschinen, doch die gingen alle im freien Feld nieder.

Dennoch scheinen in der Bevölkerung allmählich Unzufriedenheit und Zweifel am deutschen Sieg aufgekommen zu sein. »Seit Mitte Mai 1943«, notiert Ferdinand Dreher Anfang 1944 in seinem *Kriegstagebuch*, »spricht die deutsche Propaganda von Vergeltung für den feindlichen Luftterror, der täglich zunimmt. Die Zuversicht der Bevölkerung auf des Führers Gegenschlag gerät allmählich ins Wanken.« Sechsundzwanzigmal, so fügt er verbittert hinzu, habe es während der letzten Woche in Friedberg Luftalarm gegeben. Daß der Gegner den Lebensrhythmus der Bevölkerung immer stärker bestimmte, war ein deutliches Zeichen von Unterlegenheit.

Das Vertrauen auf den Führer scheint auch und gerade in *den* Kreisen des Bürgertums geschwunden zu sein, die dem nationalsozialistischen System bislang eher positiv gegenübergestanden hatten. In anderen Kreisen verkehrte der pensionierte Gymnasiallehrer Dreher überhaupt nicht. Er selbst, Jahrgang 1878, ein fanatischer Antisemit und ein ebenso überzeugter Nationalsozialist, schwankte zwischen Resignation und Hoffnung: »Der schwere fdl. Luftterror hält an«, notierte er einmal; dann wieder, als sei dies ein Lichtblick: »Beginn unserer Vergeltungs-Luftangriffe auf London.« Wenn die alliierten Luftangriffe schon nicht verhindert werden konnten, dann sollten sie wenigstens vergolten werden.

Am 11. Mai 1944 hielt Rust für den Zeitraum von 11.47 bis 13.48 Uhr und von 14.25 bis 15.29 Uhr im *Luftschutz-Kriegstagebuch* fest: »Starke feindliche Jagd- und Bomberverbände in Gruppen von 120–150 Maschinen überflogen Friedberg von Westen nach Osten. Gezählt wurden etwa 2500 Feindbomber. Gegen 13 Uhr fanden mehrere Luftgefechte zwischen deutschen Jägern und den amerikanischen Bomberverbänden in einer Höhe von 9000–10 000 m über der Stadt Friedberg statt. Es war schauerlich anzusehen, wie die deutschen Jäger in die Bomberverbände stießen, ein Feuerstoß folgte dem anderen. Mehrere Bomber stürzten im Kreisgebiet brennend ab, die Besatzungen, gezählt wurden 31 Flieger, sprangen am Fallschirm ab und wurden durch Polizei, Wehrmacht und Gendarmerie festgenommen.« Während der Luftkämpfe, so merkt Rust an, sei über Friedberg ein wahrer Regen von Geschoßhülsen niedergegangen. Die verschossene Bordwaffenmunition wurde von Hitlerjungen zusammengetragen und zur Materialsammelstelle gebracht. Seitdem der Rohstoff in Deutschland knapp geworden war, mußte alles wiederverwendet werden.

Was stand für Rust bei der Niederschrift seines Berichts im Vordergrund: die Gesamtzahl der angreifenden Bomber? Die Abschüsse? Oder der Umstand, daß diese Abschüsse bei der Zahl der Angreifer kaum ins Gewicht fielen? Rust scheint die Luftkämpfe mit einer gewissen Faszination beobachtet zu haben: »Es war schauerlich anzusehen ...« Das ist eine der wenigen Stellen, an denen er seine Empfindungen sichtbar werden läßt. Aber auch, wenn er die Rolle des nüchternen Chronisten spielt: 2500 Feindbomber! Das hatte er noch nicht gesehen, und wahrscheinlich hätte er es vor dem 11. Mai auch für unmöglich gehalten.

Offensichtlich waren die im Kreisgebiet abgeschossenen Flugzeuge ein beliebtes Ziel für Neugierige. Es scheint einen regelrechten Kriegstourismus zu den Absturzstellen gegeben zu haben. Noch waren die wirklichen Schlachtfelder weit entfernt. Touristen sind aus auf Souvenirs, und dementsprechend wurden die abgeschossenen Flugzeuge ausgeräumt. »Die Absturzstelle«, heißt es in einem Bericht der *Gießener Zeitung* vom 22./23. Juli 1944, »zieht erfahrungsgemäß zahlreiche Neugierige an, die nicht daran denken, daß die Gefahr der Explosion von Bomben, Treibstoff und Munition auch noch viele Stunden nach dem Absturz weiterbesteht. Diese Schlachtenbummler kehren dann oft mit irgendeinem Beutestück, einem Instrument, einer Waffe oder einem Fallschirm, nach Hause zurück.« Das war gar nicht im Sinne des Reichs, und so wurde in dem Artikel denn auch nachdrücklich darauf hingewiesen, daß die Entwendung von Teilen aus abgeschossenen Flugzeugen sowie von Gegenständen aus dem Besitz toter oder gefangener Besatzungsmitglieder »Plünderung und Sabotage an der Wehrmacht« sei. Flugzeugtrümmer stellten »wertvollen Schrott und Rohmaterial für die eigene Rüstung« dar; »Partei und Erziehungsberechtigte« sollten in diesem Sinne auf die Jugend einwirken. Die abgestürzten Flugzeuge, so berichtet Rust, wurden von Arbeitstrupps freigegraben, zerlegt und dann abtransportiert. Nicht deutsche Reinlichkeit, sondern Rohstoffmangel war der Grund.

Das Reich, so konnten sensiblere Beobachter daraus folgern, war zur Fortsetzung des Krieges dringend auf den Schrott des Gegners angewiesen, dessen gewaltige Bomberflotten man fast täglich am Himmel dahinziehen sah. Und wenn auch die deutschen Jäger den einen oder anderen Bomber abschossen, aufhalten konnten sie die alliierten Geschwader nicht. 2500 Flugzeuge hatte Rust am 11. Mai 1944 über Friedberg gezählt. Was hatte Deutschland dagegen noch aufzubieten? Seitdem man mit den eigenen Waffen ziemlich am Ende war, hofften viele auf ein Wunder. Wunderwaffen! Sie sollten Vergeltung üben für die Zerstörung deutscher Städte, Vergeltung der ersten Stufe, Vergeltung der zweiten Stufe, V 1, V 2 und so weiter …

Die Gerüchte über solche Wunderwaffen erhielten immer neue Nahrung; Goebbels tat das seine, indem er Meldungen lancierte, Hoffnungen weckte. In Drehers *Kriegstagebuch* liest sich das so: »Rundfunk: Ein-Mann-Torpedos« (18.7.44); »Bevorstehender Einsatz der neuen U-Boote?« (28.7.44); »Rundfunk: Sprengboot« (15.9.44); »Neuartige deutsche Flugzeuge (mit V 2 auf dem Rücken?) über Friedberg!« (17.9.44); »Gerücht: V 2 soll noch vor dem 15.10.44 loslegen« (30.9.44).

Am 20. Juli 1944, an demselben Tag, an dem das Attentat auf Hitler scheiterte, fielen die ersten Bomben auf Friedberg. »12.04 Uhr«, heißt es in Drehers *Kriegstagebuch*, »Bomben auf Friedberg-Bad Nauheim. 19.28 Uhr Rundfunk: Attentat auf den Führer! 1.00 Uhr nachts: Ansprache des Führers. Attentäter: Oberst Graf von Stauffenberg.« Das Attentat auf Hitler hat für Dreher den ersten Bombenangriff auf Friedberg völlig in den Hintergrund gedrängt. Das ist um so bemerkenswerter, als Dreher ein lokalgeschichtlich engagierter Mann war. Er war Leiter des Stadtarchivs und hatte mehrere Aufsätze und Broschüren über Friedberg geschrieben. Man wird also davon ausgehen dürfen, daß er an der Stadt hing. Nach den ersten Meldungen von dem Bombenanschlag hat er aber anscheinend ununterbrochen am Rundfunk gesessen – bis endlich feststand, daß der Führer lebte.

Viele Friedberger haben die Meldung vom Attentat auf Hitler

jedoch nur am Rande mitbekommen. Sie waren mit Aufräumungsarbeiten beschäftigt: Die einen halfen bei der Suche nach Verschütteten, andere nahmen obdachlos gewordene Bekannte und Verwandte auf – sie alle hatten kaum Gelegenheit, sich um die Staatsaktionen zu kümmern. Was das Wichtigere war, das Bombenattentat auf Hitler oder der erste Bombenangriff auf die eigene Stadt, hing von der Perspektive der Betreffenden ab. Vierzig Jahre später kann sich jedenfalls keiner der Befragten mehr daran erinnern, daß beides auf ein und denselben Tag fiel.

Bei dem Angriff vom 20. Juli 1944 wurden etwa 56 t Sprengstoff zur Explosion gebracht: Aus amerikanischer und aus deutscher Sicht, von oben und von unten, stellte sich diese Gewalt jedoch völlig verschieden dar. Ein »Feindlicher Bomberverband mit Jagdschutz in Stärke von etwa 100 Flugzeugen« habe den Angriff geflogen, notiert Polizeihauptmann Rust im *Luftschutz-Kriegstagebuch* der Stadt. Das war viel zu hoch gegriffen. In dem am darauffolgenden Tag erstellten *Interpretation Report* des 8. amerikanischen Bomberkommandos heißt es unter der Überschrift »Attack on Friedberg Marshalling yard«, 24 Bomber hätten, von Jagdflugzeugen begleitet, um 12.03 Uhr den Rangierbahnhof in Friedberg angegriffen und 248 Fünfhundert-Pfund-Sprengbomben abgeworfen. Es seien Zehn-Zentner-Bomben geworfen worden, notierte Rust, im Stadtgebiet habe man 141 Sprengtrichter gezählt, jeder davon sechs bis sieben Meter tief und vierzehn bis fünfzehn Meter breit. Die Auswertung der während des Angriffs von den Amerikanern gemachten Photos kam auf 105 »bursts«.

In den meisten nach dem Angriff gesammelten Daten stimmen die deutschen und die amerikanischen Angaben im wesentlichen überein. Keine der beiden Seiten, so wird man daraus folgern können, hat bewußt falsche Angaben gemacht. Wie also ist zu erklären, daß Rust die Zahl der angreifenden Bomber, die Begleitjäger mitgerechnet, mehr als doppelt so hoch ansetzte, ebenso wie die Sprengkraft der Bomben? Offensichtlich wuchs für den, der am Boden lag und unter dem die Erde vibrierte, die Stärke des Gegners weit über dessen tatsächliche

Stärke hinaus. Zählend, sich in Deckung werfend und wieder zählend, hat Rust viel mehr Flugzeuge gesehen, als wirklich da waren. Dies gilt wohl erst recht für diejenigen, die den Angriff im Keller erlebten. Die Wucht der Detonationen, das Beben der Erde, das Wanken der Häuser: So multiplizierte sich die Erfahrung von Ohnmacht und Wehrlosigkeit.

Der Angriff, so berichtet Rust, habe zwei bis drei Minuten gedauert. Es seien getötet worden: fünf Wehrmachtsangehörige und dreizehn Zivilisten, davon sechs in einem einzigen Haus; einige der toten Zivilisten waren evakuierte Frankfurter. Drei Schwerverletzte seien in den darauffolgenden Tagen im Krankenhaus gestorben. Die Gleisanlagen zwischen Personen- und Güterbahnhof seien durch die Bomben schwer beschädigt worden. Aus Rusts Angaben ist ersichtlich, daß mehrere Tote aus eingestürzten Luftschutzkellern geborgen wurden. In der Öffentlichkeit durfte dies jedoch nicht verbreitet werden, denn in der Anweisung 616 hatte Goebbels der Presse mitgeteilt: »Um das Vertrauen zu den Luftschutzkellern nicht zu untergraben, ist Zurückhaltung zu bewahren, wenn in einem Einzelfall Todesopfer im Luftschutzkeller zu beklagen sind.« In einer Kleinstadt wie Friedberg ließ sich natürlich nicht verhindern, daß die zerstörten Luftschutzkeller gerüchteweise publik wurden.

Völlig anders sahen die Amerikaner die Folgen des Angriffs: Neunzehn von 105 festgestellten Bombentreffern lägen im Zielgebiet, heißt es in dem *Interpretation Report*, fünf auf den Gleisen des Rangierbahnhofs (zwei davon auf einem der beiden Lokomotivschuppen) und vierzehn auf dem Hauptgleisstrang. Weiterhin seien die barackenähnlichen Gebäude neunhundert Meter südwestlich des Rangierbahnhofs getroffen worden, außerdem zwei von sechs Lagerhäusern westlich des Gleiskörpers. Eine Reihe von Explosionen sei in dem Wohngebiet westlich des Rangierbahnhofs und im angrenzenden Feld zu sehen.

Rust spricht zuerst von den Toten, dann von den Schäden. Die Amerikaner erwähnen nur die Schäden: Die toten Zivilisten, deren Zahl sie nicht wissen konnten, waren eine zwar kalkulierte, aber nicht intendierte Nebenfolge des Angriffs. Sie bewerten ausführlich die etwa fünfzehn Prozent Treffer im Zielgebiet und erwähnen nur am Rande die vielen Treffer im Wohngebiet. Sie interessieren sich für ihr militärisches Ziel, alles andere sind Fehlwürfe. Der Angriff habe Reichsbahn- und Wehrmachtobjekten gegolten, notiert auch Rust, berichtet dann aber vor allem über die Ziviltoten, führt Einzelheiten auf und erwähnt erst ganz zuletzt und nur kurz die Schäden an den militärischen Objekten, denen der Angriff galt.

Ist diese Sicht eine Folge der deutschen Propaganda? Der zufolge galten die amerikanischen Angriffe gar nicht militärischen Zielen, sondern waren nackter Terror gegen die Bevölkerung – was gegen Ende des Krieges verschiedentlich sogar zutrifft. Dreher spricht in seinem *Kriegstagebuch* nur von den »Amerigaunern«. Die Propaganda hat vielleicht eine gewisse Rolle gespielt; andererseits hat Rust aber auch ausdrücklich festgehalten, daß der Angriff militärischen Zielen galt, also kein Terrorangriff war. Während die amerikanische Auswertung jedoch an dem Angriffsziel und den darin feststellbaren Treffern orientiert war, hielt Rust sich an die Gesamtheit aller Treffer in Friedberg, und was für die Amerikaner Fehlwürfe darstellte, war für Rust mitunter das eigentlich Erschütternde. Aus der Sicht der Angegriffenen stellte sich das Bombardement anders dar als aus der Sicht der Angreifer.

Die Erfahrung der Ohnmacht und Wehrlosigkeit während des Bombenangriffs schlug bei einigen in den nächsten Tagen um in Haß. Eine Woche nach dem Angriff übte SA-Standartenführer Riecke auf seine Weise Rache. Rust berichtet: »Am 28.VII.1944 von 8.28–1.36 Uhr Fliegeralarm. Starke Bomber- und Jagdverbände überflogen in

Eine amerikanische Luftaufnahme von Friedberg (12. Sept. 1944), in die Gleiskörper und Funktionsgebäude eingezeichnet sind und die der Planung von Bombenangriffen diente. Am rechten oberen Rand ist ausdrücklich vermerkt, daß das Photo nicht an Bord der Flugzeuge mitgenommen werden darf.

NOT TO BE TAKEN INTO THE AIR

Target No 6 (d) (vi) 150	RAILWAY CENTRE — G.S.G.S. 4416. Sheet S 3. WM 730931.	FRIEDBERG (GERMANY) Lat. 50° 20' N. Long. 08° 46' E.	Illustration No 6 (d) (vi) 150/2

0 500 1000 1500 2000 YARD
0 ½ 1 MILE
approx.

Photographed 12 September 1944 (1:12,000) Issued December 1944

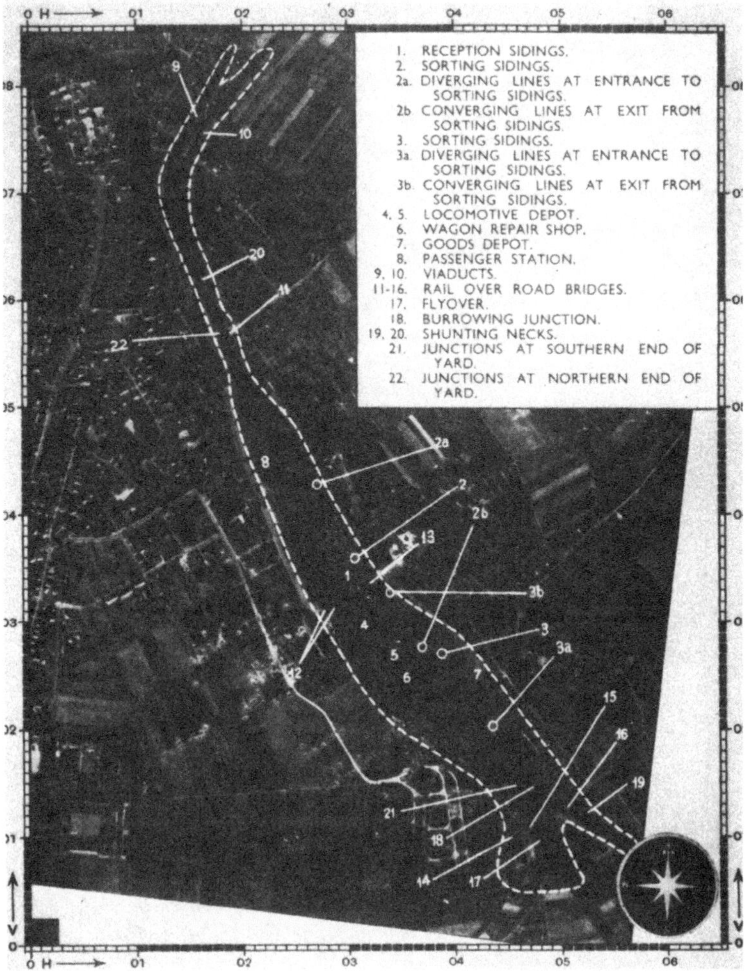

Eine während des Luftangriffs auf Friedberg am 20. Juli 1944 gemachte Aufnahme. Die »bursts« der abgeworfenen Bomben sind gut zu erkennen; sie liegen nur zum Teil auf dem Reichsbahngelände; die meisten Bomben detonierten auf freiem Feld oder in den angrenzenden Wohngebieten.

Ein amerikanischer Luftaufklärer hat das Friedberger Bahngelände aus niedriger Höhe photographiert. Auf dem Gleiskörper, in den angrenzenden Wohngebieten und vor allem auf freiem Feld sind zahlreiche Bombentrichter zu erkennen. Bei den beiden Halbkreisen in der Mitte des Gleiskörpers handelt es sich um zerstörte Gebäude des Güterbahnhofs.

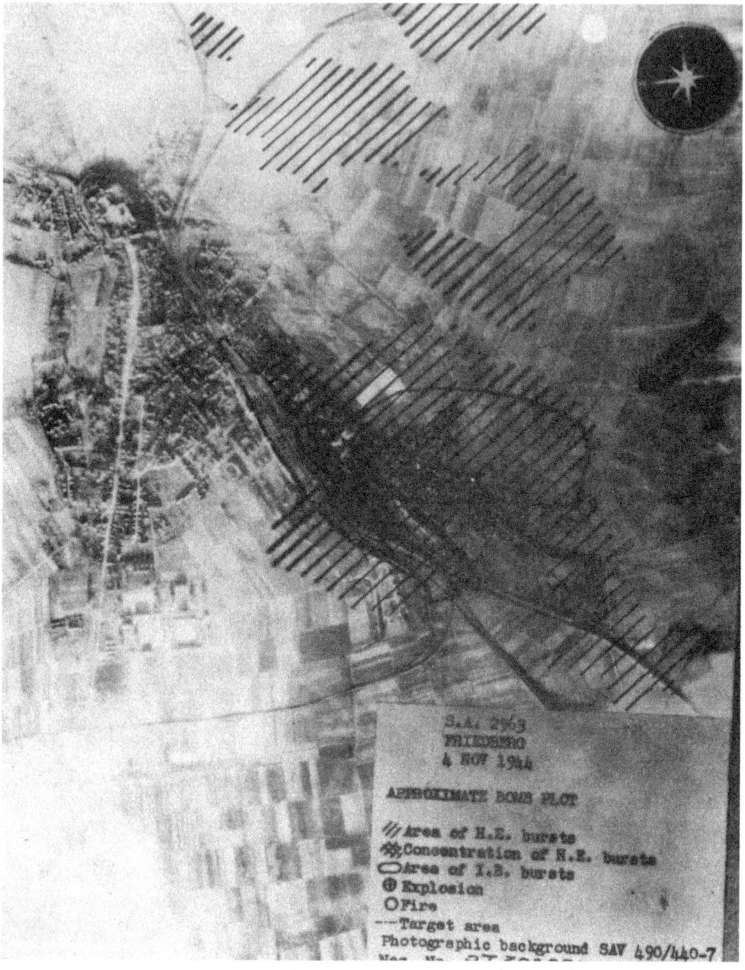

Angriffsauswertung: Der Zielbereich und die Gebiete, in denen die abgeworfenen Bomben detonierten, sind markiert, ebenso die Stellen, an denen sich nach dem Angriff Explosionen ereigneten oder größere Feuer ausbrachen: Hier waren wahrscheinlich kriegswichtige Einrichtungen getroffen worden.

8–10 Wellen (Gruppen von 100 Flugzeugen) Friedberg in Richtung Thüringen. Auf dem Rückflug stürzte ein 4motoriger Bomber bei Bauernheim ab und verbrannte, nachdem er vorher über Friedberg kreiste. Ein Besatzungsmitglied, Peter Handros, Erkennungsnr. 0-718517 HB 90 (Amerikaner), wurde an der Dorheimer Straße in Fauerbach von Standartenführer Riecke erschossen. Er wurde auf dem Friedhof in Friedberg beerdigt.«

Vielleicht hat sich Riecke an dem Luftwaffensoldaten Handros dafür rächen wollen, daß er, Riecke, während des Bombardements Angst gehabt und diese Angst möglicherweise sogar gezeigt hatte. Vielleicht hat er der Bevölkerung aber auch demonstrieren wollen, daß es so etwas wie »Vergeltung« für die alliierten Bombenangriffe gab, auch wenn die eigene Luftwaffe zu Gegenschlägen nicht mehr in der Lage war. Vielleicht hat beides zusammengewirkt.

Mit der Ermordung von Handros hat Riecke freilich gegen die Rechtsauffassung selbst des nationalsozialistischen Systems verstoßen. Am 19. Juli 1944 war bei der Friedberger Polizei eine Anweisung Gauleiter Sprengers, des Reichsstatthalters in Hessen, eingetroffen, in der ausdrücklich darauf hingewiesen wurde, daß abgesprungene Flieger Anspruch auf Behandlung als Kriegsgefangene gemäß den Bestimmungen der Haager Landkriegsordnung hätten. Alle Polizeiangehörigen in Hessen seien über die entsprechenden Bestimmungen der Haager Landkriegsordnung zu unterrichten.

Dennoch hat niemand den Versuch gemacht, gegen Riecke rechtlich vorzugehen; auch Rust nicht, der ja am besten über die Anweisung des Reichsstatthalters unterrichtet war. Wahrscheinlich hielt er es für ausgeschlossen, daß ein deutsches Gericht den SA-Standartenführer für den Mord an einem amerikanischen Flieger zur Rechenschaft ziehen würde. Rust tat, was er tun konnte: Er hielt den Vorgang im *Luftschutz-Kriegstagebuch* fest. Aufgrund dieser Eintragung sowie der Zeugenaussagen von Rust und anderen wurde Riecke im Sommer 1945 von einem amerikanischen Militärgericht zum Tode verurteilt.

Riecke scheint nicht der einzige gewesen zu sein, der an abgeschossenen Fliegern persönlich »Vergeltung« geübt hat: Nach Kriegsende wurde auch der Ortsgruppenleiter von Fauerbach, einem Stadtteil Friedbergs, von den Amerikanern unter dem Verdacht verhaftet, einen abgesprungenen amerikanischen Flieger liquidiert zu haben. Der Fall konnte nie restlos aufgeklärt werden, denn noch vor Beginn des Verfahrens hat sich der Verhaftete in seiner Zelle erhängt.

Auch Leutnant Sch., der Führer der 2. Stammkompanie des Grenadier-Ersatz- und Ausbildungsbataillons 36 in Friedberg, wurde von den Amerikanern nach Kriegsende beschuldigt, am 7. Januar 1945 in Hanau – das Bataillon lag zu diesem Zeitpunkt noch in der Hessen-Homburg-Kaserne – einen abgesprungenen kanadischen Fliegeroffizier ermordet zu haben. Erst im März 1953 wurde Sch. endgültig rehabilitiert. In dem abschließenden Urteil eines deutschen Schwurgerichts wurde festgestellt, der Leutnant habe zwar von dem Bataillonsadjutanten, einem Angehörigen der Allgemeinen SS, den Befehl erhalten, den Kanadier zu erschießen – »weil er sich an einem Terrorangriff auf die Stadt Hanau und damit an der Ermordung zahlreicher wehrloser Zivilisten beteiligt« habe, wie sich Stabsfeldwebel Ludwig erinnerte, der die Szene im Bataillonsgeschäftszimmer beobachtet hatte. Leutnant Sch. habe den Kanadier jedoch laufenlassen, da es gegen seine Ehre als Soldat gegangen sei, einen wehrlosen Mann zu ermorden, der nur seine Befehle ausgeführt habe. Zeugen bestätigten, daß der Kanadier von einem Fallschirmjagdkommando im Lamboywald bei Hanau erschossen wurde, kurz nachdem sich Sch. entfernt hatte.

Andere in der Nähe von Friedberg abgesprungene Flieger scheinen mehr Glück gehabt zu haben. Durch energisches Dazwischengehen soll Karl Orth, der damalige Leiter des Friedberger Finanzamts, einen amerikanischen Flieger aus der Gewalt mehrerer Zivilisten befreit haben, die Anstalten machten, diesen zu lynchen. Auch Stabsintendant Kayser rettete Mitte März einem abgeschossenen amerikanischen Flieger das Leben, indem er ihn gegenüber einem Sturmführer der SS, der den Flieger erschießen wollte, zum Gefangenen der Wehrmacht erklärte. Als im März 1946 ein Angehöriger des CIC von Kayser den Namen des SS-Sturmführers wissen wollte, hatte Kayser ihn vergessen.

Unteroffizier Finkeldey, der in einem Bad Nauheimer Lazarett seine Verwundung ausheilen lassen sollte, gelegentlich aber seine Eltern in Friedberg besuchte, war gerade in der Stadt, als in der Nähe des Polytechnikums ein amerikanischer Flieger mit dem Fallschirm landete. »Als ich an die Absprungstelle kam«, erinnerte sich Finkeldey 1947, »hatte der amerikanische Flieger bereits den Boden erreicht und war nach Waffen durchsucht. Es waren schon mehrere deutsche Zivilisten zur Stelle, die eine feindliche Haltung gegen den Flieger einnahmen. Als dann noch ein Arbeiter der Reichsbahn mit einem Schraubenschlüssel kam und rief: ›Schlagt den Hund tot‹, schrie ich diesen Arbeiter an, er solle sich ja nicht unterstehen, diesen wehrlosen Gefangenen zu schlagen. Ich würde jeden niederschießen, der diesen Soldaten angreifen würde.«

Ein hinzukommender Feldwebel übernahm den Flieger; Finkeldey selbst ging in Richtung Kaiserstraße, wo er einen Bekannten traf. Während er diesem noch von dem Vorfall erzählte, kam ihnen der Feldwebel mit dem Gefangenen entgegen. »Zu meiner größten Wut«, so Finkeldey, »mußte ich feststellen, daß man den Flieger mit erhobenen Händen gehen ließ, was diesem sichtlich schwerfiel. Ich ging zu dem Feldwebel und fragte ihn, warum er den Gefangenen mit erhobenen Händen gehen ließe und ob er sich nicht schämen würde, einen Wehrlosen so zu quälen. Inzwischen hatten sich wieder einige Leute angesammelt, und es fielen wieder Worte wie: Hängt ihn auf! Schlagt ihn tot!«

Auch wenn man diesen Berichten ein gewisses Maß an Selbststilisierung zugute halten muß, kann man doch festhalten, daß es vor allem Parteileute und einige Zivilisten gewesen zu sein scheinen, die abgesprungene Flieger lynchen wollten. Demgegenüber haben Wehrmachtsangehörige fast immer für die gegnerischen Soldaten Partei ergriffen. Es war gegen die soldatische Ehre, Wehrlose zu ermorden oder zu schlagen – zumal wenn diese Uniform trugen, gleichgültig welche. Die Solidarität der Uniformierten untereinander wurde auch im Frühjahr 1945 – zumindest in diesen Fällen – höhergestellt als die mit den eigenen Landsleuten. Auch das war ein kleines Stück Verweigerung gegenüber dem totalen Staat und dem totalen Krieg, wie ihn Goebbels ausgerufen hatte. Was der totale Krieg im einzelnen genau sein sollte, hatte Goebbels nicht gesagt, aber es war keine Frage, daß die Ermordung abgesprungener feindlicher Flieger totaler Krieg war.

Für die Zivilisten stellten sich die Dinge völlig anders dar. Viele sahen die Flieger als Verbrecher, die Frauen und Kinder töteten – in einem obendrein ungleichen Kampf. Wie konnten sie Anspruch auf die Haager Landkriegsordnung und die Genfer Konvention erheben, wenn sie sich selbst nicht daran hielten und Krieg gegen Nonkombattanten führten? Wer einen abgesprungenen Flieger lynchen wollte, wurde nicht unbedingt von der Idee des totalen Krieges geleitet. Vielleicht ist der Reichsbahnarbeiter, der mit dem Schraubenschlüssel auf den amerikanischen Flieger losging und ihn offenbar totschlagen wollte, einer von denen gewesen, deren Familie bei einem Luftangriff ausgelöscht worden war. Am 4. Dezember 1944 etwa: Treffer in dem Haus Ferdinand-Werner-Straße 66, tot: eine 34jährige Frau und ihre drei Kinder, elf, zehn und zwei Jahre alt. Oder am 12. März 1945: Volltreffer in dem Haus Große Köhlergasse 13, tot: eine Frau, 33 Jahre alt, und ihre beiden Kinder, das eine acht Jahre, das andere neun Monate alt. Die Reihe läßt sich fortsetzen. Wem solches widerfahren war, was interessierte den noch die Haager Landkriegsordnung oder die Genfer Konvention? Er brauchte nicht die Parole vom totalen Krieg. Er wollte Rache, sein Leid und seinen Schmerz ausagieren.

Der Angriff vom 20. Juli 1944 hatte den Zugverkehr in Friedberg nur für kurze Zeit lahmgelegt. Die Stadt blieb weiterhin ein lohnendes Ziel für die amerikanischen Bomber, zumal mit der erfolgreichen Bombardierung der Frankfurter Bahnhöfe das Verkehrsaufkommen in Friedberg wuchs. Die Gleise des Rangierbahnhofs seien »heavily loaded« gewesen, stellte ein amerikanischer Luftaufklärer am 4. Dezember 1944 fest. In Friedberg befanden sich außerdem wichtige Depots von Wehrmacht und Luftwaffe, darunter auch das ZEL, das Zentral-Ersatzteillager der Wehrmacht, dessen Bestände über die ganze Stadt verteilt waren. Ende 1944 war das ZEL in Friedberg das letzte und einzige seiner Art, das noch funktionierte. Sämtliche Fronttruppen mußten hier die Ersatzteile für ihre Kraftfahrzeuge holen. Dementsprechend starker Betrieb herrschte auf dem Bahnhof.

Ab September 1944 häuften sich die Angriffe von Jagdbombern auf das Bahnhofsgelände. Die Alliierten besaßen nun sichere Stützpunkte in Frankreich, von denen die Maschinen aufsteigen konnten, um die Reste der deutschen Logistik zu zerschlagen. Mit Sprengbomben und Luftminen wurden die Brücken und Unterführungen angegriffen, um den Gleiskörper unbenutzbar zu machen. Immer öfter wurden auch Personen- und Güterzüge in unmittelbarer Umgebung der Stadt angegriffen. Es empfahl sich, nur noch bei Nacht zu reisen.

Am 4. Dezember, einem Montag, erfolgte dann der erste Angriff des Krieges auf Friedberg: 119 Menschen des 8. US-Bomberkommandos, so geht aus dessen *Interpretation Report* hervor, warfen zwischen 12.46 und 13.09 Uhr 280 t Sprengstoff und etwa 20 t Brand- und Phosphorbomben auf die Stadt. Ziel war erneut der Güter- und Rangierbahnhof. Der Angriff sei in vier Wellen erfolgt, berichtet Rust. Der erste Bombenteppich sei nordöstlich der Stadt im freien Feld niedergegangen, die drei nachfolgenden jedoch hätten die Stadt voll getroffen. Im Stadtteil Fauerbach östlich des Reichsbahngeländes sei kaum ein Haus unbeschädigt geblieben. Viele Häuser seien gänzlich zerstört worden. Da man die Bomben aus großer Höhe abgeworfen hätte, seien selbst die Kellerräume der getroffenen Häuser total zerstört; deswegen die hohe Zahl der Toten. Der Tiefgang der Bomben habe die Wasserleitungen aufgerissen, so daß die Löscharbeiten der Feuerwehr sehr schwierig gewesen seien. Außerdem seien immer wieder Bomben mit Langzeitzündern explodiert. Der Gleiskörper im Bereich des Güterbahnhofs, heißt es bei Rust, »ist nur noch ein Trümmerhaufen«. Es habe einen gefallenen Soldaten, neunundachtzig Ziviltote und fünfzig zum Teil schwer Verletzte gegeben. Außerdem seien vierzig Personen verschüttet gewesen. Von einigen Familien seien alle tot. Rust vergißt nicht zu erwähnen, daß unter den Toten ein französischer Kriegsgefangener, drei »Ostarbeiter« und sechzehn »Ostarbeiterinnen« mitsamt ihren Kindern waren. »Beim Einsatz von Zivilarbeitern aus der Sowjetunion ist von Arbeitskräften aus den besetzten Ostgebieten oder von Ostarbeitern zu sprechen«, hatte Goebbels dekretiert. Rust hielt sich daran.

Ludwig Liebig kann sich noch sehr genau an den Angriff vom 4. Dezember erinnern. Zuständig für den Einsatz des Rot-Kreuz-Sanitätszuges, war Liebig einer der ersten in Fauerbach nach dem Angriff. Beim Absuchen der Häuser und Keller nach Toten, Verletzten und Verschütteten sei es zum Streit mit einem der Friedberger Parteibonzen gekommen, der darauf bestand, daß die toten und verschütteten Fremdarbeiterinnen aus dem Haus Dorheimer Straße 7 erst geborgen werden sollten, wenn alle anderen Häuser nach Toten und Verschütteten abgesucht worden seien. Man arbeite der Reihe nach, antwortete Liebig, und jetzt sei man beim Haus Dorheimer Straße 7.

Am 6. Dezember 1944 meldete die *Gießener Zeitung* unter der Überschrift »Terrorangriffe auf das Rhein-Main-Gebiet«: »Mehrere amerikanische Bomberverbände griffen in den Vormittagsstunden des 4.12.1944 zahlreiche Städte und Ortschaften am Rhein-Main-Gebiet mit Spreng- und Brandbomben an. Vor allem in Friedberg entstanden Schäden und Verluste unter der Bevölkerung. Es sind 63 Gefallene zu beklagen.« Dreiundsechzig? Am Tag zuvor hatte Polizeihauptmann Rust eine Liste der Toten zusammengestellt und in das *Luftschutz-Kriegstagebuch* der Stadt eingetragen. Sie umfaßte neunundachtzig Namen. Wo waren die fehlenden sechsundzwanzig geblieben? Vielleicht war der eine oder andere Tote bei Erstellung der Meldung noch nicht gefunden worden? Wahrscheinlich aber ist, daß die zwanzig toten Kriegsgefangenen und Zwangsarbeiter einfach nicht mitgezählt wurden. Die Liste der Toten sollte nicht zu lang werden – das demoralisierte. Außerdem waren es ja keine Deutschen.

Fast hundert Friedberger meldeten sich am Abend des 4. Dezember bei der Polizei als obdachlos. Das waren bei weitem nicht alle, deren Wohnungen unbewohnbar geworden waren, denn eine Reihe hatte bereits bei Verwandten und Bekannten Unterkunft gefunden. Die übrigen wurden in Schulen und öffentlichen Gebäuden fürs erste untergebracht. Ihre Zukunft war ungewiß. Sie waren in fast jeder Hinsicht auf fremde Hilfe angewiesen, denn es war in der Regel nicht nur die Wohnung vernichtet worden, sondern auch alles verlorengegangen, was man zum Leben brauchte, vor allem Kleidung.

Unter den vielen Fragen, die nun geklärt werden mußten, gab es eine ganz entscheidende, deren öffentliche Diskussion Goebbels in einer seiner Sprachregelungen allerdings verboten hatte: »Die Frage, ob durch die Beschädigung oder Zerstörung von Gebäuden das Mietsverhältnis aufgelöst wird, ist nicht zu erörtern.« Die öffentliche Aufklärung über solche Fragen wäre der Einstimmung der Bevölkerung in den totalen Krieg nicht zuträglich gewesen. Wo Opfer für Staat und Volk verlangt wurden, durfte das Interesse der Menschen nicht auf privatrechtliche Fragen gelenkt werden. Schon stimmungsvoller war da, was eine Woche vor dem schweren Bombenangriff in der *Gießener Zeitung* gestanden hatte: »Panzerknacken leichtgemacht«. In Knittelversen wurden verschiedene Formen der Panzerbekämpfung dargestellt; die Parole hieß: »Stählerne Herzen gegen stählerne Massen«. Solche lockere Anleitung zur Panzerbekämpfung, erläuterte der Schriftleiter, sei ganz dem Gedanken »Kampf gegen das Schema« verpflichtet: »Weiß Gott, nach dieser Parole haben wir unsere großen Siege in den ersten Kriegsjahren errungen.« Als sei dies alles wiederholbar, wenn man nur vom Schema abweiche! Durch die Abfassung der Heeresvorschrift in Reimen etwa …

Ernsthafter war der Artikel von Rudolf Pörtner Ende September 1944 in der *Gießener Zeitung*: »Die Schanzer sichern das Reich«. Berichtet wurde vom Arbeitseinsatz derer, die an den Grenzen des

Großdeutschen Reiches Stellungen gruben, an denen der Ansturm der Feinde gestoppt werden sollte. Es war also damit zu rechnen, so konnte man, wenn man wollte, herauslesen, daß die Feinde die Grenzen des Reichs bald erreicht haben würden. Ob es tatsächlich gelingen würde, sie aufzuhalten? Das »Mirakel des Hauses Brandenburg« wurde beschworen, an das Durchhalten des Preußenkönigs Friedrich nach der Katastrophe von Kunersdorf wurde erinnert und vor allem an die Wende des Siebenjährigen Krieges, als alles schon verloren schien.

»Die Feldherrnkunst Friedrichs des Großen« war ein Artikel überschrieben, den der – keineswegs pronazistisch eingestellte – Heidelberger Historiker Willy Andreas am 15./16. Juli 1944 in der *Gießener Zeitung* veröffentlichte. Erst im Verlaufe des Siebenjährigen Krieges, so seine Hauptthese, habe sich »durch den Charakter des Existenzkampfes gegen eine ganze Welt die Feldherrnkunst des Königs zu jener Höhe erhoben, die von der Nähe des Untergangs ihren unsterblichen Glanz empfängt«. Das waren Aufmunterungen, die wohl vor allem dem Bildungsbürgertum galten, also denen, die mit dem Verweis auf das Schicksal des längst zu einer deutschen Legende stilisierten Preußenkönigs etwas anzufangen wußten.

»Die Nacht von Kunersdorf« heißt eine Erzählung von Oskar G. Foerster, die in der *Gießener Zeitung* vom 2./3. September 1944 veröffentlicht wurde. 12. August 1759: Die Schlacht gegen Österreicher und Russen ist verloren, das preußische Heer fast völlig vernichtet. Friedrich ist allein, verzweifelt, glaubt alles verloren. Dann aber erinnert er sich der »preußischen Bürger, Bauern und Soldaten, die seit vier Jahren ohne Murren Not und Strapazen des Krieges auf sich nehmen im festen Vertrauen, daß der König ihnen den Sieg und eine helle Zukunft erkämpfen werde«. – Der Gedanke an seine Untertanen richtet den König wieder auf. Er wirft die kleine Dose mit der Aufschrift »Gift« aus dem Fenster, dann tritt er zu seinen Offizieren:

»›Wir haben eine Schlacht verloren, Messieurs‹, sagt Friedrich ohne Bewegung, ›es ist ein schwerer Schlag für uns, aber wir werden ihn überstehen. Ich werde diesen Feldzug zu Ende führen, entschlossen, alles zu wagen und den Sieg zu erringen.‹ … Als der Morgen graut, verlassen die Offiziere den König mit dem sicheren Bewußtsein, daß der Feind seinen ohnehin teuer erkauften Sieg als nutzlos wird erkennen müssen.« Die Direktiven des Königs sind eindeutig. Sie fordern »einen verstärkten Einsatz des ganzen Volkes: Die Zahl der Pulvermühlen und Waffenfabriken ist zu vergrößern, alle arbeitsfähigen Männer und Frauen sollen zur Arbeit in den preußischen Waffenschmieden herangezogen werden, Rekruten sollen neu ausgehoben und ausgebildet werden.«

Das war natürlich keine Darstellung der Ereignisse, wie sie sich im August 1759 zugetragen haben. Es war die Gegenwart, die hier als »Lehre der Geschichte« zelebriert wurde: totaler Kriegseinsatz, noch größere Opfer, neue Einheiten, Volksgrenadierdivisionen, Volkssturm! Was nach dem Zusammenbruch der Westfront im darauffolgenden Monat die letzten Rettungsanker des Deutschen Reiches sein sollten: Hatte damit nicht auch der Preußenkönig die Lage zu seinen Gunsten gewendet? Wenn es nach Kunersdorf geholfen hatte, warum nicht auch jetzt …

Eine Woche später wurde in der *Gießener Zeitung* die Nacht nach der Schlacht von Kunersdorf erneut beschworen, diesmal von Walter Frank unter der Überschrift »Wunder des Willens«. »Blond, glückhaft und verwegen, ein Liebling der Frau Fortuna«, so sei der König durch die ersten Kriegsjahre geritten; an die Unbesiegbarkeit des Königs hätten »seine Grenadiere ebenso fest geglaubt wie an die Allmacht Gottes«. Dann die furchtbaren Niederlagen. Aber »auch nach dem Tag von Kunersdorf ist die Furcht seiner Gegner vor seinem Genius, vor seiner unberechenbaren Unheimlichkeit noch so groß, daß sie vor neuem Wagnis zaudern. Der Gegner marschiert nicht gegen Berlin. Er zieht in Richtung Schlesien ab. Es war die Rettung vor der unmittelbaren Vernichtung, der er am Abend von Kunersdorf bereits ins Weiße des grausigen Auges geschaut.« Das klang wie eine beschwörende Adresse an die Alliierten, es doch bitte noch einmal so zu machen.

Die seit 1944 immer häufigeren Verweise auf das Preußen des

Siebenjährigen Krieges waren in erster Linie Defensivbotschaften. An deutsche Eroberungen war nicht mehr zu denken. Schließlich hatte auch Friedrich im Siebenjährigen Krieg nur den Bestand des in den Schlesischen Kriegen eroberten Territoriums verteidigt. Darauf galt es jetzt die Bevölkerung einzustimmen. Das Beste, was man noch erreichen konnte, war ein Deutschland in den Vorkriegsgrenzen. Nichts anderes besagten die Hinweise auf Preußen. Sie wurden kombiniert mit der Behauptung, der Führer habe den Krieg nicht gewollt und eigentlich auch nicht begonnen: Er sei ihm aufgezwungen worden. Die Zeit der Blitzkriege und Blitzsiege war vorbei; hinhaltende Defensive, Mobilisierung aller verfügbaren Kräfte und vor allem die Hoffnung auf ein Auseinanderbrechen der feindlichen Koalition war jetzt die Devise. Durch die Berufung auf den Preußenkönig suchte man dies kaschiert zu verbreiten: Offen wagte man nicht auszusprechen, was die letzte Hoffnung des Reiches war.

So fährt dann Walter Frank fort: »Er, der einst geträumt hatte, die Gegner in großen Schlachten blitzschnell zu vernichten, rang jetzt zäh und mühevoll um Zeitgewinn, wartete auf den ›Deus ex machina‹, der ihn aus der übermächtigen Umklammerung retten solle.« Der Tod der Zarin Elisabeth und die preußenfreundliche Politik ihres Nachfolgers, Zar Peters III., haben Friedrich gerettet. Waren solche Hoffnungen Ende 1944/Anfang 1945 auch illusionär, so scheinen sie bei einigen doch auf fruchtbaren Boden gefallen zu sein. Neben den Wunderwaffen wurde »das Mirakel des Hauses Brandenburg« zur »zweiten Front« gegen die Resignation. »Wir sind in der Lage Friedrichs d. Gr. nach der Schlacht von Kunersdorf 1759«, schrieb Ferdinand Dreher am 12. Oktober 1944 in sein *Kriegstagebuch*. »Vielleicht bringt auch diesmal ein Personenwechsel in Rußland (Tod der Kaiserin Elisabeth 1762) über Nacht eine Schicksalswende: Am 29.9. hatte Reichsführer SS Himmler eine Besprechung mit General Wlassow von der ›russischen Befreiungsarmee‹ (Kirgisen)! Auch ein roter Putsch in Frankreich gegen de Gaulle könnte die Kriegslage mit einem Donnerschlag zu unseren Gunsten ändern.« Zugleich bleibt er ein Mann des Rassismus, wenn er fortfährt: »An den Opfern des deutschen Volkes muß Alljudas satanischer Haß zunichte werden.« Etwas, was Dreher eigentlich zutiefst verabscheute, Kirgisen und rote Putschisten, wurde hier zur letzten Hoffnung, verbunden mit der magischen Vorstellung, das Blut der Deutschen werde den »jüdischen Bann« brechen. Jeder Gefallene wurde damit zum Märtyrer, jedes militärisch und politisch noch so sinnlose Opfer erhielt hier eine höhere Weihe.

Noch einmal, am 10./11. Februar 1945, erinnerte die *Gießener Zeitung* an Friedrich: »Das friderizianische Vorbild«. Jetzt freilich ging es nur noch darum, das Vorbild als Argument gegen einen sofortigen Friedensschluß, einen »Unterwerfungsfrieden«, ins Feld zu führen. »Der nächste Monat«, so wurde aus Friedrichs Briefen zitiert, »wird aber schrecklich werden, er wird für mein armes Land entscheidende Ereignisse bringen. Ich werde es retten oder mit ihm untergehen; denn wie könnte ein Fürst seinen Staat, den Ruhm seiner Nation, seine eigene Ehre überleben? Ich bin fest entschlossen, weiterhin gegen das Mißgeschick zu kämpfen; aber zu gleicher Zeit bin ich auch entschlossen, meine Schande und die Schmach meines Hauses nicht zu unterzeichnen.« Und: »Nie wird meine Hand einen demütigenden Frieden unterzeichnen. Keine Unterredung, keine Beredsamkeit werden mich bestimmen können, meine Schmach zu unterschreiben.«

Auch Kreisleiter Fleischhauer machte auf einer Tagung der Ortsgruppenleiter jedem unmißverständlich klar, daß mit einem raschen Friedensschluß nicht zu rechnen war. »In seinem Lagebericht«, so meldete die *Gießener Zeitung* am 21. Februar 1945, habe Fleischhauer zunächst »auf die ernsten Stunden hingewiesen, die Deutschland zur Zeit durchzustehen hat. Aber für das nationalsozialistische Deutschland gibt es weder eine Kapitulation noch einen Kompromiß. Weil wir die Bedingungen des Versailler Diktats kennen und weil wir wissen, daß man dem deutschen Volke keinerlei Lebensrechte zubilligt, gibt es für uns nur den Kampf bis zur letzten Entscheidung. Jeder wehrfähige Mann wird sich für die Verteidigung seines Heimatbodens einsetzen, alle Frauen und Mädchen werden die durch den Ausfall der Männer entstehenden Lücken sofort wieder füllen.«

Selbst in den Kreisen der bis dahin noch überzeugten Nationalsozialisten scheint es Zweifel am deutschen Endsieg gegeben zu haben. Das jedenfalls legt der weitere Bericht über die Tagung der Ortsgruppenleiter nahe. »Anschließend«, heißt es darin nämlich, »erörterte der Kreisleiter eingehend die kriegsentscheidende Tätigkeit der Hoheitsträger (d.i. die Parteifunktionäre), die auch heute wieder, wie in der Kampfzeit, sich als wahre Volksführer bewähren müssen. Es gilt, durch kluge und rasch improvisierte Maßnahmen alle Schwierigkeiten zu überbrücken, die eine außergewöhnliche Zeit von heute auf morgen stellen kann. Der gleiche unerschütterliche Glaube wie früher wird uns auch jetzt wieder die Stärke geben, allen Anfeindungen zum Trotz nur einem Ziele zu leben: dem Endsieg Deutschlands.«

Dasselbe erklärte Fleischhauer wenige Tage später noch einmal in einer »Stunde der Besinnung«, zu der die NS-Frauenschaft »alle Frauen Friedbergs« eingeladen hatte. Laut *Gießener Zeitung* vom 15. Februar sagte er: »So wie draußen der Mann mit der Waffe in der Hand im harten Kampf steht, so muß die Frau in der Heimat stark und einsatzbereit ihre Pflicht tun. Wenn wir alle mit starken, gläubigen Herzen hinter dem Führer stehen und uns dem Ruf zur Mithilfe nicht entziehen, dann wird es uns gelingen, unserer Feinde Herr zu werden und den Sieg an unsere Fahnen zu heften.« Diese beschwörenden Appelle, diese Forderung nach innigem Glauben, scheinen zunächst einmal den eigenen Parteimitgliedern gegolten zu haben. Den »fanatischen Nazis«, die weiterhin die Szene beherrschten, standen inzwischen zahlreiche »resignierte Nazis« gegenüber, die verschiedene Anstrengungen unternahmen, sich insgeheim von der Partei abzusetzen.

Die Wunderwirkung des Glaubens beschwor auch Kreisschulungsleiter Ertl, der, nach den öffentlichen Berichten zu schließen, in den letzten Kriegstagen in Friedberg immer stärker in den Vordergrund trat. Laut *Gießener Zeitung* vom 10./11. März 1945 erklärte er in einer

»Weltanschaulichen Feierstunde des Deutschen Volkssturms«: »Front und Heimat werden in unerschütterlichem Glauben an den Führer die Überlegenheit der Feinde zu brechen wissen. Weil kein Volk so gläubig und deshalb so opferbereit und so mutig ist wie das deutsche, wird die Vorsehung es aus diesem gewaltigen Ringen geläutert als Sieger hervorgehen lassen.«

Die seit Beginn des Jahres 1945 eingeschlagene offizielle Linie kommt vielleicht am klarsten in einer Rede zum Ausdruck, die Kreisleiter Fleischhauer am 30. Januar, dem zwölften Jahrestag der »Machtergreifung«, im Tagungssaal des Friedberger Rathauses vor den Ortsgruppenleitern des Kreises hielt. Hier wurden die Parolen ausgegeben, die von den Ortsgruppenleitern weiterverbreitet werden sollten: »Wenn wir an die Zeit von 1933 bis 1939 denken«, erklärte Fleischhauer laut *Gießener Zeitung* vom 5. Februar, »dann müssen wir stolz darauf sein, daß es dem Führer möglich war, eine Zeit des Aufblühens und des Wohlstandes zu erreichen, die die ganze Welt und unser Volk selbst in höchstes Erstaunen versetzte.«

Offensichtlich fühlte sich Fleischhauer genötigt, die Friedensjahre der nationalsozialistischen Herrschaft herauszustellen. Die NS-Führung selbst schien inzwischen von einer allgemeinen Kriegsmüdigkeit in Deutschland auszugehen, denn Fleischhauer schloß die dreiste Behauptung an: »Der Führer hat keinen Krieg gewollt. Aber als die Lage an den Grenzen des Reiches immer bedrohlicher wurde, hat er im Herbst 1939 das deutsche Volk zur Verteidigung seines Aufbauwerkes aufgerufen. Und dieses Volk hat gezeigt, wozu die deutsche Volksgemeinschaft fähig ist.« Diesem Lob folgte prompt die Aufforderung zu weiteren, größeren Opfern: »Wir wissen heute, daß die Vorsehung uns als Aufgabe den Kampf gegen die Juden und die überstaatlichen Mächte gestellt hat und daß mit den harten Entbehrungen uns ein Fingerzeig dafür gegeben wurde, diesen Kampf nicht zu leicht zu nehmen. Leichte Siege waren nie von Bestand. Je enger wir aber zusammenrücken, desto verschworener wird unsere Gemeinschaft, je härter die Auseinandersetzung mit unseren Feinden, desto unerschütterlicher unser Glaube an ein ewiges Deutschland und seinen Führer Adolf Hitler.«

Bemerkenswert ist der starke Akzent, der hier nun wieder auf die Staatlichkeit gelegt wurde. Volk und Rasse waren die Leitideen der Ideologie und Politik des Nationalsozialismus, nicht dagegen der Staat, der eher der »Reaktion« zugerechnet wurde. Jetzt, im Augenblick der höchsten Bedrohung, nahmen einige Nationalsozialisten auch wieder den Staat für sich in Anspruch. Nicht alle: NS-Schulungs- und Propagandaleiter Ertl zum Beispiel appellierte weiterhin an Volk und Rasse. In der bereits erwähnten »Weltanschaulichen Feierstunde des Deutschen Volkssturms« erklärte er: »Wie schon so oft in der Geschichte steht auch heute wieder eine Welt voll Feinden an den Grenzen des Reiches bereit, pochend auf seine (!) Überlegenheit an Menschen und Material, dem deutschen Volke die Lebensrechte streitig zu machen. Aber dieses Volk, nicht mehr wie einst in Klassen und Stände getrennt, ist ein politisches Volk geworden. Wissend um das Gesetz des Blutes und der Rasse, ist es überzeugt, daß der Untergang des Abendlandes keineswegs bevorsteht, sondern daß eine Umwertung aller Werte Deutschland und damit auch Europa ein neues Aufblühen bringen werde.«

Ertl scheint kein guter Redner gewesen zu sein, und was er sagte, war, selbst an den Standards der nationalsozialistischen Ideologie gemessen, ziemlich wirr. Die Ideologie in den letzten Monaten des Regimes ist überhaupt verwirrend: Einerseits wurden Volk und Rasse beschworen, andererseits das Abendland ins Spiel gebracht; einerseits wurden die alten Frontlinien aus der »Kampfzeit« reaktiviert, andererseits auf konservative Vorstellungen zurückgegriffen. SA-Standartenführer Riecke hing offenbar der ersten, NS-Kreisleiter Fleischhauer der zweiten Version an; Kreisschulungs- und Propagandaleiter Ertl schwankte: Einmal sprach er von Blut und Rasse und der Umwertung aller Werte, ein andermal wieder von der Gerechtigkeit Gottes. Allen gemeinsam aber war anscheinend die Devise: Je schlimmer es kommt, desto besser muß es werden. An irgendeiner Stelle tauchte diese Durchhalteparole immer auf. Auch in Fleischhauers Rede zum Jahrestag der »Machtergreifung« bildete das Je-Desto den Höhepunkt: Je enger, desto verschworener, je härter, desto unerschütterlicher. Beschwörung und Schwur, Warnung und Selbstverpflichtung.

Das war zugleich ein überaus geschickter Propagandatrick, mit dem Angst und Leid der Bevölkerung eine Perspektive erhielten: Plötzlich waren es nicht mehr bloß Angst und Leid, sondern notwendige Durchgangsstationen auf dem Weg in eine bessere Zukunft. Hier wurde Eschatologie betrieben und die Vorstellung aktiviert, daß alles, was man ertrage, in der Endabrechnung positiv zu Buche schlagen werde. Darin verband sich die handfeste Aufrechnung von Plus und Minus mit der magischen Vorstellung, durch große Opfer lasse sich das Schicksal schließlich doch noch zwingen.

Der nächste große Opfergang kam für Friedberg am 12. März: Zwischen 12.38 und 12.40 Uhr warfen 75 amerikanische Liberator-Bomber 323 t schwere und leichte Sprengbomben sowie Stabbrandbomben und Phosphorkanister auf die Stadt. Die Flugzeugbesatzungen konnten die Bomben zwar fallen sehen, infolge einer dicken Wolkendecke jedoch keine Explosionen beobachten. Die von einem Luftaufklärer am darauffolgenden Tag gemachten Aufnahmen zeigen schwere Zerstörungen im Bereich des Rangierbahnhofs, der Lokomotivschuppen und der Versorgungsdepots. Die Gleise seien zerstört, die Waggons entgleist und die kleine Industriezone östlich des Gleiskörpers schwer beschädigt. Über weitere Zerstörungen finden sich in den amerikanischen Quellen keine Angaben.

Einer der amerikanischen Bombenteppiche belegte jedoch nicht das Bahngelände, sondern die Friedberger Altstadt. Brandbomben und Phosphorkanister hatten eine verheerende Wirkung; Rust berichtet von sechsundvierzig Großbränden in der Altstadt, in der Barbaravorstadt, im Bahnhofsbereich und in Fauerbach. Vor allem die Altstadt mit ihren Lehm- und Fachwerkhäusern sei ein einziges Flammenmeer gewesen, außerdem habe starker Wind geherrscht, und die Löscharbeiten seien durch Wassermangel erschwert worden. Aus dem Hallenbad am südlichen Rand der Altstadt schafften die Bewohner in Eimern Wasser heran, um die brennenden Dachstühle zu löschen. Einige Häuser konnten gerettet werden, viele brannten bis auf die Grundmauern nieder. Der Dachstuhlbrand der evangelischen Stadtkirche, fährt Rust fort, sei rechtzeitig bemerkt worden, so daß der wertvolle Kulturbau habe gerettet werden können. Die katholische Marienkirche jedoch sei zum Teil ausgebrannt. Schwer beschädigt oder ausgebrannt seien weiterhin die Musterschule, die Schule in Fauerbach, das Verwaltungsgebäude der Güterabfertigung sowie die Kreisleitung der NSDAP. Dort verbrannten auch die Akten und Karteien der Partei. 87 Tote und 300 Obdachlose waren die Bilanz des Angriffs.

Auch Rust spricht diesmal von einem »Terrorangriff«, einem Angriff also, der nicht oder doch nur zum Teil militärischen Zielen galt. In der Tat war ein Großteil der Bomben in reinen Wohngebieten niedergegangen. Andererseits lagen diese Wohngebiete allesamt in der Nähe des Reichsbahngeländes, und eine dicke Wolkendecke hatte den Zielanflug der amerikanischen Bomber erschwert. Aber waren es wirklich nur Fehlwürfe? Aus der amerikanischen Angriffsanalyse geht hervor, daß erheblich weniger schwere Sprengbomben als bei früheren Angriffen auf Friedberg abgeworfen wurden. Waren die über tausend leichten Sprengbomben das geeignete Mittel zur Zerstörung des Gleiskörpers oder auch die 4500 Stabbrandbomben, die nach Rusts Angaben auf Friedberg fielen? Manches bleibt hier im unklaren.

Am 23. März berichtete die *Gießener Zeitung* über eine Trauerfeier für die Opfer des Luftangriffs auf dem Friedberger Friedhof: »Die Fahnen der Bewegung hatten hinter der langen Reihe von Särgen Aufstellung genommen, ein Bläserchor des Reichssenders Frankfurt leitete die Feier mit dem Largo von Händel ein.« Die Verlagerung des Frankfurter Senders nach Bad Nauheim, die dem Friedberger Kampfkommandanten Hauptmann Henrich so große Probleme machte, scheint von der Parteiführung des Kreises ausgiebig zur zeremoniellen

Selbstdarstellung genutzt worden zu sein. Kaum eine Veranstaltung, an der nicht ein Chor des Reichssenders beteiligt war. Bei der »Weltanschaulichen Feierstunde des Deutschen Volkssturms« war sogar das große Orchester des Senders erschienen; man spielte das Vorspiel aus Wagners Meistersingern und Beethovens Yorkschen Marsch.

Kreisschulungsleiter Ertl hielt die Traueransprache: »Der Opfertod dieser Volksgenossen (steht) würdig an der Seite der im Felde Gefallenen … Wir haben dem Tod ins Auge gesehen, wir haben aber auch Beispiele von Kameradschaft erlebt, die im Bombenregen erhärtet wurden. Das Lied vom guten Kameraden ist auch zum Lied der unbekannten Helden in der Heimat geworden. Sie aber wären vergebens gestorben, würden wir schwach und kleinmütig. Unsere volle Teilnahme gilt den Hinterbliebenen, aus ihren blutenden Herzen wird am Ende dieses Kampfes eine schönere, glückhaftere Zeit erwachsen. Das Leben wird um so lohnender werden, je schwerer wir es erkämpfen mußten. Vor den Gräbern unserer Gefallenen erheben wir unsere Gedanken mit gläubigen Herzen dem Gott über uns zu, von dem der Führer sagte: ›Der Allmächtige wird immer ein gerechter Richter sein.‹«

Im Anschluß spielte der Bläserchor das Lied vom guten Kameraden. Dazu wurden die Namen der Opfer des Luftangriffs einzeln verlesen. »Kreisleiter Fleischhauer«, heißt es in dem Bericht der *Gießener Zeitung* abschließend, »legte dann den ersten Kranz an den Särgen nieder und gab den Gefallenen das Gelöbnis aller Bewohner des Kreises Friedberg ab, sich ihrer würdig zu erweisen.« Wenige Tage darauf verließ Fleischhauer angesichts der pausenlosen Luftangriffe und des amerikanischen Vorstoßes über den Rhein in aller Eile Friedberg und setzte sich in ein stilles Dorf im Vogelsberg ab.

Hauptmann Henrich

Am Mittag des 8. März 1945 wurde Hauptmann Henrich in feierlicher Form als Kampfkommandant von Friedberg vereidigt. Der große Saal des Offizierskasinos in der Ludwigstraße war fahnengeschmückt. Das überlebensgroße Hitlerbild an der Stirnseite des Raumes symbolisierte, daß Henrichs Gelöbnis letzten Endes vor Hitler, dem obersten deutschen Kriegsherrn, abgelegt wurde. Ihm allein und nicht etwa dem deutschen Volk oder dem Reich galt die feierliche Selbstverpflichtung, die Stadt bis zum Tode zu verteidigen. Abordnungen aller in Friedberg stationierten Einheiten waren in einem offenen Karree angetreten. Auch Kreisleiter Fleischhauer und SA-Standartenführer Riecke waren mit großem Gefolge erschienen. Oberst von Lützow, der Kommandeur des Sicherungsregiments, dem die Friedberger Standorttruppen unterstellt worden waren, nahm die Vereidigung vor.

»Als Kampfkommandant des Standortes Friedberg«, so lautete die Formel des Gelöbnisses, »verpflichte ich mich gemäß Paragraph 63 des Militärstrafgesetzbuches mit meiner Soldatenehre und auf Leib und Leben zur bedingungslosen Verteidigung des mir anvertrauten Standortes bis zum Tode. Jedes Übergabeangebot des Feindes ist abzulehnen. Für mich und meine Besatzung gibt es nur Kampf bis zum Äußersten. Meinen vorbehaltlosen Willen, nach der Verpflichtung zu handeln, bekräftige ich vor versammelter Mannschaft mit folgendem Gelöbnis: ›Ich verspreche, den Standort bis zum Äußersten zu verteidigen.‹«

Was das genau und im einzelnen hieß, hatte Henrich den Ausführungsbestimmungen entnehmen können, die das Oberkommando des Heeres (OKH) zum »Führerbefehl Nr. 11« erlassen hatte: »Unter rücksichtsloser Ausschöpfung aller Möglichkeiten« sollte er die Stadt »mit der Sicherheitsbesatzung gegen handstreichartige Überfälle oder örtliche Teilangriffe des Gegners verteidigen (und) nach Eintreffen der für die Verteidigung vorgesehenen Gesamtbesetzung (Friedberg) auch bei stärksten geschlossenen Feindangriffen verteidigen, sich gegebenenfalls einschließen lassen und bis zum Letzten halten«.

Am Morgen vor dem Gelöbnis hatte Henrich in einem zweieinhalbstündigen Planspiel die Verteidigung der Stadt geprobt. Sechzig Zuhörer waren erschienen, darunter die Führer der Hitlerjugend und der SA, der Chef der Friedberger Polizei sowie die Bürgermeister oder deren Stellvertreter aus den Kreisgemeinden. Ihnen allen war bei der Verteidigung Friedbergs eine wichtige Rolle zugedacht worden.

Das feierliche Gelöbnis des Kampfkommandanten wurde gegen halb zwei durch das Heulen der Sirenen abrupt beendet: öffentliche Luftwarnung, zwanzig Minuten später Fliegeralarm. Starke amerikanische Bomberverbände überflogen die Stadt in mehreren Wellen. Nach Aufhebung des Fliegeralarms meldete sich Hauptmann Henrich am Nachmittag bei Major Brack, dem Kommandeur des Ersatz- und Ausbildungsbataillons 36. Der, so erinnerte er sich später, »nahm eine Flasche Weinbrand aus seinem Schreibtisch, goß die Gläser voll, sah mich feierlich an und sagte: ›In Friedbergs altehrwürdiger Burg werden Sie Ihren letzten Widerstand leisten und dann unter den Trümmern dieser historischen Stätte in die Geschichte der Stadt Friedberg eingehen? Darauf wollen wir einen trinken, mein lieber Henrich, Prost?‹«

Henrich scheint jedoch schon vor dem 8. März den Entschluß gefaßt zu haben, den Standort nicht bedingungslos und bis zum letzten Mann zu verteidigen. Er stieß mit Brack auf seinen Tod an, aber er hatte sich bereits fest vorgenommen, alles zu tun, damit die Geschichte nicht so ausginge, wie Brack sie in seinem Trinkspruch beschrieben hatte. Henrich hielt den Krieg für verloren, und darum war in seinen Augen jedes weitere Blutvergießen sinnlos; heroische Todesverachtung war für ihn kein Kriterium bei militärischen Entscheidungen. »Lieber ein lebender Hauptmann als ein toter Major«, hatte er einmal, noch während des deutschen Vormarsches in Rußland, in sein *Kriegstagebuch* geschrieben. Die Verteidigung des Standorts bis zum Tod war mit einer solchen Einstellung schwerlich in Einklang zu bringen, zumal wenn man, wie Henrich, davon überzeugt war, daß dieser Opfergang militärisch völlig sinnlos sein würde.

Warum aber hat Henrich, wenn er doch von der Sinnlosigkeit seines Auftrages überzeugt war, nicht von vornherein seine Bestimmung zum Kampfkommandanten abgelehnt? Ein anderer hätte dann die Funktion übernommen, und Henrich wäre erspart geblieben, einen Eidbruch zu begehen beziehungsweise einen Eid mit dem klaren Vorsatz zu schwören, ihn bei entsprechender Gelegenheit zu brechen. Offensichtlich lagen die Dinge um einiges komplizierter: Irgend etwas muß Henrich daran gehindert haben, das Kriegsende in der relativen Sicherheit einer untergeordneten Stellung abzuwarten.

Hauptmann Fred Henrich war sechsundvierzig Jahre alt. Er hatte bereits die zweite Hälfte des Ersten Weltkrieges als Soldat mitgemacht und war mit dem Eisernen Kreuz Zweiter und Erster Klasse ausgezeichnet worden. Nach Kriegsende scheint er, wie viele andere dieser Generation, Schwierigkeiten mit seiner Reintegration ins bürgerliche Leben gehabt zu haben. Es waren nicht wirtschaftliche Aspekte: Henrichs Vater besaß in Aachen eine Fabrik, in der der Sohn mitarbeitete. Probleme hatte Henrich vielmehr mit den bürgerlichen Lebensformen und der bürgerlichen Auffassung vom Sinn des Lebens, in die er sich nach den Kriegsjahren und dem »Fronterlebnis« nicht zurückfinden konnte. Er hielt Kontakt zu den Kriegskameraden, zu denen auch der SA-Stabsführer Ernst Röhm zählte, dessen Adjutant Henrich 1921 für einige Zeit war. Auch scheint er Verbindungen zur Lebensreformbewegung gehabt zu haben; wie er später in seinem *Kriegstagebuch* einmal erwähnt, war er gut bekannt mit Hans Surén, der in den zwanziger Jahren eine Fibel der Freikörperkultur verfaßt hat. Es scheinen vor allem die Normen und die Art der Lebensführung der oberen Mittelschicht gewesen zu sein, mit denen Henrich nicht zurechtkam. Er fühlte sich aus der bürgerlichen Welt ausgeschlossen, zumindest nicht von ihr anerkannt.

Offenbar durch den engen Kontakt mit Röhm und dessen Kreis geriet Henrich schließlich auch in die NSDAP und machte, wahrscheinlich von Röhm kräftig protegiert, in der SA schnell Karriere. 1931, als Röhm die SA von Franz Pfeffer von Salomon erneut übernahm, schob er eine Reihe seiner Bekannten und Vertrauten in Führungspositionen. Einer von ihnen war Fred Henrich. Zu Beginn der dreißiger Jahre war er SA-Oberführer und Führer der SA-Brigade 76 in Aachen, eine Position, die einem Generalmajor der Wehrmacht vergleichbar war. Es waren wohl die verschwommenen Ideale des Röhm-Kreises, denen auch Henrich anhing. So soll er 1934 gegenüber dem Aachener Kreisleiter Schmeer erklärt haben, die Politik der NSDAP stehe im Widerspruch zu den von Hitler einst verkündeten revolutionären Grundsätzen. Welche Ideale Henrich meinte, bleibt allerdings unklar. Sollte er, der Fabrikbesitzersohn, etwa zum sozialrevolutionären Flügel der SA gehört haben, zu denen, die eine »zweite Revolution« nach der »Machtergreifung« anstrebten? Das ist eher unwahrscheinlich: Henrich gehörte zur höheren SA-Führung, die durch eine sozialstrukturelle Kluft von der unteren SA-Führung getrennt war. Die »zweite Revolution« war für Henrich völlig uninteressant, solange es dabei allein um soziale Veränderungen ging. Meinte Henrich also, wenn er von Hitlers einstigen Idealen sprach, die in der höheren SA-Führung allgemein verbreitete Ablehnung alles Bürgerlichen, ein wesentliches Motiv der »Bewegung«, das nach der »Machtergreifung« plötzlich in den Hintergrund trat?

Wahrscheinlich resultierte Henrichs Kritik an der Politik der NSDAP vor allem aus seiner Anhänglichkeit an Röhm. So sehr er in späteren Jahren die NSDAP kritisiert hat, so wenig hat er sich von Röhm distanziert. Als Anfang 1945 in der Friedberger Garnison das

Gerücht umging, Henrich sei im Zivilberuf SA-Führer, ärgerte er sich nicht darüber, daß man ihn überhaupt mit der SA in Verbindung brachte, sondern daß man meinte, er sei ein »Lutze-Schepmann-Standartenführer«. Nach der Ermordung Röhms hatte zunächst Viktor Lutze und dann Wilhelm Schepmann die Führung der SA übernommen und sie zu einer den politischen Direktiven der NSDAP folgenden Organisation umgestaltet. Eigene politische Ambitionen wie unter Röhm hatte die SA jetzt keine mehr. Doch Henrichs Kritik zielte auf etwas anderes: Lutze und Schepmann waren für ihn diejenigen, die aus der Ermordung Röhms Profit geschlagen hatten. Noch 1950 beschäftigte er sich mit dem Tode Röhms: Er sammelte, wie er dem Friedberger Stadtarchiv in einem seiner Briefe mitteilte, Material für einen Artikel über die Morde an der SA-Führung.

Offensichtlich war Henrich nicht direkt in die Röhmaffäre verwickelt, aber seine früheren Verbindungen zum SA-Chef und wohl auch seine Kritik an der NSDAP nach dessen Ermordung schwächten seine Stellung. In dem Konflikt mit Kreisleiter Schmeer zog er den kürzeren. »Kreisleiter Schmeer«, so schrieb Henrichs Schwester nach dem Kriege für das Entnazifizierungsverfahren ihres Bruders, »hatte durch Anzeigen bei der Staatsanwaltschaft erreicht, daß mein Bruder damals ins Gefängnis eingeliefert wurde, aus dem er durch den Beistand des Rechtsanwalts A. in Düsseldorf wieder entlassen wurde.« Henrichs Schwester sagte nichts über den Inhalt der von Schmeer erstatteten Anzeigen, ebensowenig der Chef der Aachener Polizei, der in einem Schreiben vom 10. Juni 1947 nur von »einem Zerwürfnis mit dem damaligen Kreisleiter Schmeer« spricht. Vermutlich waren es also keine unmittelbar politischen Streitpunkte, sonst wäre dies wohl in den beiden Schreiben geltend gemacht worden, die immerhin zur Vorlage in einem Spruchkammerverfahren dienten. Es ist darum wahrscheinlich, daß Schmeer versucht hat, Henrich mit dem Vorwurf der Homosexualität auszuschalten. Jedenfalls hatte Schmeer Erfolg. Henrich wurde am 1. November 1935 aus der NSDAP ausgeschlossen und erhielt für den Gau Köln-Aachen Aufenthaltsverbot. Nach kurzer

Zwischenstation in Holland ließ er sich in Frankfurt am Main nieder. Hier verlor er bald den Kontakt zur väterlichen Fabrik und scheint auch keine Stellung mehr gefunden zu haben, die seinen früheren Einkommensverhältnissen entsprochen hätte.

Fred Henrich war also ein »alter Kämpfer«; er hatte eine beachtliche Position in der SA erreicht, aber in dem großen Machtkampf im Sommer 1934 war er ausgeschaltet worden. Von nun an gehörte er zu denen, die vom Regime benachteiligt wurden. So wurde er bis zum Beginn des Krieges zu keiner Wehrübung zugelassen, was seine Aussichten auf eine spätere Beförderung erheblich verschlechterte. Henrich fühlte sich offenbar tief gekränkt: Trotz Frontbewährung, Verwundung und mehrfacher Auszeichnung sei er der »ewige Hauptmann« geblieben, schrieb er einmal. Sieht man es so, dann bekommt seine bereits zitierte Devise – »lieber ein lebender Hauptmann als ein toter Major« – einen leicht melancholischen Unterton.

Seit seinem Ausschluß aus der NSDAP nahm Henrich eine zunehmend kritische Haltung gegenüber dem Regime ein; seine Kritik stützte sich auf seine katholischen Grundüberzeugungen. Erst durch die Einberufung zur Wehrmacht war er der ständigen Überwachung durch die Gestapo enthoben; als die ihn nach dem Bürgerbräu-Attentat auf Hitler in seiner Frankfurter Wohnung verhaften wollte, war Henrich gerade eingezogen worden. Der im Herbst 1939 unternommene Versuch der Gestapo, ihn in der Marburger Garnison verhaften zu lassen, scheiterte ebenso am Widerstand der Wehrmacht wie seine Bespitzelung durch zwei Gestapoleute, die 1940 in die MG-Kompanie des Aschaffenburger Ersatzbataillons 106 eingeschleust worden waren. Trotz der fortgeschrittenen inneren Nazifizierung der Wehrmacht – gegen Parteispione und Gestapoleute hielt man bedingungslos zusammen.

Im Juli 1940 wurde Henrich zum Infanterieregiment 36 überstellt, wo er die Führung der Stabskompanie übernahm. Bis zum Herbst 1942 blieb er bei dieser Einheit, nahm an den Kämpfen an der Ostfront teil und wurde mit der Spange zum Eisernen Kreuz Erster Klasse ausgezeichnet. Am 20. Oktober 1942 erhielt er die Versetzung zur Führerreserve der Heeresgruppe A, wo er 1943/44 in der Feldkommandantur 189 an der Ostfront verwendet wurde. Im Herbst 1944 wurde Henrich zum Ersatz- und Ausbildungsbataillon seines Stamm-Regiments zurückversetzt.

Henrich scheint das deutsche Vorgehen in den eroberten Ostgebieten mit Befremden wahrgenommen zu haben. Wieviel er von den Verbrechen gewußt hat, die dort zumindest unter dem Schutz der Wehrmacht begangen wurden, bleibt unklar. Immerhin scheint er einiges gesehen zu haben: Noch vor dem Überfall auf die Sowjetunion, am Karsamstag 1941, notiert er in seinem *Kriegstagebuch*, er habe mit einigen Unteroffizieren des Regiments »Krach gehabt«, weil diese den alten Juden vor dem Bethaus in Staszow die Bärte hätten abschneiden wollen. Hier habe die SS »ganz schön gehaust«, notiert er im Sommer 1942, als das Regiment Stellungen erreicht, die ein halbes Jahr zuvor aufgegeben worden waren. Wahrscheinlich hat Henrich in den Jahren 1943/44 in der Feldkommandantur 189 noch mehr von den Vorgängen hinter der Ostfront erfahren. Seine Distanz zum Regime dürfte sich dadurch nicht verringert haben.

Nach der Schaffung des Nationalsozialistischen Führungsoffiziers (NSFO) im Frühjahr 1944 wurde Henrich dieser Posten im Bereich der Feldkommandantur 189 in Ponwesch und dann noch einmal im Grenadier-Ersatz- und Ausbildungsbataillon 36 in Friedberg angetragen. Voraussetzung für die Ernennung zum Nationalsozialistischen Führungsoffizier war laut einem von Generalfeldmarschall Keitel unterzeichneten Erlaß, daß der betreffende Offizier »bedingungsloser Nationalsozialist« sein, einen »besonderen Persönlichkeitswert« sowie »Erfahrung und praktische Fähigkeiten in der politisch-weltanschaulichen Führung und Erziehung« mitbringen und sich an der Front »hervorragend bewährt« haben müsse; außerdem seien »Zugehörigkeit zur Partei und aktive politische Tätigkeit als politischer Leiter erwünscht«. Beide Male hat Henrich das Angebot entschieden abgelehnt; beide Male mit der Begründung, er, der aus der NSDAP ausgetreten sei, könne wohl kaum die nationalsozialistische Weltanschauung vermitteln.

Genau das nämlich wäre seine Aufgabe als NSFO gewesen. In den »Richtlinien für die nationalsozialistische Führung im Heere« hatte General Schörner, der Chef des NS-Führungsstabes des Heeres, von einem »Krieg der Weltanschauungen« gesprochen. Ausschlaggebend seien dabei nicht die zahlenmäßige oder materielle Überlegenheit, sondern Tapferkeit, Disziplin, Ehre und das »Bewußtsein, Träger und Kämpfer einer hohen Idee zu sein«. Darum seien der »feste Glaube an die Überlegenheit der Idee und die Gerechtigkeit der Sache ... die schärfsten Waffen gegen den Feind und dessen fadenscheinige Moral. Eine deutsche Truppe dieser Art ist unbedingt überlegen und überwindet jede Krise, selbst wenn einmal der Nachschub an Waffen und Munition nicht klappt.« Die Aufgabe des NSFO sei darum »die Aktivierung der politischen Erziehung zum fanatischen Soldaten des Nationalsozialismus«. Worum es ging, war die Umformung des traditionellen Soldatenbildes in das des weltanschaulichen Kämpfers. Daran wollte sich Henrich nicht beteiligen.

Ein Mann, der in seinem *Kriegstagebuch* notierte, er sei »lieber ein lebender Hauptmann als ein toter Major«, war kein fanatischer Soldat und schon gar kein Soldat des Nationalsozialismus. Warum aber hatten Oberst Winter, der Kommandeur der Feldkommandantur 189, und Major Brack, der Chef des Ersatz- und Ausbildungsbataillons 36 in Friedberg, dann ausgerechnet Henrich im Auge? Daß Henrich nach außen hin den Eindruck erweckte, er sei ein fanatischer Soldat, womöglich gar weltanschaulich motiviert, ist schwer vorstellbar. So weit können private Tagebuchaufzeichnungen und äußeres Auftreten kaum auseinandergeklafft haben. Außerdem wird von mehreren Personen bestätigt, Henrich habe verschiedentlich scharfe Auseinandersetzungen mit nazistischen Offizieren gehabt, die sogar gedroht haben sollen, ihn für seine Äußerungen nach Kriegsende zur Rechenschaft ziehen zu lassen. Hatten sich die Kommandeure vielleicht an Henrich gewandt, weil sie hofften, er werde in der Funktion des NSFO mäßigenden Einfluß ausüben? Das mag vielleicht für Oberst Winter gelten, auf keinen Fall aber für Major Brack. Offensichtlich war es das Henrich vorauseilende Gerücht, er sei im Zivilberuf SA-Führer, das ihm wiederholt das Angebot der NSFO-Funktion einbrachte.

Ende 1944 wurde Henrich von dem zwischenzeitlich nach Hanau verlegten Ersatz- und Ausbildungsbataillon als Verbindungsoffizier nach Friedberg kommandiert. Als das Bataillon Anfang 1945 dann ebenfalls wieder nach Friedberg verlegt wurde, war er bereits zum Kampfkommandanten der Stadt bestimmt. Zu diesem Zeitpunkt scheint in ihm der Entschluß herangereift zu sein, die Stellung des Kampfkommandanten dazu zu benutzen, die Vorbereitung der Ortsverteidigung zu sabotieren und die Stadt bei Annäherung der Amerikaner kampflos zu übergeben. Um dieses Ziel zu erreichen, mußte er freilich den Eindruck der Loyalität und Kampfentschlossenheit vermitteln. Es war ein doppeltes Spiel, um so gefährlicher, als Henrich einige der Friedberger Standortoffiziere ins Vertrauen ziehen mußte, denn auf sich allein gestellt war er zweifellos nicht in der Lage, das Vorhaben auszuführen. Diese zusätzliche Belastung machte alles noch viel komplizierter.

Hauptmann Henrichs Entscheidung, die Verteidigung zu sabotieren und die Stadt möglichst kampflos zu übergeben, ist sicherlich anders zu bewerten als eine Kapitulation angesichts überlegener gegnerischer Kräfte: Der vor einer Übermacht Kapitulierende zieht sein Leben und das der ihm anvertrauten Soldaten einer – unter welchen Gesichtspunkten auch immer – heldenhaften Selbstaufopferung vor. Henrich dagegen hat mit seinem Entschluß, die Verteidigungsvorbereitungen in Friedberg zu sabotieren, ganz bewußt sein Leben riskiert. Wäre die Sabotage der Verteidigungsvorbereitungen entdeckt oder zur Anzeige gebracht worden, so hätte er dies sicherlich mit dem Tode bezahlt, dem Tode durch Erhängen, jener unehrenhaften Form der Hinrichtung, die Hitler für »Verräter« vorgesehen hatte. Für »feige« und »verräterische« Soldaten war die Kugel zu schade. Wo Orden, Ehrenzeichen und Beförderungen nicht mehr hinreichten, um die Soldaten zum Kämpfen zu bringen, trat die Drohung mit dem Galgen an ihre Stelle.

Was aber hat Hauptmann Henrich dazu gebracht, in den letzten Wochen des Krieges so bewußt sein Leben zu riskieren? Immerhin war er seit dem 20. Oktober 1942 ganz seiner Maxime gefolgt: »Lieber ein lebender Hauptmann als ein toter Major!« Bereits mit seiner Einwilligung in die Bestimmung zum Kampfkommandanten hatte er die bisher verfolgte Linie aufgegeben. Dann hatte er mit dem Gelöbnis als Kampfkommandant eine existentielle Selbstverpflichtung abgelegt, bis zum Tode zu kämpfen. Wenn er zum Zeitpunkt des Gelöbnisses bereits fest entschlossen war, Friedberg nicht zu verteidigen – wie schwer ist ihm, dem gläubigen Katholiken, dann der Entschluß gefallen, einen Eid mit der klaren Absicht zu schwören, ihn zu brechen? Henrich selbst hat sich zu alledem nicht geäußert; man wird aber Rückschlüsse aus verschiedenen Bemerkungen ziehen können, die er in anderem Zusammenhang gemacht hat.

In einem Schreiben an das Friedberger Stadtarchiv berichtete Henrich Anfang 1950, er trage sich mit dem Gedanken, ein Schauspiel unter dem Titel »Geplatzte Illusionen« zu schreiben, danach ein Stück, das sich mit dem Problem des Soldateneides befasse. Es solle ein »Anti-Kolberg« werden. Henrich beschäftigte sich anscheinend sehr intensiv mit den Ereignissen, die damals bereits fünf Jahre zurücklagen. Er habe auch mit Ernst Jünger über diese Fragen korrespondiert, teilte er mit. Zeit hatte Henrich genug, denn er war erwerbslos und bezog Unterstützung. Inzwischen fünfzigjährig, war ihm die Rückkehr in eine bürgerliche Existenz, ähnlich wie nach dem Ersten Weltkrieg, wieder nicht gelungen, zumal er als ehemaliger höherer SA-Führer trotz seines Ausschlusses aus der NSDAP für längere Zeit interniert gewesen war.

»Geplatzte Illusionen«: Der Titel scheint verräterisch und stellt die Absichten Henrichs zu Beginn des Jahres 1945 möglicherweise in ein klareres Licht: Sein bisheriges Leben war – gemessen an seinen ehrgeizigen Ambitionen – eine einzige Abfolge des Scheiterns. Dem jungen Offizier des kaiserlichen Heeres war aufgrund der Niederlage Deutschlands die gesellschaftliche Anerkennung seiner Leistungen im Kriege weitgehend versagt geblieben. Dann hatte er es in der SA zu einer führenden Stellung gebracht – und war gescheitert. Auch im zweiten Krieg hatte er bei weitem nicht das erreicht, was er sich wohl erhofft hatte. Im November 1940 war er zum Hauptmann befördert worden – und das war er bis Anfang 1945 geblieben. Jetzt hatte er durch seine Bestimmung zum Kampfkommandanten die Möglichkeit, alle bisherigen Fehlschläge wettzumachen, mit einem Schlag die große biographische Korrektur vorzunehmen. Zwei Möglichkeiten boten sich an: zu kapitulieren, um so die Stadt und ihre Einwohner zu retten, oder bis zum Äußersten zu kämpfen, um so, wie Major Brack gesagt hatte, unter den Trümmern der Burg in die Geschichte Friedbergs einzugehen. Auch letzteres wäre eine nachträgliche Beglaubigung, ein im letzten Moment doch noch eingelöster Lebenssinn gewesen, allerdings nach dem Modell »Götterdämmerung«.

Henrich hat sich für das erstere entschieden. War er darum ein Feigling, einer, der die Verteidigung sabotierte, weil er sein eigenes Leben retten wollte? Einige der Friedberger Standortoffiziere haben dies in ihren späteren Berichten und Stellungnahmen anklingen lassen. Aber dieses Urteil wird dem Kampfkommandanten Henrich nicht gerecht. Wäre es ihm nur um die eigene Haut gegangen, so hätte er dies einfacher und bequemer haben und in einer untergeordneten, leidlich ungefährlichen Stellung das Kriegsende abwarten können. Das gerade hat er nicht getan. Wahrscheinlich hat er den Entschluß zur Sabotage der Verteidigung unter dem starken Schuldempfinden getroffen, mehrere Jahre die Nationalsozialisten tatkräftig unterstützt zu haben. In der Verantwortung und Befehlsgewalt, die ihm als Kampfkommandanten zufielen, sah er die wohl einmalige Möglichkeit, dies – vor sich und anderen – durch die Tat wiedergutzumachen.

Sabotage der Verteidigung

Hauptmann Henrich mußte sein Ziel, den Standort kampflos an die Amerikaner zu übergeben, mit äußerster Vorsicht verfolgen. Wohl war er bereits zum Kampfkommandanten bestimmt, doch sollte die volle Befehlsgewalt erst mit der Aufrufung der Stufe 2 des Alarmplans »Gneisenau« an ihn übergehen. Bis dahin hatte er kaum zusätzliche Befugnisse; ungeklärt war auch, ob er das Kommando über die SA des Kreises und den SS-Wachzug in Bad Nauheim erhalten würde. Sowohl SA-Standartenführer Riecke als auch SS-Oberscharführer Weber hatten dies abgelehnt, und es war kaum damit zu rechnen, daß in dieser Sache noch eine Entscheidung »von oben« kam.

Doch nicht nur Riecke und Weber bereiteten Henrich Probleme; auch die meisten Offiziere in Friedberg waren wohl kaum für eine kampflose Übergabe der Stadt zu gewinnen. Der Wehrmacht-Standortälteste Oberstleutnant Sommerhof, ein Gutsbesitzer aus dem etwa zwanzig Kilometer entfernten Wetteraudorf Heldenbergen, war in Henrichs Augen zwar kein überzeugter Nationalsozialist, aber ein »oller Kommißkopp«, wie er ihn einmal nennt, ein Offizier, für den Befehl eben Befehl war, ein Mann, der sich durch seinen Fahneneid bedingungslos gebunden fühlte und der mit Sturheit und Konsequenz alle Anordnungen ausführte, die er erhielt. Ihn würde Henrich unter keinen Umständen ins Vertrauen ziehen können. Als Sommerhof die Saumseligkeit bemerkte, mit der Henrich die Ortsverteidigung Friedbergs vorbereitete, drohte er Henrich zufolge: »Wenn die Panzersperren nicht bald angelegt werden, Herr Hauptmann, werde ich Sie vors Kriegsgericht bringen!«

Noch mehr glaubte Henrich vor Bataillonsadjutant Hillmann und Bataillonsarzt Dr. Steinmetz auf der Hut sein zu müssen. Oberleutnant Hillmann stammte aus Erfurt und war im Zivilberuf Jurist. Während seines Studiums hatte er einer schlagenden Verbindung angehört, danach war er in die Allgemeine SS eingetreten. Da er einen Granatsplitter im Herzen hatte, war er nicht an die Front kommandiert worden, sondern seit mehreren Jahren Adjutant des Ersatz- und Ausbildungsbataillons 36. Allem Anschein nach hatte er am 7. Januar 1945 in Hanau dem Leutnant Sch. den Befehl gegeben, einen gefangengenommenen kanadischen Flieger zu erschießen. Hillmann sei »unglaublich brutal« gewesen, erinnerte sich Henrich später: »Ließ ich mir Arrestanten zur Vernehmung vorführen, so erschien Hillmann plötzlich auf der Bildfläche, faßte die Leute an die Brust oder an den Hals und bedrohte die Wehrlosen auf die gemeinste Art und Weise.« Den Stabsarzt Dr. Steinmetz, vor dem Krieg praktischer Arzt in Nieder-Wöllstadt, hatte Henrich als Agent der SD im Verdacht; als er das Steinmetz einmal auf den Kopf zusagte, war dieser sichtlich verlegen und fragte, woher er, Henrich, das wisse. Henrich nahm dies als ein indirektes Eingeständnis. Bei Kriegsende hat sich Steinmetz wahrscheinlich das Leben genommen.

Vor allem aber hatte Henrich Major Brack, den Kommandeur des Ersatzbataillons, als einen überzeugten Nationalsozialisten kennengelernt. Brack, der aus München stammte und im Zivilberuf Kaufmann war, war mit dem hessischen Gauleiter Jakob Sprenger eng befreundet. Nach dem Attentat vom 20. Juli 1944 hatte er als einer der ersten Offiziere des Gaues Sprenger seine unwandelbare Treue zu Hitler zugesichert. Brack war es auch, der in der Friedberger Garnison den »Deutschen Gruß«, die Ehrenbezeugung mit ausgestrecktem rechtem Arm, als »Ausdruck des nationalsozialistischen Bekenntnisses der Wehrmacht« durchzusetzen versuchte. Unmittelbar nach dem gescheiterten Attentat hatte Göring seinem Führer gemeldet, »daß die Wehrmachtteile aus Anlaß seiner Errettung gebeten haben, in der Wehrmacht den Deutschen Gruß als ein Zeichen unverbrüchlicher Treue zum Führer und enger Verbundenheit zwischen Wehrmacht und Partei einführen zu dürfen« – so jedenfalls konnten es die Friedberger am 25. Juli 1944 in der *Gießener Zeitung* lesen. »Mit sofortiger Wirkung«, so hieß es dort weiter, »tritt an die Stelle der Ehrenbezeugung durch Anlegen der rechten Hand an die Kopfbedeckung Ehrenbezeugung durch Erweisen des Deutschen Grußes.«

Das freilich war leichter dekretiert als durchgesetzt. Viele grüßten weiterhin, indem sie die rechte Hand zur Kopfbedeckung führten. Auch das war ein kleines Stück Verweigerung gegenüber dem System, eine ungefährliche Variante zumal, denn gegenüber jedem, der den alten Gruß monierte, konnte man geltend machen, man sei dies nun einmal so gewohnt und könne sich nicht so schnell umstellen. Brack versuchte die Umgewöhnung mit Geldstrafen zu beschleunigen. Jeder, der die Bataillonsgeschäftsräume betrat und nicht die Hand zum Deutschen Gruß erhob und »Heil Hitler!« rief, mußte Strafe bezahlen: fünf Mark, wer nach herkömmlicher Art salutierte, zehn Mark, wer »Guten Tag« oder gar »Grüß Gott« sagte. Natürlich war es in Friedberg unüblich, »Grüß Gott« zu sagen; wer so grüßte, tat dies nur, um den Münchener Brack zu provozieren. Das scheint einigen zehn Mark wert gewesen zu sein.

Major Brack, nach Henrichs Urteil ein »militärisch sehr begabter Offizier«, der es zum General hätte bringen können, wenn er nicht so feige gewesen wäre, hatte es mit großem Geschick verstanden, nicht zur kämpfenden Truppe abkommandiert zu werden. Dabei scheinen ihm seine guten Kontakte zum hessischen Gauleiter geholfen zu haben. Nur im Dezember 1944 hatte er sich einmal kurz an der italienischen Front aufgehalten, doch nicht um zu kämpfen, sondern um dort »requirierte« Wein- und Cognacbestände nach Deutschland zu schaffen. Brack verstand es, auch im letzten Kriegsjahr ein gutes Leben zu führen: Während die meisten sich morgens kalte Kartoffelscheiben aufs Brot legen mußten, aß er jeden Tag Fleisch. Aus seiner

Zeit als Kaufmann verstehe er zu wirtschaften, erklärte er jedem, der sich über seine Essensvorräte wunderte. »Menschlich gesehen«, urteilt Henrich, »war Brack ein krasser Egoist. Wiewohl er Ehemann war, unterhielt er in Friedberg intime Verhältnisse, und sein Drang zum Alkohol kannte keine Grenzen.« In allen vorliegenden Quellen wird Brack als ein überzeugter und fanatischer Nationalsozialist geschildert. Am 6. Februar erklärte er in dem von ihm selbst geleiteten Offiziersunterricht, diejenigen Soldaten, die am tapfersten kämpften und dabei fielen, gingen ein in Walhall. Dann richtete er heftige Angriffe gegen die katholische Kirche, gegen die Ohrenbeichte und gegen den Bischof von Galen: Nach Kriegsende werde der Führer in kirchlichen Dingen eine grundsätzliche Entscheidung treffen.

Brack selbst scheint an seinem vorzeitigen Eingang in den Germanenhimmel allerdings nicht sonderlich interessiert gewesen zu sein, denn seitdem die Front näherrückte und die Angriffe der Jagdbomber auf das Kasernenareal immer häufiger wurden, hielt er sich fast nur noch auf dem Gelände des abseits gelegenen Übungsplatzes auf, der an die Wälder des Taunus grenzte. Dort konnte man bei Tieffliegerangriffen schnell Deckung finden. »Der Kommandeur hat bei seiner Truppe zu sein«, begründete er sein Fehlen in den Geschäftsräumen des Bataillons. Bis zuletzt legte Brack größten Wert auf militärischen Stil: Selbstverständlich begab er sich nur zu Pferde zum Standortübungsplatz. Dabei mußte er freilich durch das zwei Kilometer westlich von Friedberg liegende Dorf Ockstadt, das ihm aufgrund seiner überwiegend katholischen Bevölkerung zutiefst verhaßt war. Dementsprechend hatte er auch verhindert, daß in Ockstadt eine Ausbildungseinheit seines Bataillons einquartiert wurde, wiewohl dies aufgrund der unmittelbaren Nähe zum Standortübungsplatz ein geeigneter Ort gewesen wäre: »Nach Sankt Ockstadt meine Leute legen? Niemals! Dieses Kaff ist stockkatholisch, und ich will nicht, daß meine Rekruten dort verdorben werden.«

Brack war immer noch fest davon überzeugt, daß Deutschland den Krieg gewinnen werde – jedenfalls ließ er nach außen hin keinerlei

Zweifel an seiner Siegeszuversicht aufkommen. Am 12. Februar 1945 notierte Henrich in seinem *Kriegstagebuch*: »Abends Oberleutnant Hillmann bei mir auf der Stube; Major Brack kam auch und spuckte große Töne. Er meinte, der Führer lasse mit Absicht die Russen bis an die Oder kommen, um dann um so vernichtender den ganzen Sack zupitschen zu können, wobei er uns dieses Zupitschen mit seinen fetten Wurstfingerchen an meiner Wandkarte demonstrierte.« Vor Brack also mußte Henrich auf der Hut sein, wenn er die Vorbereitungen zur Verteidigung des Standorts hintertreiben wollte. Solange Brack an den deutschen Endsieg glaubte, würde er jede Sabotage unterbinden; zumindest würde er den Kampfkommandanten bei dem Reichsverteidigungskommissar Gauleiter Sprenger als »Verräter« und »Defaitist« zur Anzeige bringen.

Auch einige jüngere Offiziere in Friedberg waren, wie sich noch zeigen sollte, von einem selbstmörderischen Durchhaltewillen beseelt. Eher würden sie bis zum Tode kämpfen, als den Standort kampflos an den Feind zu übergeben. Schon durch den Fahneneid fühlten sie sich dazu verpflichtet. Es scheint vor allem die Angst vor Schande und Schmach gewesen zu sein, die den Todesmut dieser Soldaten nährte. Hinzu kam der Mythos von Kolberg, den die nationalsozialistische Propaganda seit Wochen in die Köpfe der Bevölkerung und der Soldaten hineinhämmerte; Goebbels wußte, warum er »Kolberg« verfilmen ließ.

In der preußischen Festung hatte im Jahre 1807 der damals noch gänzlich unbekannte Major Neidhardt von Gneisenau zusammen mit dem Bürgermeister Joachim Nettelbeck mehrere Monate den Widerstand gegen die an Zahl deutlich überlegenen Angreifer organisiert. Dann hatte auch Kolberg aufgeben müssen. Das war die historische Geschichte. Daß Kolberg die Ouvertüre zum Befreiungskrieg von 1812/13 gewesen sei, war der preußische Mythos, daß die Einheit von Heer und Volk, Wehrmacht und Volkssturm sich hier erstmals bewährt habe, war eine Schöpfung der Nationalsozialisten. So konnten die Friedberger in der Ausgabe der *Gießener Zeitung* vom 3./4. Februar 1945 unter der Überschrift »Alle Mann auf die Wälle« lesen: »Die gesamte Einwohnerschaft war eine todesmutige Mannschaft geworden. Feuersbrünste und Zerstörungen, Strapazen und Entbehrungen rissen keine Lücke in die Verteidigungsfront. Kühne Ausfälle hielten die Angreifer in Schach, und selbst der Orkan, zu dem sich der Beschuß der feindlichen Batterien in den Julitagen steigerte, als ein Volltreffer das Rathaus zerstörte, vermochte den Mut der Verteidiger nicht zu lähmen.« Unverkennbar wurden hier die Ereignisse des Jahres 1807 propagandistisch aufbereitet: »Feuersbrünste und Zerstörungen, Strapazen und Entbehrungen«, in ihnen sollten zum weiteren Male Kraft und Wille gestählt werden, und daraus würden dann die Besten hervorgehen. Das historische Ereignis der Verteidigung Kolbergs wurde zu einem geschichtlichen Versprechen: »Sechs Monate nur auf sich gestellt, trug diese kleine Stadt ihr Schicksal und ging unbesiegt aus der Niederlage jenes Krieges hervor, die sich wenige Jahre später in einen der glorreichsten Siege der preußischen Geschichte verwandelte. Kolberg wurde zum Fanal. Seine Moral ging in den Geist der Freikorps über und ist heute im Volkssturm wiedererstanden.« Unbesiegt in der Niederlage, Fanal zu einem der glorreichsten Siege – so wurde die militärisch sinnlose Zerstörung Kolbergs in das Licht des Sieges getaucht.

Wer den Mythos von Kolberg im Kopf hatte, der neigte wohl auch dazu, sich in die Rolle des Majors Neidhardt von Gneisenau hineinzuträumen, eines im Jahre 1807 noch gänzlich unbekannten preußischen Offiziers, dessen große militärische Karriere mit der Verteidigung Kolbergs begann. Der Mythos von Kolberg ist einer der Schlüssel, um zu verstehen, warum eine Reihe jüngerer Offiziere im Frühjahr 1945 lieber sterben als kapitulieren wollte, selbst wenn ihr Tod unter militärischen Aspekten vollkommen sinnlos war. Die Verteidigung Kolbergs war von der deutschen Historiographie als das große Gegenbeispiel zur schnellen Kapitulation fast aller preußischen Festungen nach der Niederlage von Jena und Auerstedt stilisiert worden: Die überalterten Generäle in den Festungen hätten Preußen so gut wie kampflos an Napoleon ausgeliefert und damit eine verlorene Schlacht zum verlorenen Krieg gemacht. Dem standen Kolberg und der junge, strahlende Gneisenau gegenüber: Ruhm oder Ehrlosigkeit, angesichts dieser Alternative war die Entscheidung allemal schon gefallen.

Henrich hatte noch größere Probleme: Die Bildung einer Gruppe kapitulationswilliger Offiziere wurde dadurch erschwert, daß in Friedberg das Gerücht umlief, Henrich sei im Zivilberuf SA-Führer. So hatten auch diejenigen Offiziere, die durchaus bereit gewesen wären, sich an seinem Vorhaben zu beteiligen, zunächst allen Grund, dem Kampfkommandanten zu mißtrauen. Henrich wiederum hatte kaum Möglichkeiten, seine Absichten erkennbar werden zu lassen, ohne sich persönlicher Gefahr auszusetzen. Mißtrauen, Unsicherheit, Angst und überhaupt alle Probleme, die bei einem konspirativ betriebenen Vorhaben auftreten, erschwerten ihm die Ausführung seines Plans.

Nur drei Offiziere hatte er in seine Absichten einweihen können: Major Hans Kremp, einen der Standortoffiziere, Oberleutnant Alfred Haase, den Adjutanten des Zentralen Ersatzteillagers der Wehrmacht, und Hauptmann Toni Sträßer. Kremp und Henrich hatten offenbar zueinander Vertrauen gefaßt, weil beide praktizierende Katholiken waren. Als sich der eine im Beisein des anderen kritisch über die Tiraden des Major Brack vom Germanenhimmel äußerte, wo die tapferen Toten sich ein Stelldichein gäben, war das Eis zwischen den beiden gebrochen. Ähnliches gilt für den Kontakt zu Oberleutnant Haase, den Henrich im Februar 1945 kennengelernt hatte. Bei einem gemeinsamen Spaziergang war das Gespräch auf den Krieg gekommen; sie hatten einander zu verstehen gegeben, daß sie den Krieg für endgültig verloren hielten, und waren sich einig geworden, daß jedes weitere Blutvergießen sinnlos war. Auch Hauptmann Sträßer hatte Henrich auf diese Weise ins Vertrauen gezogen.

Henrichs Handlungsmöglichkeiten waren also begrenzt. Da er nur drei Offiziere in seine Absichten hatte einweihen können, mußte er sich im wesentlichen darauf beschränken, die Pläne zur Ortsverteidigung nicht, nur zum Schein oder nur teilweise auszuführen. Für den

Bau der Feldstellungen, die die zurückgehenden Fronttruppen aufnehmen sollten, und für die Errichtung von Panzersperren außerhalb der Stadt war Kreisleiter Fleischhauer zuständig. Er und SA-Standartenführer Riecke forderten den Leiter des Kreisbauamts, Regierungs-Oberbaurat Metzger, auf, die technische Leitung beim Bau der Verteidigungsanlagen zu übernehmen. Mit der Begründung, das könne er nicht, lehnte Metzger dieses Ansinnen ab. Von der zu erwartenden Zerstörung Friedbergs war er ohnehin nicht erbaut. Zwar war er sicherlich kein erklärter Gegner des Regimes, aber er sah sich nicht dazu in der Lage, die Zerstörung der Stadt vorzubereiten, in der er seit vielen Jahren mit der Errichtung und Erhaltung der öffentlichen Gebäude beschäftigt war, und so sein eigenes Lebenswerk zunichte zu machen. In Metzger sollte Hauptmann Henrich einen weiteren Verbündeten finden.

Fleischhauer und Riecke mußten die technische Leitung beim Bau der Verteidigungsanlagen selbst übernehmen. Die Angehörigen des Volkssturms und der Hitlerjugend wurden in den ersten Märzwochen aufgeboten, um wenige hundert Meter vom Weichbild der Stadt entfernt Schützengräben und Schützenlöcher auszuheben sowie an den Ausfallstraßen Panzersperren zu errichten. Rechts und links der Straßen wurden dicke Baumstämme bereitgelegt, die die Hitlerjungen mit Stacheldraht umwickelten. Das alles scheint wenig sachgemäß ausgeführt worden und kaum effizient gewesen zu sein, denn mehrere Abschnittsführer berichten, sie hätten beim Einrücken in die Feldstellungen diese erst noch fertigstellen müssen. »Die angeordnete Errichtung von Straßensperren war ebenso unsinnig wie das Ausheben der Schützenlöcher unzureichend«, kann sich einer von ihnen erinnern. Hauptmann Henrich hätte nützliche Hinweise geben können. Der jedoch scheint mit Genugtuung festgestellt zu haben, daß in diesem Fall die NS-Kreisleitung selbst – wenn auch ungewollt – sein Sabotagevorhaben unterstützte. Wer ihm Vorhaltungen machen würde, den konnte er an die Kreisleitung verweisen.

Die Pläne zur Verteidigung Friedbergs sahen vor allem vor, alle

Brücken und Viadukte in unmittelbarer Umgebung und in der Stadt selbst zur Sprengung vorzubereiten und bei Annäherung des Gegners zu zerstören. Am 19. März 1945 ordnete Hitler den Widerstand ohne Rücksichtnahme auf die Bevölkerung an. In diesem als *Nerobefehl* bekannt gewordenen Dokument heißt es:

»1. Alle militärischen Verkehrs-, Nachrichten-, Industrie- und Versorgungsanlagen sowie Sachwerte innerhalb des Reichsgebietes, die sich der Feind für die Fortsetzung seines Kampfes irgendwie sofort oder in absehbarer Zeit nutzbar machen kann, sind zu zerstören.
2. Verantwortlich für die Durchführung dieser Zerstörungen sind: die militärischen Kommandobehörden für alle militärischen Objekte (einschließlich der Verkehrs- und Nachrichtenanlagen), die Gauleiter und Reichsverteidigungskommissare für alle Industrie- und Versorgungsanlagen sowie sonstige Sachwerte. Den Gauleitern und Reichsverteidigungskommissaren ist bei Durchführung ihrer Aufgabe durch die Truppe die notwendige Hilfe zu leisten.
3. Dieser Befehl ist schnellstens allen Truppenführern bekanntzugeben. Entgegenstehende Weisungen sind ungültig.«

Die »Strategie der verbrannten Erde«, unter der bis dahin vor allem die Sowjetunion zu leiden gehabt hatte, sollte nun auch gegen das eigene Land und die eigene Bevölkerung angewandt werden. Das war Hitlers Rache an einem Volk, von dem er behauptete, es habe sich seiner nicht würdig erwiesen. Hitlers Sozialdarwinismus, dessen Exekutoren die Deutschen mehr als fünf Jahre lang gewesen waren, traf sie nun selbst. Bereits am 27. Januar 1942 hatte Hitler in einem seiner Tischgespräche im Führerhauptquartier erklärt: »Ich bin auch hier eiskalt: Wenn das deutsche Volk nicht bereit ist, für seine Selbsterhaltung sich einzusetzen, gut: dann soll es verschwinden!« Am 18. März 1945, dem Tag vor der Herausgabe des *Nerobefehls*, erwiderte Hitler auf entsprechende Einwände seines Rüstungsministers Speer, es sei nicht nötig, auf die Grundlagen zum primitivsten Weiterleben des deutschen Volkes Rücksicht zu nehmen. Es sei sogar besser, diese Dinge zu zerstören, weil sich das deutsche Volk als das schwächere erwiesen habe. Was nach dem Krieg noch übrig sein werde, seien nur die Minderwertigen, denn die Guten seien gefallen.

In Friedberg und Umgebung gab es einiges zu sprengen: Da waren zunächst die beiden Eisenbahnviadukte über das Rosental, dann zwei größere Unterführungen und eine Reihe von kleineren Eisenbahnunterführungen und Brücken. Wer für die Zerstörung dieser Bauwerke zuständig sein sollte, war freilich umstritten. Auf der Grundlage des *Nerobefehls* war Hauptmann Henrich als militärische Kommandobehörde für die Sprengung der Brücken und Viadukte verantwortlich. SA-Standartenführer Riecke konnte als nachgeordnete Dienststelle des Reichsverteidigungskommissars dagegen die Sprengpläne für die Industrie- und Versorgungsanlagen beanspruchen: Das waren vor allem das Proviantamt sowie die Versorgungsdepots und Lager der Wehrmacht in Friedberg. Zwischen Henrich und Riecke kam es zum Konflikt: Riecke wollte sämtliche Sprengpläne, aber Henrich gab keinen einzigen heraus. Wer die Sprengpläne hatte, besaß auch die Befugnis zu sprengen. Die aber mußte Henrich unter allen Umständen behalten.

Soweit er konnte, hat Hauptmann Henrich auch die anderen Pläne und Anweisungen zur Verteidigung Friedbergs hintertrieben. Das Kernstück der Ortsverteidigung war der Ausbau eines inneren Verteidigungsgürtels durch die Befestigung von Häusern und Kellern zu Widerstandsnestern sowie die Errichtung einer Vielzahl von Panzersperren. Der Gegner sollte die Stadt im Straßen- und Häuserkampf, von Haus zu Haus, von Keller zu Keller, nehmen und sich so zur Burg vorarbeiten müssen, wo die Ortsverteidigung im Kampf bis zum letzten Mann ihren Abschluß finden würde. Zweifellos würde jeder Angreifer schwere Verluste erleiden, selbst wenn die Verteidiger über keine schweren Waffen verfügen. Und dennoch: Die Pläne zur Verteidigung Friedbergs waren eher von der Vorstellung eines nibelungenhaften Untergangs geprägt als von der realistischen Einschätzung dessen, was der Truppe psychisch noch zugemutet werden konnte. Ohne jede Aussicht auf militärischen Erfolg sollte hier ein Kampf ge-

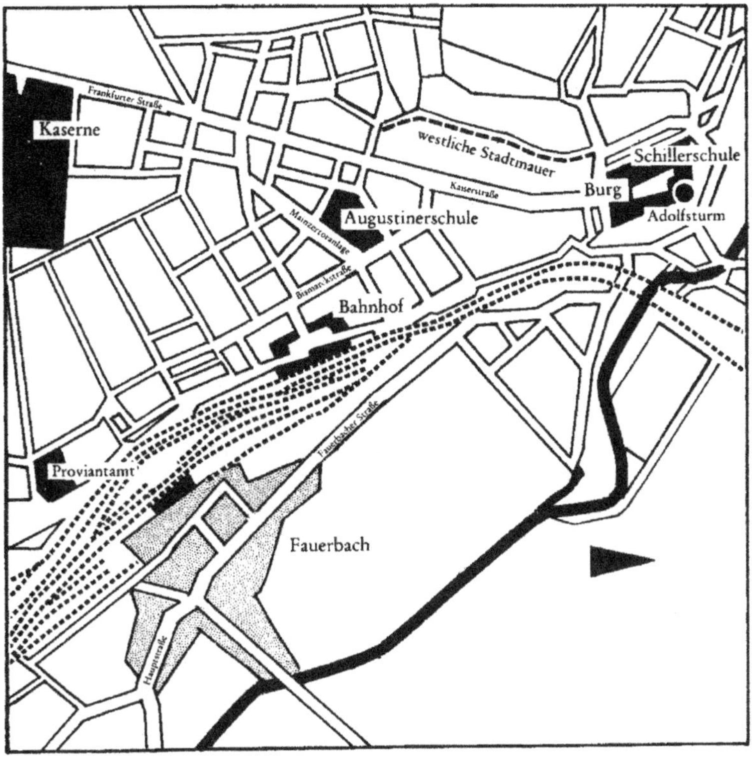

Plan von Friedberg

führt werden, der mit dem sicheren Tod der Verteidiger enden würde. Gewiß, jeder Soldat mußte im Krieg mit der Möglichkeit seines Todes rechnen, aber er hatte doch immer auch eine mehr oder weniger große Chance, dem Tod zu entgehen. Hier jedoch hatte die Verteidigungsplanung den Tod zur Bestimmung erhoben: Materielle Unterlegenheit sollte durch Selbstaufopferung ausgeglichen werden. Es war also durchaus passend, wenn der Bataillonskommandeur seinen Offizieren vom Germanenhimmel erzählte, was diese wohl motivieren sollte, den Kampf so zu führen, wie er für sie vorgesehen war.

Soweit er konnte, hat Henrich die Pläne zur Sprengung der Brükkenbauwerke und zur Vorbereitung des Straßen- und Häuserkampfes sabotiert: Weder wurden Häuser befestigt und Keller ausgebaut, noch wurden irgendwelche Anstalten zur Sprengung von Brücken getroffen. Die Panzersperren, die Henrich nach wiederholten Aufforderungen durch Oberstleutnant Sommerhof errichten ließ, waren eher »Markierungen« als tatsächliche Hindernisse für vorrückende Panzer. Alle Mühe, die sich Henrich gab, seine wahren Absichten zu verschleiern, hätte jedoch nicht ausgereicht, wenn nicht auch Oberst Freiherr von Lützow, dem unter anderem die Friedberger Standorttruppen unterstanden, die Fortsetzung und Verlängerung des Krieges für sinnlos gehalten hätte. So hat von Lützow bei einer Inspektion der Verteidigungsanlagen in Friedberg deren unzureichenden Ausbau wohl bemerkt und auch bemängelt, doch – das jedenfalls war der Eindruck, den Henrich gewann – nur der Form halber. Mitte März wurde von Lützow abgelöst. Henrich berichtet, Lützow sei »wegen seiner Haltung am 20. Juli« abgesetzt worden. Man habe ihn vor ein Volksgericht stellen wollen.

Als erstes versuchte Henrich, die Lazarettstadt Bad Nauheim zu entmilitarisieren, um sie bei Annäherung der Amerikaner zur offenen Stadt erklären zu können. Kampfhandlungen in Bad Nauheim hätten zwangsläufig große Opfer unter den Verwundeten zur Folge gehabt. Wer von ihnen nur einigermaßen wiederhergestellt war, wurde schleunigst aus den Lazaretten entlassen, um zu seinem Stammtruppenteil zurückzukehren. War dies nicht mehr möglich, so mußte er sich beim Friedberger Kampfkommandanten melden.

Nachdem Mitte März sämtliche in Bad Nauheim untergebrachten Wehrmachtsstellen abgezogen worden waren, weigerte sich nur noch SS-Oberscharführer Weber, mit seinem Wachzug Bad Nauheim zu verlassen. Die einzige Möglichkeit, die Henrich jetzt noch sah, ihn loszuwerden, war die Verlagerung des Senders. Als sich die Lage an der Westfront weiter verschlechterte, ließ sich Rundfunkintendant Fries davon überzeugen, daß der Sender in Bad Nauheim zwar vor amerikanischen Bombenangriffen sicher war, nicht aber vor Bodentruppen, wenn die amerikanischen Verbände über den Rhein vorstießen. Dazu fehlten ihm, meinte der Friedberger Kampfkommandant, einfach die militärischen Kräfte. Fries willigte schließlich in die Verlagerung des Senders nach Bayern ein. Die Sendeeinrichtungen wurden auf Lastwagen des Zentralen Ersatzteillagers in Friedberg verladen und abtransportiert. Danach zog auch die SS ab.

Henrich konnte sich nun ganz darauf konzentrieren, die Ausschaltung der nationalsozialistischen Parteiführung im Kreis vorzubereiten. Das war zwingend erforderlich, wenn die kampflose Übergabe Friedbergs gelingen sollte. Insbesondere mußte ihm daran gelegen sein, SA-Standartenführer Riecke festzusetzen. Erst danach hätte er die unmittelbare Befehlsgewalt über das Volkssturmbataillon des Kreises inne, dessen Kommandeur Riecke war. Henrichs Weigerung, die Sprengpläne für Friedberg an den SA-Standartenführer herauszugeben, hatte Riecke mißtrauisch gemacht. Argwöhnisch verfolgte er die Anordnungen des Kampfkommandanten.

Am 12. März 1945 erfolgte ein schwerer Luftangriff auf Friedberg. Für den Morgen dieses Tages hatte Riecke den ihm unterstellten Volkssturm des Kreises zu einem Appell in die Musterschule aufgeboten. Gegen halb eins wurde Fliegeralarm ausgelöst. Polizeihauptmann Rust berichtet, Riecke habe den Volkssturmmännern befohlen, unter allen Umständen in der Schule zu bleiben, er selbst aber »suchte mit seinem Kraftwagen schnellstens das Weite«. Bei dem Angriff fielen auch mehrere Bomben auf die Musterschule. In ihren nur behelfsmäßig hergerichteten Schutzräumen fanden zehn Volkssturmmänner den Tod: Christoph Müller, 50 Jahre; Josef König, Alter unbekannt; Albert Lang, 39 Jahre; Johann Waitz, 26 Jahre; Wilhelm Rühl, 42 Jahre; Heinrich Meyer, 53 Jahre; Heinrich Jost, 41 Jahre; Franz Brauburger, 58 Jahre; Heinrich Rosenbecker, 44 Jahre, und Josef Horst, 43 Jahre. Weitere Volkssturmmänner wurden in dem eingestürzten Physiksaal der Schule verschüttet. Altstadtbewohner gruben sie nach dem Ende des Bombenangriffs aus. Viele waren schwer verletzt, einer von ihnen starb am darauffolgenden Tag. »Warum hatte Riecke«, fragte Rust in seinem Bericht, »die Volkssturmmänner für die Dauer des Fliegeralarms nicht in den sicheren zwölf Meter unter der Erde liegenden Luftschutzkeller der Steinhäusserschen Brauerei entlassen? Als pflichtbewußter Führer dieser Volkssturmmänner hätte er sie dorthin zu führen gehabt und hätte bei seiner Truppe bleiben müssen.«

Gerade die Bedenkenlosigkeit, mit der Riecke das Leben der ihm unterstellten Männer aufs Spiel setzte, machte ihn für Henrich so gefährlich. Riecke war, wie er bei der Ermordung des amerikanischen Fliegers in Fauerbach bewiesen hatte, ungeheuer brutal und ging, wie der Tod der Volkssturmmänner in der Musterschule und des Hitlerjungen Michel im Feld zwischen Friedberg und Bad Nauheim zeigte, rücksichtslos mit dem Leben der ihm unterstellten Männer um. Riecke war ein schneller und sicherer Pistolenschütze; nicht von ungefähr war er Kandidat im Pistolenschießen für die dann ausgefallenen Olympischen Spiele von 1940 gewesen; doch war er allem Anschein nach nicht der mutigste und mutete anderen mehr zu als sich selbst. Das wiederum minderte die von ihm ausgehende Gefahr. Ein Mann, der bei öffentlicher Luftwarnung die Stadt fluchtartig verließ, um nicht einem Bombenangriff ausgesetzt zu sein, war wohl kaum in der Lage, eine Verteidigung bis zum letzten Mann zu erzwingen. Dies konnte er nur, wenn er selbst in der Stadt blieb und zusammen mit den Verteidigern den Tod suchte. Das aber war von Riecke angesichts seines bisherigen Verhaltens kaum zu erwarten. Um so mehr war ihm freilich zuzutrauen, daß er die Brücken und Versorgungsdepots in Friedberg in die Luft jagen ließ. Riecke war durchaus für die Verteidigung bis zum letzten Mann – wenn er selbst dabei weder der erste noch der letzte war. Er war für »Götterdämmerung« – wenn er einen Platz in den Reihen der Zuschauer einnehmen durfte.

Hauptmann Henrich scheint sich darüber im klaren gewesen zu sein, daß Riecke nur gefährlich war, solange die Amerikaner nicht vor Friedberg standen. Je näher sie kämen, desto leichter würde er wohl mit Riecke fertig werden. Dennoch mußte er Vorkehrungen treffen, um Riecke und Fleischhauer gegebenenfalls auszuschalten. NS-Kreisleiter Fleischhauer trug auch jetzt noch eine ungebrochene Siegeszuversicht zur Schau. Henrich mußte darum in Rechnung stellen, daß er sich der kampflosen Übergabe der Stadt widersetzen würde. Andererseits war Fleischhauer nicht mutiger und tapferer als Riecke, und was für Riecke galt, galt sicherlich auch für ihn. Für alle Fälle jedoch verabredete Henrich mit Oberleutnant Haase die Festnahme Rieckes und Fleischhauers: Er wollte die beiden zu einer Besprechung in seinen Gefechtsstand bitten, wo sie dann auf das Stichwort »Kuckuck« hin von Oberleutnant Haase mit einem Trupp zuverlässiger Männer festgenommen werden sollten. Das mußte ohne größeres Aufsehen über die Bühne gehen, und dafür war der Gefechtsstand des Kampfkommandanten genau der richtige Ort. Man wollte die beiden in den an den Gefechtsstand angrenzenden Kellerräumen gefangenhalten, bis die Kapitulation vollzogen war.

Am 16. März wurde die Stufe 2 des Alarmplans »Gneisenau« aufgerufen. Zusammen mit Major Kremp befand sich Henrich gerade auf dem Standortübungsplatz, als der Kartenzeichner des Bataillons eintraf und keuchend vor Anstrengung das vorgesehene Stichwort »Alarmstufe 2 Gneisenau« überbrachte. »Herr Hauptmann«, habe er dann gestottert, »wir sind am A-A-A-rsch!« »Mit diesem klassischen Zitat«, so erinnerte sich Henrich, »begann meine Funktion als Kampfkommandant.« Am Tag darauf bezog er den Gefechtsstand, den er nun kaum noch verlassen sollte. Der Bunker des Kampfkommandanten lag an der nordwestlichen Ecke der Burgmauer, sechs Meter tief unter gewachsenem Boden. Von dem Eingang zu ebener Erde führte eine steile, dunkle Treppe hinunter in den kleinen, viereckigen Raum, in dem gerade vier Betten und ein größerer Tisch für das Kartenmaterial und die zahlreichen Telefone Platz hatten.

Von nun an hielt sich Henrich ständig im Gefechtsstand auf; er schlief auch hier. Außer der Treppe, die in den Burghof führte, hatte der Bunker einen weiteren Ausgang in die Keller eines angrenzenden Wohnhauses. Dort wohnte Oberbaurat Metzger, der es wenige Wochen zuvor abgelehnt hatte, die technische Leitung beim Bau der Feldstellungen in Friedberg zu übernehmen. Henrich hatte Metzger Ende Februar kennengelernt, als er im Hochbauamt des Kreises sich die Pläne der Burg hatte aushändigen lassen. »Die Aussicht«, so Henrich, »daß auch die Burg verteidigt werden müsse, fand bei ihm damals schon keine Begeisterung, und er unterließ es nicht, mir deswegen seine große Besorgnis auszudrücken.« Metzgers mangelnde Begeisterung über die voraussichtliche Verteidigung der Burg ist verständlich, denn hier stand sein Haus, hier wohnte seine Familie. Würde die Burg wie befohlen verteidigt werden, so bliebe von dem Anwesen nichts übrig.

Metzger war also ein potentieller Verbündeter Henrichs. Der freilich zögerte zunächst noch, Metzger in sein Vorhaben einzuweihen, da in dessen Haus Oberstleutnant Sommerhof und Stabsarzt Dr. Steinmetz verkehrten. Konnte er Metzger unter diesen Umständen trauen? Zudem scheint Metzger, dessen Sohn in Stalingrad gefallen war, noch Ende 1944 vom deutschen Sieg überzeugt gewesen zu sein. Erst als die Verteidigung Friedbergs vorbereitet und im Keller seines Hauses der Gefechtsstand des Kampfkommandanten untergebracht wurde, wurde auch er skeptisch.

Als vor dem Gefechtsstand Mitte März dann eine Wagenladung Panzerfäuste abgeladen wurde, bat Metzger Henrich eindringlich, die Panzerfäuste wegschaffen zu lassen; schließlich könne bei einem Tieffliegerangriff eine Garbe Leuchtspurmunition oder eine Brandbombe die Zünder zur Explosion bringen. Henrich ließ daraufhin die Zünder von den Panzerfäusten entfernen. Als Metzger ihn nun zum wiederholten Mal von der Sinnlosigkeit einer Verteidigung Friedbergs zu überzeugen suchte, setzte ihn Henrich ins Bild. »Ich bin der ehrlichen Überzeugung«, schrieb Henrich später, »daß bei Herrn Metzgers Bemühungen um eine Kapitulation Friedbergs und Entmilitarisierung Bad Nauheims, bei der er mich kräftig unterstützt hatte, die Liebe zu seiner Heimat die entscheidende Rolle gespielt hat.« Es waren also keine politischen Motive ausschlaggebend gewesen, Henrichs Kapitulationspläne zu unterstützen. »Die Liebe zu seiner Heimat« – das hieß zunächst wohl: die Sorge um den Besitz. Als das Regime diesen nicht mehr schützte, sondern nur noch bedrohte, wandten sich viele von ihm ab.

Das entscheidende Problem bei der kampflosen Übergabe Friedbergs freilich war bislang noch nicht gelöst worden: Wie sollte den Amerikanern an den Abschnittskommandeuren vorbei zu verstehen gegeben werden, daß der Friedberger Kampfkommandant die Stadt kampflos übergeben wollte? Gerade unter den Abschnittsführern befanden sich jene jüngeren Offiziere, von denen Henrich erwartete, daß sie dies kategorisch ablehnen würden. Wie sie sich allerdings verhielten, wenn die amerikanischen Panzer einmal vor der Stadt stünden, würde man abwarten müssen. Weder aus Henrichs noch aus anderen Berichten geht hervor, welche Überlegungen diesbezüglich angestellt wurden. Bei einem abendlichen Besuch Henrichs bei Oberbaurat Metzger scheint man zu dem Entschluß gekommen zu sein, auf ein vereinbartes Stichwort hin auf dem Gefechtsstand die weiße Fahne zum Zeichen der Übergabe aufzuziehen. Offenbar vertraute Henrich darauf, daß die durchhaltewilligen Offiziere und Mannschaften von diesem den Amerikanern geltenden Signal so überrascht sein würden, daß die Übergabe der Stadt gelänge. Das war vielleicht nicht einmal so abwegig, nur mußte Henrich den psychologisch richtigen Zeitpunkt treffen, denn davon würde alles abhängen: Die amerikanische Panzerspitze müßte Friedberg erreicht haben, sie müßte von so beeindrukkender Stärke sein, daß jeder Widerstand als aussichtslos erschiene, und es dürften noch keine Kampfhandlungen stattgefunden haben, denn damit wäre der Schock der amerikanischen Übermacht überwunden. Würde es einen Zeitpunkt geben, an dem diese drei Bedingungen gleichzeitig erfüllt waren, und wenn, würde Henrich ihn auch erkennen und wahrnehmen?

Mit Anneliese Metzger, der 22jährigen Tochter des Oberbaurats, verabredete Henrich, daß sie auf das von ihm persönlich ausgelöste

Stichwort »Kohlweißling« hin ein weißes Laken auf dem elterlichen Haus hissen sollte. An der Westseite des Hauses befand sich ein dafür geeigneter Fahnenmast. Warum mußte ausgerechnet eine Frau den gefährlichsten Teil des ganzen Vorhabens übernehmen? Fand sich unter den Soldaten keiner, der diese Aufgabe hätte übernehmen können? Hauptmann Henrich selbst, das ist klar, mußte in diesem Augenblick im Gefechtsstand sein, um die Lage unter Kontrolle zu behalten. Es war auch nur schwer vorstellbar, daß der Kampfkommandant selbst die weiße Fahne aufzog. Aber fand sich in Henrichs Umkreis niemand, kein Leutnant, kein Feldwebel, kein Unteroffizier, den er ins Vertrauen hätte ziehen können und der dann das Laken aufgezogen hätte? Oder hatten alle Angst, sich zu exponieren? Sich mit dem Vorhaben der kampflosen Übergabe einverstanden zu erklären war eines, selbst jedoch die weiße Fahne zu hissen etwas ganz anderes. Wer das Laken an der Fahnenstange hochzog, würde keine Ausrede mehr haben; der war definitiv ein »Feigling« und »Vaterlandsverräter«. Scheiterte die Übergabe, dann würde er auf der Stelle erschossen. Hatte man die Aufgabe darum einer Frau übertragen, weil man hoffte, mit ihr würde glimpflicher verfahren? Vor allem aber: Glaubte Henrich wirklich, er könne gleichsam im Alleingang und nur mit Hilfe einer 22jährigen Frau den Standort übergeben? Wenn er daran zweifelte, hätte er sein Vorhaben dann aufgeben müssen? Außer Frage steht jedenfalls, daß Henrichs Plan von vornherein auf schwachen Füßen stand und daß das Scheitern wahrscheinlicher war als das Gelingen.

Das Scheitern des Kapitulationsversuchs

Am 18. März 1945, zwei Tage, nachdem Hauptmann Henrich die volle Kommandogewalt als Kampfkommandant von Friedberg übernommen hatte, gab das Oberkommando der Wehrmacht bekannt: »Durch Standgericht wurden der Major Strobel von einem Pionierregimentsstab, der Major Scheller, Adjutant eines Armeekorps, der Major Kraft von einem Landespionierbataillon, der Oberleutnant Peters, Führer der zum Schutz der Rheinbrücke Remagen eingesetzten Flakkräfte, und in Abwesenheit der Hauptmann Brathke, Kampfkommandant von Remagen, teils wegen Feigheit, teils wegen schwerer Dienstpflichtverletzungen im Felde zum Tode verurteilt, weil sie es fahrlässig unterlassen haben, die Rheinbrücke bei Remagen rechtzeitig zu sprengen oder entschlossen zu verteidigen. Die Urteile an Strobel, Scheller, Kraft und Peters wurden sofort vollstreckt.« Auch im Gefechtsstand des Friedberger Kampfkommandanten, wo man die täglichen Wehrmachtsberichte mit größter Spannung verfolgte, wurde diese Nachricht gehört. Spätestens jetzt wußte Henrich, was ihn erwartete, wenn er Friedberg kampflos übergab und anschließend in deutsche Hände fiel.

Mit der Übernahme der vollen Befehlsgewalt war auch der Auftrag verbunden, die zurückgehenden Fronttruppen in die Ortsverteidigung von Friedberg einzugliedern. Schon seit Wochen waren Offiziersstreifen im Einsatz, die einzelne Soldaten aufgreifen und den Standorttruppen zuführen sollten. Vor allem das Soldatenheim gegenüber dem Bahnhof, die Wartesäle des Bahnhofs und verschiedene Wirtschaften in der Friedberger Altstadt wurden seit Jahresbeginn regelmäßig kontrolliert. Es war ein deutliches Zeichen für den rasch fortschreitenden Zerfall der Wehrmacht, daß ab Februar immer mehr Soldaten aufgegriffen wurden, die keinen gültigen Marschbefehl vorweisen konnten. Henrich achtete darauf, daß die Festgenommenen von Offizieren vernommen wurden, die sie nicht als Deserteure zur Anzeige brachten. Dabei kam ihm zu Hilfe, daß sich Major Brack den ganzen Tag über auf dem Standortübungsplatz befand und die Geschäftsräume des Bataillons nur abends betrat. Auch Oberleutnant Hillmann ließ sich nur selten blicken. So hatte Henrich nahezu freie Hand, und dies rettete wahrscheinlich einer Reihe von Soldaten das Leben.

Mit Aufrufung der Stufe 2 des Alarmplans »Gneisenau« mußte in Friedberg auch ein Standgericht gebildet werden, das im Falle von Desertion, Feigheit und schweren Dienstpflichtverletzungen im Felde tätig werden sollte. Henrich versuchte Oberleutnant Haase zu bewegen, den Vorsitz des Standgerichts zu übernehmen. Haase lehnte entschieden ab; für so etwas gebe er sich nicht her. Erst als Henrich und Kremp ihn auf die Gefahren hinwiesen, die von einem durchhaltewilligen oder gar nazistischen Vorsitzenden ausgingen, erklärte sich Haase bereit. Das Standgericht in Friedberg ist nie zusammengetreten.

Ende März kam die Westfront wieder in Bewegung: In der Nacht vom 22. auf den 23. März überquerten amerikanische Infanterieeinheiten in Schlauchbooten bei Oppenheim den Rhein. Es gelang ihnen, auf der rechten Rheinseite Fuß zu fassen und einen schmalen Brückenkopf zu bilden, in den noch in der Nacht weitere Einheiten nachgeführt werden konnten. Sie gehörten zur 3. US-Armee des General Patton. In schweren Kämpfen konnte der Brückenkopf ausgeweitet werden, dann brachen Pattons Panzer aus und rissen die Verbindungslinien zwischen der 1. und 7. Deutschen Armee auf. Die Heeresgruppe G war damit in zwei Teile gespalten. An den Ausläufern des Odenwalds vorbei stießen die amerikanischen Panzer in nordöstliche Richtung vor. Bereits am 24. März erreichten sie Darmstadt, am darauffolgenden Tag Aschaffenburg und die südlichen Stadtteile von Frankfurt.

Über Drahtfunk gab Reichsverteidigungskommissar Sprenger halbstündlich bekannt, der amerikanische Vorstoß sei im Raum Frankfurt zum Stehen gebracht worden. Diese Durchsagen sollten ein weiteres Anwachsen des Flüchtlingsstroms verhindern. Zivilisten und Soldaten, Militärfahrzeuge und Pferdefuhrwerke überfüllten die Straßen nordöstlich von Frankfurt. Daß Sprengers Durchsagen falsch waren, konnten die Friedberger an den zurückflutenden Wehrmachtseinheiten sehen. Polizeihauptmann Rust berichtet: »Seit dem 25. und 26.3.1945 bewegten sich unaufhaltsam Formationen des Deutschen Heeres (leichte Flak, Panzerspähwagen, Infanterie außer schweren Waffen, motorisiert, zu Fuß und mit allen möglichen Pferdefuhrwerken) teils geschlossen, teils in vollkommen aufgelöster Marschordnung auf der Reichsstraße 3 aus den Räumen Frankfurt sowie Bad Homburg und Hanau kommend in Richtung Gießen und Vogelsberg. Es war ein jammervolles Bild, diese abgekämpften, abgerissenen und zum größten Teil waffenlosen Reste des deutschen Heeres auf der Flucht zu sehen. Von einem ordnungsmäßigen militärischen Absetzen war keine Rede mehr. Widerstand wurde keiner mehr geleistet, da diese Überreste dazu gar nicht mehr in der Lage waren. Es war ein Bild der Demoralisierung und Auflösung.«

Am 25. März notierte auch Karl Orth: »Der deutlichste Beweis für die ungünstige Entwicklung der Lage war der von Süden nach Norden sich auf allen Straßen bewegende starke Flüchtlingsstrom, gemischt aus abgerissenen und verwundeten Soldaten, die einen denkbar ungünstigen Eindruck machten, und aus Zivilpersonen jeglichen Alters, die mit ihrer auf allen möglichen Fahrzeugen verstreuten kümmerlichen Habe vom Gegner wegstrebten.« Wer es bislang nicht hatte glauben wollen, konnte es nun mit eigenen Augen sehen: Das Deutsche Reich stand vor dem militärischen Zusammenbruch. Polizeihauptmann Rust und Regierungsrat Orth jedenfalls sahen dies sehr genau.

Am 25. März brachen auch die Panzer der 1. US-Armee aus dem

bei Remagen gebildeten Brückenkopf aus. Starke amerikanische Kräfte stießen durch das Lahntal in Richtung Limburg-Gießen vor. Von der 1. und 3. US-Armee in die Zange genommen, lösten sich die in die Wetterau zurückflutenden Wehrmachtsverbände auf, gingen in Gefangenschaft oder zogen in überstürzter Flucht weiter in den Vogelsberg. Eigentlich wäre es die Aufgabe des Friedberger Kampfkommandanten gewesen, diese Truppen aufzuhalten, sie neu zu formieren und in die Ortsverteidigung einzugliedern. Eine solche Verstärkung hätte den Kampf um die Stadt sicherlich verlängert. Schon deshalb hatte Henrich gar kein Interesse daran, die zurückgehenden Fronttruppen in die Verteidigung einzubinden, und so machte er keinerlei Anstalten, sie aufzuhalten. Statt dessen hoffte er, der Anblick der geschlagenen Truppen werde auch diejenigen unter seinen Soldaten demoralisieren, die Friedberg unter allen Umständen verteidigen wollten. Vielleicht genügte es schon, wenn sie sahen, daß andere Truppen zurückgingen, während sie selbst in ihren Stellungen bleiben mußten.

In aller Eile wurde in der Friedberger Garnison noch eine Alarmeinheit zusammengestellt, die die Frankfurter Verteidiger verstärken sollte. Otto Ludwig berichtet: »Ein großer Teil der noch einigermaßen einsatzfähigen Soldaten wurde zu einer Marschkompanie zusammengestellt und unter Führung des Hauptmanns Sträßer in den Raum von Frankfurt a.M. in Marsch gesetzt. Diese Kompanie, zusammengewürfelt aus ehemaligen Luftwaffen- und Marinesoldaten und kaum richtig hergestellten Heeresangehörigen, notdürftig infanteristisch umgeschult und ausgebildet, kaum mit den allernotwendigsten Waffen versehen, sollte in den Kampf um Frankfurt a.M. eingreifen, vor dessen Toren die Amerikaner bereits standen.« Wenn Henrich sonst auch jede Schwächung der Friedberger Verteidigung begrüßte, weil sie ihn seinem Ziel der kampflosen Übergabe ein Stück näherbrachte – diese Schwächung hat er bedauert: Hauptmann Toni Sträßer war einer jener Offiziere, auf die er sich hatte verlassen können und die gegebenenfalls auch bereit gewesen wären, entschlossen für die kampflose Übergabe der Stadt einzutreten.

Auch die Reste des Volksgrenadierregiments 36, die im Februar nach Friedberg verlegt worden waren, wurden nun in aller Eile aus der Stadt herausgezogen. Generalfeldmarschall Kesselring, dem die Einheit unmittelbar unterstellt war, wollte den Stamm für ein neues Regiment hier nicht sinnlos »verheizen« lassen. Die Moral der Zurückbleibenden scheint dies nicht gerade aufgerichtet zu haben. »So begab es sich«, berichtet Oberstleutnant Baier, der letzte Kommandeur des Regiments, »daß die Amerikaner zwischenzeitlich in Frankfurt/Main einrückten und wir immer noch in Friedberg auf Waffen, Munition und Ausrüstung warteten. Sozusagen in letzter Minute befahl dann der OB West: Absetzen nach Osten! Ich legte zunächst eine Marschroute in den Vogelsberg fest, wobei die Parole lautete: Marschieren nur bei Nacht – Hauptstraßen vermeiden – größte Vorsicht vor feindlichen Tieffliegern – beste Tarnung während des Tages.« Als Ausgleich für diese Kräfte wurden zahlreiche Verwundete aus den Bad Nauheimer Lazaretten nach Friedberg kommandiert. Unter dem Eindruck des Zusammenbruchs der Westfront hatte man sie kurzerhand gesund geschrieben.

Die bedrohliche Entwicklung der militärischen Lage war für die Parteileitung des Kreises das Signal, sich in Richtung Vogelsberg abzusetzen. Offensichtlich vertrauten gerade sie am wenigsten den Versicherungen des Gauleiters Sprenger, der amerikanische Vorstoß sei zum Stehen gebracht worden. Von der »entschlossenen Tapferkeit«, von »Heldenmut und Todesverachtung«, die sie anderen abverlangte, fühlte sich die Kreisleitung selbst dispensiert.

So berichtet Polizeihauptmann Rust, Kreisleiter Fleischhauer habe ihn Anfang 1945 aufgefordert, alle bei ihm einlaufenden Luftlagemeldungen umgehend an die Kreisleitung weiterzugeben. Da die Friedberger Polizei aber nur eine Leitung gehabt habe, habe er dies unterlassen, um das Telefon nicht für wirklich wichtige Gespräche zu blockieren. »Hierauf wurde mir die Meldung beim Reichsstatthalter Sprenger angedroht. Außerdem waren mir die wahren Gründe dieses Verlangens nur zu offensichtlich, denn sie konnten nur den Zweck haben, daß Kreisleitung und Standarte rechtzeitig erfuhren, wenn eingeflogene Feindflugzeuge mit Kurs auf Friedberg flogen, um sich dann noch rechtzeitig mit ihren ständig bereitstehenden Kraftwagen abzusetzen und in den Wäldern von Ockstadt und dem Winterstein untertauchen zu können. War dann der Angriff vorbei, dann erschienen diese Strategen, die Gott sei Dank längst erkannt waren, und brachten sich vor Wichtigkeit um.«

In dem Ende 1945 verfaßten *Nachtrag zum Kriegstagebuch* berichtet Rust: »Die Partei- und SA-Größen (Kreisleiter Fleischhauer mit Stabsführung der NSDAP und der Standartenführer der SA Riecke), die die Wehrmacht und die übrigen Einsatzkräfte zum Verteidigen bis zum letzten Blutstropfen vereidigt hatten, setzten sich in der Nacht vom 25. zum 26.3.1945, gut verproviantiert mit Speise und Trank, in Richtung Vogelsberg ab, um weit vom Schuß gesicherte Stellungen zu beziehen.« Noch Anfang Februar hatte Riecke alle NS-Führer des Kreises aufgefordert, »stets Vorbild zu sein, sich selbst zum härtesten Einsatz vorzubereiten und sich der gestellten hohen Aufgabe in allen Lagen bewußt zu sein«. Jetzt überließ Riecke die ihm unterstellten Volkssturmmänner ihrem Schicksal. Keine Frage: Der Kommandeur des Friedberger Volkssturmbataillons war desertiert. »Wir Zurückbleibenden«, fährt Rust fort, »waren beim Bekanntwerden des jämmerlichen und feigen Absetzens dieser Parteigrößen nicht im geringsten erstaunt, denn wir Polizeibeamten hatten diese um ihr Wohl besorgten Strategen in den letzten Monaten (Januar bis März 1945) während der Luftangriffe auf Friedberg zur Genüge kennengelernt.« Rusts Bericht läßt die tiefe Verachtung sichtbar werden, die er inzwischen gegenüber der Parteiführung empfand: Große Reden, aber nicht einmal kleine Taten! Die Dinge so zu sehen war eine Form der »inneren Entnazifizierung«.

Durch die Flucht der Kreisleitung erhielt Hauptmann Henrich die Möglichkeit, die zu seinem Gefechtsstand abkommandierten Hitlerjungen wieder nach Hause zu schicken. Auch den Volkssturm des Kreises entließ er und behielt nur die unmittelbar aus Friedberg stammenden Volkssturmmänner. Doch auch diese wurden bald darauf nach Hause geschickt. Die Operation »Kuckuck« war mit der Flucht der Kreisleitung hinfällig geworden; erstmals hatte Henrich wirklich freie Hand.

Nach der Flucht der Parteileitung verließen auch viele Friedberger die Stadt, die nun fast pausenlos von amerikanischen Jagdbombern angegriffen wurde. Etwa hundertfünfzig waren es am Palmsonntag, die zwischen 16.10 und 17.30 Uhr Bomben warfen und die Hauptstraßen unter Beschuß nahmen, wie Rust im *Luftschutz-Kriegstagebuch* der Stadt festhält. Inzwischen gab es kaum eine Wohnung, die unbeschädigt geblieben war. Diese Intensität habe die Angriffe allmählich ins Unerträgliche gesteigert, schreibt Orth und fährt fort: »Natürlich häuften sich die Gerüchte über die Kriegslage am Rhein und das Vordringen des Gegners, sie wurden aber immer unklarer und verschwommener, so daß man einen sicheren Anhalt über das tatsächliche Geschehen nicht gewinnen konnte.« Obwohl zu befürchten war, daß es in der Stadt in den nächsten Tagen zu schweren Kämpfen kommen würde, scheint es den meisten nicht leicht gefallen zu sein, ihre Wohnung und fast ihren gesamten Besitz zurückzulassen. Ob man davon etwas wiedersehen würde, wenn man zurückkam, war unsicher. Wer Friedberg verließ, tat es während der Nacht, da man sich bei Tage wegen der zahlreichen Tiefflieger auf den Straßen kaum noch ungefährdet bewegen konnte. Die meisten suchten bei Verwandten und Bekannten in den umliegenden Dörfern der Wetterau Unterschlupf.

Von jetzt an trieben die Dinge der Entscheidung entgegen: Am 26. März traf Stabsarzt Dr. Walther Schäfer mit dem Auftrag in Friedberg ein, einen Verbandsplatz beim Kampfkommandanten einzurichten. Eine Krankenschwester und zehn Sanitätsdienstgrade standen ihm dabei zur Verfügung. Bataillonsarzt Dr. Steinmetz hatte sich krank gemeldet, als sich die militärische Lage zuspitzte, und sich offensichtlich der Kreisleitung bei der Flucht in den Vogelsberg angeschlossen. Daß Schäfer, ein gebürtiger Friedberger, nach mehreren Jahren an der Ostfront nun in seiner Heimatstadt das Ende des

Krieges erleben sollte, war ein Zufall und, unter medizinischen Gesichtspunkten, eine Fehlentscheidung. Schäfer selbst bezeichnete es als »eine sehr eigenartige Fügung«.

Mitte Februar war er aus Kurland abberufen und für acht Wochen nach Frankfurt kommandiert worden. Dann wurde Frankfurt geräumt, und Schäfer kam nach Bad Nauheim. Der Kommandeur der dortigen Sanitäts-Ersatzabteilung bestimmte ihn sogar zum Vertreter des »erkrankten« Dr. Steinmetz. »Meine Bedenken«, berichtet Schäfer, »daß ich als Internist und Bakteriologe hierfür sehr wenig geeignet sei und ein Chirurg, deren es ja in den Bad Nauheimer Lazaretten genügend gäbe, hierfür der geeignetere Mann sei, machten auf ihn wenig Eindruck. Ich hatte das Empfinden, keiner der in Bad Nauheim während der Kriegszeit wohl untergebrachten Kollegen wollte in diesen Tagen das sicher erscheinende Nest verlassen, und darum war man beim Kommandeur froh, die Friedberger Außenstelle mit einem Sanitätsoffizier besetzen zu können, der zum internen Kreis noch nicht dazugehörte.«

Also wurde der Neuankömmling in das potentielle Kampfgebiet geschickt, gleichgültig ob er dafür der geeignete Mann war oder nicht. Er war deshalb der richtige, weil man ihm gegenüber keinerlei Verpflichtungen hatte. Das war zumindest grobe Fahrlässigkeit: Der Truppenarzt nämlich würde die erste Wundversorgung vornehmen müssen – und dazu war ein mit der Kriegschirurgie vertrauter Arzt erforderlich. Das Verantwortungsbewußtsein der Bad Nauheimer Dienststellen ließ auch in anderer Hinsicht zu wünschen übrig: Als Schäfer um die Überlassung eines Krankenwagens bat, mit dem die Schwerverwundeten umgehend zur Lazarettbehandlung nach Bad Nauheim gebracht werden konnten, wurde ihm dies mit der Begründung abgeschlagen, der Krankenwagen könne unterwegs durch Feindeinwirkung beschädigt werden. Am darauffolgenden Tag, als Schäfer seine Bitte noch einmal eindringlich wiederholte, erhielt er erneut einen ablehnenden Bescheid, diesmal mit der Erklärung, es sei kein Wagen fahrbereit und außerdem fehle es an Treibstoff.

Schäfer selbst gebraucht für das Verhalten der Bad Nauheimer Dienststellen Formulierungen wie »Gleichgültigkeit« und »eigennützige Befangenheit«. Aber es war mehr: Es war ein untrügliches Indiz für den inneren Zerfall der deutschen Streitkräfte, die sich um ihre Schwerverwundeten nicht mehr kümmerten. Sicherlich hatte es dergleichen schon vorher gegeben, aber die Hartnäckigkeit, mit der sich die Ärzte in Bad Nauheim um ihre Verantwortung drückten, zeigt deutlich, daß sie unter allen Umständen vermeiden wollten, in den letzten Tagen des Krieges noch in Gefahr zu geraten. Die meisten hatten sich bereits auf das Kriegsende eingestellt und hatten eine klare Vorstellung von dem, was sie dann tun würden – unter keinen Umständen wollten sie jetzt noch Opfer von Kampfhandlungen werden. Man wartete darauf, endlich die Uniform ausziehen zu können.

Schäfer hat die Situation, die er bei seinem Eintreffen in Friedberg vorfand, eindringlich beschrieben: »Es herrschte im Umkreis der Befehlsstelle die Stimmung nervöser Gespanntheit und Bedrückung, wie sie sich vor Ereignissen einzustellen pflegt, die übermächtig über den Menschen herzufallen drohen und vor denen alle Versuche, ihnen eine bestimmte Richtung zu geben, nur allzu deutlich die Ohnmacht der eigenen Lage offenbaren.« Schäfer sah den nächsten Tagen mit großer Skepsis entgegen. Er bezweifelte, daß Friedberg erfolgreich verteidigt werden könne, aber er konnte sich auch nicht vorstellen, wie Kampfhandlungen zu vermeiden wären: »Gerade wer einmal erlebt hatte, wie in der Stunde der Feindannäherung und seines Einbruchs an Einzelpunkten meist alle Lenkung allein schon infolge der abgerissenen Verbindungen von Befehlsstellen und Truppen aus den Fugen ging und wie sich alles in Einzelaktionen – sinnvollen und verhängnisvollen – auflöste, bevor an einer anderen Auffangstelle wieder eine neue Ordnung geschaffen werden konnte, vermochte den bevorstehenden Ereignissen nicht gerade optimistisch entgegenzusehen.«

Am 26. März übernahm auch Leutnant M. eine Rekrutenkompanie des Friedberger Ersatz- und Ausbildungsbataillons. M. verbrachte seit Anfang des Monats einen Sonderurlaub bei seiner Frau. Er hatte die Gelegenheit benutzt, in einem der Bad Nauheimer Lazarette eine alte Verwundung behandeln zu lassen. Nach dem schweren Bombenangriff am 12. März hatte er sich an den Löscharbeiten in der Altstadt beteiligt, ansonsten genoß er die warmen Frühlingstage. Er feierte seinen 24. Geburtstag, und als ihn die Nachricht erreichte, daß er für seine militärischen Leistungen bei der Verteidigung der Roertalsperren mit dem Ritterkreuz ausgezeichnet worden sei, feierte er noch einmal. Am 22. war sein Sonderurlaub zu Ende gegangen. Gegen Abend hatte er versucht, mit einem Fahrzeug der Wehrmacht, das Friedberg in nordwestliche Richtung verließ, wieder zu seiner Einheit zu gelangen, die er inzwischen im Ruhrgebiet vermutete. In Camberg ging es nicht mehr weiter. M. kehrte nach Friedberg zurück und versuchte es am nächsten Abend noch einmal. Diesmal kam er nur bis Ziegenberg, dann mußte er wieder umkehren. Daraufhin meldete er sich auf der Kommandantur in Friedberg. Erst vertröstete man ihn, dann übertrug man ihm die Rekrutenkompanie. M. zeigte sich fest entschlossen, Friedberg zu verteidigen. Wie man das machte, hatte er an der Roer gezeigt. Sicherlich wäre es ihm besonders schwergefallen, zu akzeptieren, daß der Krieg verloren war, nachdem er gerade noch hoch dekoriert worden war. Eine Niederlage entwertet jeden Orden. Henrich jedenfalls nahm M.s entschlossenes Auftreten zum Anlaß, ihn ausdrücklich auf die Unerfahrenheit der Rekruten hinzuweisen.

Karl Orth, der Leiter des Finanzamtes, zögerte dagegen immer noch, den ihm erteilten Anweisungen Folge zu leisten. Staatssekretär Reinhardt hatte für den Fall der Annäherung des Feindes angeordnet, daß die Belegschaft aller Dienststellen, zumindest deren Leiter und die Stellvertreter, »ausweichen« und alle für die Fortführung der Amtstätigkeit erforderlichen Unterlagen vernichten sollten. Die Vorsteher der Finanzämter Mainz-Land und Mainz-Stadt waren bereits in der Woche vor Palmsonntag auf Fahrrädern nach Friedberg »ausgewichen«. Sie hatten die Anweisungen Reinhardts ausgeführt und die wichtigsten Unterlagen vernichtet. Orth befragte Landrat Großmann, wie er sich verhalten solle. Schließlich müsse einiges geregelt werden:

Zeitpunkt des »Ausweichens«, Fahrzeugbeschaffung, Betriebsstoffversorgung, Wehrmachtspaß, Freigabe der nötigen Volkssturmmänner und dergleichen mehr. Orth selbst hatte das sechzigste Lebensjahr bereits überschritten und gehörte nicht mehr zum Volkssturm. Vielleicht minderte das sein Interesse daran auszuweichen. Andererseits war er so stark von militärischem Geist geprägt, daß dergleichen für ihn kaum eine Rolle gespielt haben dürfte. Im Range eines Majors war er nach dem Ersten Weltkrieg aus dem kaiserlichen Heer ausgeschieden. Er hatte zuletzt zur ostafrikanischen Schutztruppe des Generals von Lettow-Vorbeck gehört.

Großmann antwortete auf Orths dringliche Anfragen, er habe sich »darüber noch keine Gedanken gemacht«, sehe aber ein, »daß etwas in die Wege geleitet werden müsse, um ein einheitliches Verhalten der ortsansässigen Behörden zu gewährleisten«. Auf jeden Fall werde er Orth benachrichtigen. Dabei blieb es. Großmann hat sein Verhalten später so darzustellen versucht, als sei er zu diesem Zeitpunkt bereits gegen die Verteidigung Friedbergs gewesen und habe darum ein Ausweichen der Behörden nicht für nötig gehalten. In Wirklichkeit war Großmann wohl einfach unschlüssig: Als ehemaliger Soldat – er war im Oktober 1944 im Alter von 45 Jahren als Hauptmann d. Res. aus der Wehrmacht entlassen worden, da er infolge einer Kriegsverletzung gehbehindert war – sah er durchaus, daß der Krieg verloren war, als alter Parteimann aber zögerte er, daraus die entsprechenden Konsequenzen zu ziehen.

Orth mußte also allein entscheiden: »Meine Bedenken gegenüber den Anordnungen des Staatssekretärs in der Kriegsmaßnahmen-Anordnung wurden immer schwerwiegender. Die darin gegebenen Befehle zeugten von einem so gänzlichen Mißverstehen der allgemeinen Kriegslage, wie es nur bei Männern erklärlich ist, die sehr weit vom Schuß und in großer Sicherheit sich befinden, und andererseits von einem völligen Verkennen der Tragweite der gegebenen Befehle für die Zukunft von Volk und Vaterland, da die angeordneten Zerstörungen dem Gegner in seinen militärischen Operationen nicht im geringsten abträglich sein konnten, für jeglichen Wiederaufbau aber die schwerlichsten Nachteile einschlossen.« Hätte Orth den Inhalt des *Nerobefehls* gekannt, so hätte er wohl noch entschiedener gegen diese Anordnung Stellung bezogen.

Die Spitzen des Regimes selbst hatten durch ihre Anweisungen einen Prozeß der Distanzierung eingeleitet, in dessen Verlauf sich viele vom Nationalsozialismus abwandten – unter ihnen auch eine Reihe von Parteimitgliedern. Die Zerstörung Deutschlands oder gar die Auslöschung der Deutschen, das war unvereinbar mit allem, was sie zwölf Jahre lang an Hoffnungen in das Regime gesetzt hatten. Dementsprechend skeptisch und schließlich verständnislos stand Orth den Anordnungen des Staatssekretärs Reinhardt gegenüber. Die unterschiedlichen Interessen, die Anfang der dreißiger Jahre und dann mit der nationalsozialistischen Machtübernahme in der NSDAP amalgamiert worden waren, fielen nun wieder auseinander. Ein im Grunde konservativ orientierter Mann wie Karl Orth hatte sich innerlich bereits vom Nationalsozialismus abgewandt – ohnehin war er erst während des Krieges der Partei beigetreten –, als er sich am 26. März entschloß, Konsequenzen zu ziehen. Er entschied sich, »nicht auszuweichen, sondern auf meinem Posten und bei meiner Gefolgschaft in Friedberg unter allen Umständen auszuhalten«. Der von den Nazis eingeführten Bezeichnung »Gefolgschaft« für die Bediensteten und Arbeiter bediente er sich weiterhin. Am darauffolgenden Tag schloß er mit einer längeren Ansprache das Amt. Er nutzte die Gelegenheit, »auf die schweren vor uns liegenden Stunden, Tage und Jahre« hinzuweisen. Orth sah das Jahr 1945 in Parallele zum Jahr 1918.

Was am Dienstag, dem 27. März, in Friedberg gerüchteweise zu erfahren war, deutete darauf hin, daß die amerikanischen Truppen die Stadt bald erreicht haben würden. »Es kamen Gerüchte von Kämpfen in Frankfurt a. M., Offenbach und Hanau«, notierte Orth; »der Main sei überschritten worden, ja sie sprechen vom Vordringen der Amerikaner bis Fulda.« Orth konnte sich das kaum vorstellen: »Ja, sie waren so toll, vom Vordringen der Amerikaner nach Fulda zu sprechen«, hatte er zunächst aufgeschrieben. Vielleicht noch am selben Abend verbesserte er die Eintragung, denn dem *Wehrmachtbericht* zufolge stimmten die Gerüchte von Kämpfen in Frankfurt, Offenbach und Hanau durchaus: »Aus dem Raum südlich von Frankfurt«, hieß es an diesem Abend, »schiebt sich stärkerer Feind gegen den unteren Main vor. Offenbach ging nach schweren Straßenkämpfen verloren. Auch im Südteil Frankfurts wird gekämpft.«

Nachdem die amerikanische Panzerspitze am Nachmittag des Palmsonntags die südlichen Vororte Frankfurts erreicht hatte, stoppte General Patton den Vorstoß nach Norden, um durch stärkere Angriffsbewegungen nach Osten die Basis für den geplanten Angriff in nordöstliche Richtung zu erweitern. Währenddessen wurde Frankfurt von amerikanischer Artillerie beschossen. Im *Kriegstagebuch des Oberkommandos der Wehrmacht* vom 27. März wird der vorerst eingestellte Angriff nach Norden eher auf die Stärke der deutschen Verteidigung zurückgeführt: »Heeresgr. G: Nach Norden war der Gegner nicht besonders tätig. Nach Osten stieß er bis Aschaffenburg durch und erreichte heute um 6.05 Lohr am Main mit etwa vierzig Panzern. Bei Hanau, wo eine Besatzung von 2700 Mann steht, herrscht Ruhe. Durch falsche Funkmeldungen versucht der Gegner, die Bevölkerung in Unruhe zu versetzen.« Pattons Absichten wurden offenbar nicht erkannt.

Am nächsten Tag schon änderte Patton den Schwerpunkt seiner Angriffsbewegung: Er ließ seine Panzer im Osten stoppen und griff jetzt nach Norden hin an. Die 4. und 6. US-Panzerdivision sollten die Spitze des Stoßkeils bilden. »Mittwoch, der 28. März«, heißt es in Orths Tagebuch, »brachte weitere Gerüchte über das Vordringen des Feindes. Und zwar wurde erzählt, daß er durch das Lahntal bis Gießen vorgestoßen sei und von Süden her durch die Wetterau östlich von Friedberg bis auf Nieder-Florstadt und Nieder-Wöllstadt.« Das war eine sehr präzise Darstellung der Lage. Wahrscheinlich waren die Gerüchte selbst nicht so exakt gewesen, sondern Orth, der Major des Ersten Weltkriegs, hatte das Wesentliche zusammengefaßt. Doch blieben alle Gerüchte hinter dem tatsächlichen Stand der sich schnell verändernden Lage zurück. Am Mittag schickte Orth einen Steueroberinspektor mit dem Dienstwagen nach Lauterbach. Er sollte den Wagen beim Oberfinanzpräsidenten abgeben, der nach Lauterbach »ausgewichen« war. Außerdem sollte er dem Oberfinanzpräsidenten ein Schreiben Orths überbringen, in dem dieser begründete, warum er nicht »ausgewichen« war. Bei Echzell jedoch, etwa zehn Kilometer nordöstlich von Friedberg, stieß der Steueroberinspektor auf amerikanische Kolonnen. Er stellte das Fahrzeug bei einem Bauern unter und begab sich zu Fuß zurück nach Friedberg.

Gegen Mittag, während noch immer versprengte Wehrmachtsangehörige über die Reichsstraße 3 aus Richtung Ober-Wöllstadt und von Bad Homburg her in Friedberg eintrafen, ließ Hauptmann Henrich die Panzersperren an den Ortsausgängen schließen. Es bleibt unklar, warum er diesen Befehl gab, zumindest warum er ihn schon jetzt gab. Im allgemeinen nämlich galten geschlossene Panzersperren für den anrückenden Gegner als ein Zeichen, daß die Stadt verteidigt werden sollte. Vielleicht war Henrich von der Schnelligkeit des amerikanischen Vorstoßes überrascht und suchte Zeit zu gewinnen. Jedenfalls verzichtete er darauf, durch offene Panzersperren den Amerikanern seine Bereitschaft zur Übergabe der Stadt zu signalisieren.

Am Homburger Kreuz, dem Schnittpunkt der Ausfallstraßen nach Frankfurt und Bad Homburg, wurde eine Lkw-Ladung Panzerfäuste abgeladen. Infanteristen bezogen in den am Ortsausgang liegenden Häusern Stellung. Sie hängten die stadtauswärts gelegenen Fenster aus, sicherten die Fensterhöhlen durch Sandsäcke und bauten Maschinengewehre auf. Währenddessen gingen Soldaten mit Panzerfäusten in den Gärten am Stadtrand in Stellung. Es seien sehr junge Soldaten gewesen, erinnert sich Ludwig Nickel, der im letzten Haus an der Homburger Straße wohnte und evakuiert wurde. Möbel und sonstigen Besitz hatte er zuvor bereits in Sicherheit bringen lassen. »Schon vor der Osterwoche«, so erinnert er sich vierzig Jahre später, »war man in der Umgebung der Homburger Straße erregt und unruhig. So glaubten wir unser Klavier in Sicherheit bringen zu müssen und ließen es bei guten Freunden in der Bismarckstraße unterstellen. Die Lackfabrik Megerle in der Kaiserstraße nahm uns in höflicher Weise viele große Möbelstücke in Verwahrung. In Kisten und Kartons verpacktes Haus- und Küchengerät wurde meist auf den Speichern von sieben Häusern umliegender Straßen untergebracht.«

Gegen 13 Uhr meldete der auf dem Adolfsturm in der Burg stationierte Beobachter, zehn amerikanische Panzer seien vor dem Ossenheimer Wäldchen aufgefahren. Das Wäldchen lag etwa vier Kilometer vom Ortsausgang von Fauerbach, dem südöstlichsten Punkt der Verteidigungsstellungen um Friedberg, entfernt. Offensichtlich hatte sich der Verband von Süden oder Südosten her genähert; verdeckt durch das kleine Waldgebiet östlich von Ossenheim, war er dem Beobachtungsposten bislang verborgen geblieben.

Im Prinzip konnte man vom Adolfsturm aus weit in die Wetterau sehen. Der Mittwoch vor Ostern war, wie auch die vergangenen Tage bereits, ein strahlender Frühlingstag; zunächst hatte noch leichter Bodennebel geherrscht, der sich jedoch nach Sonnenaufgang bald verzog. In westliche Richtung war die Straße zwischen Ockstadt und Bad Nauheim in ihrer ganzen Länge sowie die Reichsautobahn Frankfurt-Kassel in der Höhe des Hofguts Hasselheck einzusehen. Begrenzt war der Blick nach Westen durch die Berge des Taunus. In südöstliche und nordöstliche Richtung hatte der Beobachter einen Blick weit ins Land hinein, nur lag in dem welligen Gelände eine Reihe von Tälern und Mulden. Man konnte im Südosten Assenheim, Ossenheim, Ilbenstadt und die Dächer von Nieder-Florstadt, im Nordosten Beienheim, Wölfersheim und die Dächer von Echzell sehen; was sich in den dazwischenliegenden Tälern tat, blieb dem Blick allerdings entzogen. Entsprechend unpräzise und bruchstückhaft blieben die Meldungen des Beobachters: Gegen 14 Uhr meldete er, in Beienheim, einem Dorf etwa sieben bis acht Kilometer nordöstlich von Friedberg, seien weiße Tücher zu erkennen. Das war ein Indiz, daß sich amerikanische Truppen dem Dorf zumindest genähert hatten. Eine Stunde später meldete er, sechzig amerikanische Panzer rollten über Echzell in Richtung Hungen: Alles deutete darauf hin, daß sich östlich von Friedberg starke amerikanische Kräfte konzentrierten.

Was dann folgte, läßt sich nicht mit letzter Sicherheit rekonstruieren – zumal Henrich die Vorgänge nicht selbst dargestellt, sondern nur die Berichte anderer mehr oder weniger ausführlich kommentiert hat. Gegen Mittag hatte er die Abschnittsführer der Friedberger Ortsverteidigung in seinen Gefechtsstand befohlen, um sie über die militärische Lage zu unterrichten. Präzise Instruktionen erteilte er dabei nicht, aber er wies die Offiziere noch einmal auf die Unerfahrenheit der ihnen unterstellten Soldaten hin. Tatsächlich hatten die etwa sechshundert gerade eingezogenen Rekruten des Jahrgangs 1928 noch keine Schießausbildung absolviert. Teilweise hatten sie nicht einmal Gewehre, weil in der Garnison Friedberg nicht genügend vorhanden waren. Dafür lagen um so mehr Panzerfäuste bereit, und wer kein Gewehr hatte, bekam eben eine Panzerfaust. Henrich hatte die Rekruten überwiegend im westlichen Verteidigungsbereich eingesetzt, da er den ersten Angriff der Amerikaner, wenn es überhaupt so weit kommen sollte, an anderer Stelle vermutete.

Offensichtlich hat Henrich die Abschnittsführer nur deswegen noch einmal zu einer Besprechung befohlen, weil er ihre Einstellung und Stimmung erkunden wollte. Er rechnete schon in den nächsten Stunden mit der Aktion »Kohlweißling«, und er wollte vorher noch einmal die Männer sehen, von deren Reaktion dann möglicherweise abhing, ob die kampflose Übergabe der Stadt gelänge oder nicht. Henrich war nervös, er wirkte gereizt: »Hauptmann H(enrich)s Stimme«, heißt es in Dr. Schäfers *Kriegstagebuch*, »war bereits heiser geschrien, sein Lachen klang unnatürlich laut und wie ohne Bezug auf den Anlaß, im übrigen lag in seinem Benehmen eine spürbare Verbindlichkeit, trotz aller Energie, die von seiner lauten Art auszugehen schien, verriet er eine gewisse Neigung, Zustimmung im Urteil anderer zu suchen.«

Die Spannung zwischen Henrichs zur Schau getragener Haltung und seinen wahren Absichten hatte ihren Höhepunkt erreicht. Vielleicht hat Henrich diese Spannung nicht länger ertragen können, vielleicht erschien ihm aber auch die mit dem Auftauchen starker amerikanischer Kräfte östlich von Friedberg eingetretene militärische Situation als der geeignete Zeitpunkt, seine Kapitulationsabsichten deutlich zu machen – jedenfalls stieg er gegen 14 Uhr über die innere Treppe aus seinem Gefechtsstand in die Metzgersche Wohnung und gab dort das vereinbarte Stichwort zum Hissen der weißen Fahne. Vielleicht sah sich Henrich zu dieser schnellen und, wie sich zeigen sollte, überstürzten Aktion auch nur deshalb gezwungen, weil plötzlich völlig überraschend ein Flak-Hauptmann auftauchte, der über besondere Vollmachten des Oberkommandos der Wehrmacht verfügte. Er sollte offensichtlich die Verteidigungsvorbereitungen in Friedberg kontrollieren. Als er sich bei Henrich vorstellte, wies er ein von Generalfeldmarschall Keitel unterzeichnetes Schreiben vor. Der Hauptmann wurde begleitet von einem SA-Sturmbannführer, der die Stellungen des Friedberger Volkssturms inspizieren wollte; es war der Homberger Lehrer und Kunstmaler Wilhelm Haarberg, ein alter Kämpfer und hundertprozentiger Nazi, wie Henrich schreibt, der Haarberg wahrscheinlich von früher her kannte.

Jetzt stand alles auf Messers Schneide. Die Verteidigungsvorbereitungen in Friedberg ließen zweifellos zu wünschen übrig, und den Volkssturm, dessen Stellungen der SA-Sturmbannführer inspizieren wollte, hatte Henrich bereits entlassen. Um Zeit zu gewinnen, schickte er den Hauptmann und den SA-Sturmbannführer in den Abschnitt der ungarischen Rekrutenkompanie am nordwestlichen Stadtrand. Er hoffte wohl, die beiden würden die Stellungen nicht unmittelbar in Augenschein nehmen, sondern sich mit einem Blick begnügen, wobei sie die braunen Uniformen der Ungarn von fern vielleicht für SA-Uniformen hielten.

Offensichtlich begab sich der Flak-Hauptmann aber gar nicht in die Stellungen der Ungarn, sondern stieg zu dem auf dem Adolfsturm eingerichteten Beobachtungsstand hinauf. Wahrscheinlich wollte er sich vergewissern, ob die Meldungen über die bei Ossenheim gesichteten amerikanischen Panzer zutreffend waren. Von oben sah er dann, daß an dem Fahnenmast über dem Gefechtsstand des Friedberger Kampfkommandanten ein weißes Tuch wehte. Henrich war, kaum daß der Flak-Hauptmann den Gefechtsstand verlassen hatte, über eine innere Treppe in die Metzgersche Wohnung geeilt und hatte das verabredete Stichwort gegeben. Anneliese Metzger hatte daraufhin ein weißes Tuch am Fahnenmast aufgezogen. Die weiße Fahne solle sofort wieder heruntergenommen werden, schrie der Flak-Hauptmann vom Turm herab, er werde alle erschießen, die sich diesem Befehl widersetzten. Er stürmte die Treppe des Adolfsturms hinunter. Als er unten angekommen war, war die weiße Fahne wieder eingezogen.

Die psychische Belastung der zurückliegenden Stunden und Tage und die herbe Enttäuschung über den Fehlschlag aller Anstrengungen, sicherlich aber auch der Umstand des völligen Überraschtseins, vielleicht auch Angst, entluden sich bei Henrich in diesen Minuten in einem Nervenzusammenbruch. Er war, als er unter Weinkrämpfen zusammenbrach, noch in der Metzgerschen Wohnung; so schnell war alles gegangen: das Aufziehen des weißen Tuches und das Wiedereinholen. Es gelang, Henrichs Aufenthalt in den oberen Stockwerken des Metzgerschen Hauses vor dem tobenden Flak-Hauptmann, der ihn im Gefechtsstand suchte, geheimzuhalten. Der notierte sich Henrichs Namen und Anschrift; nach ihm zu suchen, hatte er offensichtlich keine Zeit, denn es galt ja, die amerikanischen Panzer bei Ossenheim niederzukämpfen. Am späten Nachmittag gelang es, Henrich in eines der Bad Nauheimer Lazarette zu bringen.

Im nachhinein läßt sich feststellen, daß es wahrscheinlich sinnvoller gewesen wäre, den Trupp des Oberleutnants Haase, der ursprünglich gegen die Parteileitung des Kreises hatte in Aktion treten sollen, nun gegen den Flak-Hauptmann und seinen SA-Begleiter einzusetzen. Überhaupt wäre es ratsam gewesen, den Gefechtsstand und einige

Gebäude in seiner Nähe mit zuverlässigen Leuten zu besetzen. Dann hätte Henrich die weiße Fahne auch auf dem Adolfsturm hissen können, wo sie weithin gesehen worden wäre. Sicherlich war es ein unmißverständliches Signal der Kapitulationsbereitschaft, wenn auf dem Gefechtsstand des Kampfkommandanten ein weißes Tuch wehte, aber es kam ja darauf an, daß vor allem diejenigen es sehen konnten, denen es galt. Dafür wäre der Adolfsturm zweifellos geeigneter gewesen. Hätte ein Trupp zuverlässiger Männer den Bereich um den Gefechtsstand und den Adolfsturm besetzt, dann hätte auch jeder Versuch durchhaltewilliger Offiziere, die Übergabe zu verhindern, abgewehrt werden können. Das freilich hätte nicht nur vorausgesetzt, daß Henrich weit mehr Offiziere und Soldaten ins Vertrauen hätte ziehen müssen, er hätte dann auch bewußt das Risiko auf sich nehmen müssen, daß es zu einer Schießerei zwischen seinen Leuten und durchhaltewilligen Offizieren gekommen wäre. Beides jedoch hat er gescheut.

Henrich hat von alledem das Gegenteil getan: Er hat so wenig Leute wie möglich in seine Pläne eingeweiht, und er hat darauf gesetzt, daß es ihm gleichsam im Alleingang gelingen werde, die Stadt kampflos an die Amerikaner zu übergeben. Im nachhinein wird man davon ausgehen dürfen, daß er bei den meisten Soldaten und auch bei einer Reihe von Offizieren mit seinen Plänen, wenn nicht unbedingt Unterstützung, so doch zumindest keinen Widerstand gefunden hätte. Aber hätte das genügt, die kampflose Übergabe der Stadt in größerem Rahmen vorzubereiten? Dr. Schäfer hat die Stimmung dieser Stunden wohl treffend wiedergegeben, als er fünf Jahre nach den fraglichen Ereignissen aus der Erinnerung notierte:

»In den Kriegsjahren 1941–45 war ich bei der 18. Armee eingesetzt gewesen und hatte die Rückzüge aus Nordrußland erst nach Estland und dann Lettland bis schließlich Kurland mitgemacht, wo wir im Herbst 44 eingeschlossen wurden. Vor dem drohenden Zugriff der Russen öffnete sich damals immer noch ein in letzter Minute befohlenes Ausweichen auf rückwärtige Stellungen und gewährte dann vorübergehend eine Atempause der physischen und psychischen Anspannung. Mit einem solchen Ausweg, mochte er auch manchmal als kaum möglich erschienen sein, rechnete man als Soldat aber immer. Die Situation in Friedberg aber schloß in diesen Tagen von vornherein eine solche Hoffnung aus. Der glimpflichste Ausgang lag in der Gefangennahme. Jeder sah, auch ohne darüber sich mit Kameraden auszusprechen, darin seine Chance vor der anderen Möglichkeit eines ungewissen Schicksals bei einem Angriff auf die Stadt. Wie letzterer zu vermeiden wäre, nachdem einerseits die Amerikaner gerade am verflossenen Palmsonntag (25.III.) mit ihrem Luftangriff die Bedeutung der Stadt als Angriffsziel bekundet hatten und andererseits jeder einzelne Soldat allein durch seine Gegenwart nolens volens eine Verkörperung des allerhöchsten Abwehrauftrags bedeuten mußte, darüber mochte wohl kaum einer eine klare Vorstellung haben.« Damit hat Schäfer sehr präzise das Dilemma beschrieben, in dem sich Henrich befand und das er mit seinem einzelgängerischen Kapitulationsversuch aufzulösen versuchte.

Bei der Planung und Durchführung des Henrichschen Vorhabens ist, abgesehen davon, daß er sehr bald scheiterte, auch zu berücksichtigen, daß das Hissen der weißen Fahne ohne Unterricht der Abschnittskommandeure verhängnisvolle Folgen hätte haben können: etwa, wenn sich amerikanische Soldaten, der weißen Fahne über der Stadt vertrauend, den deutschen Stellungen genähert hätten und von dort beschossen worden wären. Dies hätte zwangsläufig die Bombardierung und Beschießung der Stadt zur Folge gehabt.

Andererseits ist bei der Beurteilung von Henrichs Handeln aber auch zu bedenken, daß der Trupp des Oberleutnants Haase, der die Sicherung des Gefechtsstandes hätte übernehmen und den Flak-Hauptmann und seinen SA-Begleiter hätte ausschalten können, zu diesem Zeitpunkt wahrscheinlich so schnell nicht aufzutreiben war. Es ist nicht auszuschließen, daß ein Großteil der Männer, die Haase für die Operation »Kuckuck« ausgesucht hatte, wenige Tage zuvor mit der Marschkompanie des Hauptmanns Sträßer nach Frankfurt abgerückt war und darum gar nicht zur Verfügung stand. Henrich hat sich dazu nicht geäußert. Jedenfalls glaubte er, nachdem sich der Flak-Hauptmann mit dem Schreiben Keitels in seinem Gefechtsstand vorgestellt hatte, schnell handeln zu müssen, wenn der ganze Plan nicht scheitern sollte.

In dieser Situation war die weiße Fahne über dem Gefechtsstand vor allem ein Signal an die eigenen Truppen, den angreifenden Amerikanern keinen Widerstand zu leisten. Es sollte zum Ausdruck bringen, was die meisten vielleicht insgeheim hofften. Die weiße Fahne hätte mithin weniger den Amerikanern als den deutschen Truppen gegolten; sie wäre also weniger ein Zeichen der Kapitulation vor dem Gegner als vielmehr eine Aufforderung zur Auflösung von innen heraus gewesen. Die Intervention des Flak-Hauptmanns hat Henrichs Absichten zunichte gemacht. Aber Henrich hätte so oder so scheitern müssen, denn den wichtigsten Faktor in seinem Kapitulationskonzept hat er falsch eingeschätzt: die Amerikaner.

Die Plünderung des Proviantamts

Würde die Verteidigung Friedbergs sich so entwickeln, wie es die Pläne zur Ortsverteidigung vorsahen, dann war damit zu rechnen, daß das am südlichen Stadtrand gelegene Heeresverpflegungsamt ziemlich bald verlorenginge. Am Morgen des 28. März war in der Burg deshalb Notverpflegung für die Verteidiger eingelagert worden: Die Burg, der letzte Rückzugsort der Verteidiger, war der richtige Platz. Große Mengen Kaffee, Butter, Knäckebrot, »Seenotverpflegung«, Dextroenergen, Pervitin und Schokolade wurden in den dortigen Luftschutzräumen untergebracht. Da der verfügbare Raum in den Bunkern nicht ausreichte, wurde schließlich auch die Schillerschule in ein Verpflegungslager verwandelt. Das langgestreckte Gebäude der seit Tagen schon geschlossenen höheren Mädchenschule lag neben dem Gefechtsstand des Kampfkommandanten und konnte durch die Burgwache leicht gesichert werden. Mit der schnell schwindenden Disziplin der Truppe wuchs auch die Gefahr von Plünderungen. Stabsintendant Rudolf Kayser, der inzwischen dem Stab des Kampfkommandanten zugeordnet worden war, war für die in der Burg eingelagerten Bestände verantwortlich. Er sei der Burgkommandant gewesen, erzählte er stolz im Sommer 1983.

Plötzlich scheinen die Zahlmeister des Proviantamts, wie das Heeresverpflegungsamt in Friedberg genannt wurde, froh gewesen zu sein, einiges aus ihren Beständen loswerden zu können. Je schneller sie ihre Lager räumen konnten, desto eher konnten sie den plötzlich zum Kampfgebiet werdenden Standort verlassen. Die Zahlmeister des Proviantamts in Friedberg entsprachen weitgehend dem Klischee, das sich die Soldaten während des Krieges von ihnen gemacht hatten: Erst nichts von den Beständen abgeben, nicht einmal das, was dringend gebraucht wurde, und dann, wenn sich der Feind näherte und nicht mehr rechtzeitig geräumt werden konnte, die Bestände vernichten und abhauen! Wieviel von den Lebensmitteln des Friedberger Proviantamts noch ausgelagert werden konnte, läßt sich nicht mehr eindeutig klären, da sich die vorliegenden Darstellungen in dieser Frage teilweise widersprechen.

Stabsarzt Dr. Schäfer berichtet, die Zahlmeister des Proviantamts hätten sich noch in der Woche vor Ostern beharrlich geweigert, Bestände an die Bad Nauheimer Lazarette abzutreten, wiewohl dort teilweise nur noch Vorräte für zwei Tage vorhanden gewesen seien. Ihm war dieses Verhalten um so unverständlicher, als doch spätestens Palmsonntag klar gewesen sei, daß die amerikanische Panzerspitze in wenigen Tagen Friedberg erreichen würde. Die hier gelagerten Vorräte »von märchenhafter Fülle« mußten dann der Plünderung anheimfallen, ganz gleich, ob um die Stadt gekämpft wurde oder nicht, das »war so sicher wie das Amen in der Kirche«. Schäfer kritisiert aber nicht nur das »unglaublich einsichtslose Verhalten der Herren Stabszahlmeister des Friedberger H.V.L.«, sondern auch Hauptmann Henrich, der nicht entschlossen gegen die Zahlmeister vorgegangen sei. Er hätte sie, meint Schäfer, zur Herausgabe ihrer Bestände zwingen müssen.

Henrich selbst hat die Vorgänge anders dargestellt. »In den letzten Tagen«, heißt es in seinem Bericht, »stellten wir dem Generalarzt Dr. Goldbeck in Bad Nauheim noch ZEL-Lastkraftwagen zur Verfügung, damit er seine Vorräte aus unserem Friedberger Verpflegungslager ergänzen konnte. Dieses geschah aber gegen den Willen und Widerstand des sich aufbäumenden Intendanturbeamten, der seine Bestände für die in Friedberg zu erwartende Kampftruppe reserviert halten wollte und jede Verantwortung für die Transporte nach Bad Nauheim ablehnte.« Henrich hat diese Darstellung später noch einmal ausdrücklich wiederholt: In der Karwoche seien auf der Grundlage eines von ihm schriftlich erteilten Befehls mehrere Lastwagenladungen Lebensmittel aus dem Heeresverpflegungsamt nach Bad Nauheim gebracht worden. Man habe die Lazarette auf eine volle Woche im voraus verproviantiert. Daß nicht noch mehr Lebensmittel nach Bad Nauheim gebracht werden konnten, habe an den unzureichenden Transportmöglichkeiten gelegen. Auch hätten in Anbetracht des Befehls, die zurückgehenden Truppen in die Friedberger Ortsverteidigung einzugliedern, nicht sämtliche Bestände nach Bad Nauheim geschafft werden können, ohne daß er, Henrich, sich verraten hätte.

Offenbar resultieren die verschiedenen Darstellungen Schäfers und Henrichs aus den unterschiedlichen Perspektiven der beiden: Der eine beurteilte die Lebensmitteltransporte von dem tatsächlichen Bedarf der Lazarette her und befand sie als unzureichend, der andere sah allein die Transporte und die Mühe, die es gekostet hatte, sie gegen den Widerstand der Intendantur durchzusetzen. Beide Darstellungen haben insofern ihre Berechtigung, als Henrich für die Lazarette in Bad Nauheim erheblich mehr getan hat als das, wozu er verpflichtet gewesen wäre, aber zu wenig, um die Anforderungen der Lazarette zu decken.

Am Morgen des 28. März stieß auch eine Reihe von Friedberger Geschäften ihre Waren zu Schleuderpreisen ab. Geld, so scheinen sich einige Inhaber von Läden und Lagern gesagt zu haben, ließ sich schneller und leichter in Sicherheit bringen als Waren. Bevor sie in den Kämpfen vernichtet oder geplündert würden, wollte man sie billig abgeben. Schäfer berichtet, an diesem Morgen habe ein privates Zigarettenlager in Friedberg große Zigarettenpakete für 1000 Mark pro Paket angeboten; die Belegschaft des Verbandsplatzes legte zusammen und erstand ein Paket. Dem Überangebot stand an diesem 28. März eine entsprechende Nachfrage gegenüber, denn für die bevorstehenden Tage, wie sie im einzelnen auch immer ablaufen würden, gab es kaum etwas Wichtigeres als Zigaretten. Aus dem Paket der Lazarettbelegschaft erwarb Schäfer dreihundert Zigaretten. So schnell, sagte er sich, würde er bald keine mehr bekommen.

Er sollte sich irren: Als er gegen Nachmittag den Lazarettbunker unter der Turnhalle der Schillerschule verließ, um sich im Gefechtsstand des Kampfkommandanten über die Lage zu informieren, sah er zu seiner Überraschung einen großen Krankenwagen vor einem der Häuschen in der Nähe des Adolfsturms stehen. »Der Fahrer«, berichtet er, »war eifrig damit beschäftigt, den Wagen mit Zigaretten-Kartons vollzustopfen, die er aus einem dort untergebrachten Zigarettenlager heraustrug.« Schäfer wollte den Krankenwagen beschlagnahmen lassen, um ihn für die Transporte von Schwerverwundeten nach Bad Nauheim einsetzen zu können. Er eilte zum Gefechtsstand des Kampfkommandanten, wo er die für die Beschlagnahme erforderlichen Formalitäten veranlassen wollte. Am Eingang traf er den Leitenden Sanitätsoffizier der Lazarettstadt Bad Nauheim, der den Bunker gerade verlassen wollte, und erfuhr von Hauptmann Henrichs Nervenzusammenbruch. Generalarzt Dr. Goldbeck, der in dem »Sanka« gekommen war, der jetzt mit Zigaretten beladen wurde, hatte Henrich gerade untersucht. »Ich habe mir anschließend oft den Kopf zerbrochen«, erinnert sich Dr. Schäfer, »wie dieser generalärztliche Besuch wohl zustande gekommen sein mochte. Es entsprach durchaus nicht den üblichen militärischen Gepflogenheiten, daß sich ein Generalarzt so umgehend um die Erkrankung eines Truppenoffiziers konsultativ kümmerte. Außerdem machte mich die Promptheit stutzig, mit der der Fahrer zielstrebig an die Beladung seines Wagens mit den vielbegehrten Zigaretten heranging, die plötzlich aus dem aufgelassenen Lager herausquollen. War es nun die Nachricht von dem überraschenden Zigarettensegen oder von dem Ausfall des Kampfkommandanten von Friedberg, die im Bad Nauheimer Stabsquartier den Generalarzt zu einer höchsteigenen Fahrt veranlaßt hatte?«

Für Dr. Schäfer stand fest: Generalarzt Dr. Goldbeck war der Zigaretten wegen nach Friedberg gekommen. Auch in Bad Nauheim hatte sich inzwischen wohl herumgesprochen, daß es in Friedberg Zigaretten in Überfluß gab und die Militärlager begonnen hatten, ihre Bestände abzustoßen. Goldbeck scheint sich entschlossen zu haben, selber zu fahren, da er nicht riskieren wollte, leer auszugehen, wenn er einen seiner Stabsärzte nach Friedberg schickte, der vielleicht nicht genügend Autorität besaß, die gewünschten Gegenstände für beschlagnahmt zu erklären. Um die Probleme, die ihn eigentlich hätten beschäftigen sollen, habe sich Goldbeck nicht gekümmert, merkt Schäfer an. Schäfer war allerdings nicht frei von Ressentiments; er hatte den Bad Nauheimern noch nicht verziehen, daß sie ihn zum Truppenarzt des Standorts Friedberg ernannt hatten: »Daß Herr Generalarzt bei seiner kurzen Anwesenheit keine Gelegenheit nahmen, die zur Versorgung der Verwundeten getroffenen Vorbereitungen zu besichtigen oder mit mir diese für Friedbergs nächste Stunden so wichtigen Fragen zu besprechen und sich dabei von der Notwendigkeit eines motorisierten Verwundeten-Abtransportes überzeugen zu lassen, dies erscheint mir als eine bedauerliche Interesselosigkeit. Darum hatte ich nach diesem Besuch nicht den Eindruck, der hohe San. Offizier habe sich aus Gründen der ärztlichen Truppenfürsorge auf den Weg nach Friedberg gemacht.«

Am Nachmittag verbreitete sich in Windeseile das Gerücht, im Proviantamt würden Lebensmittel aus Heeresbeständen an die Bevölkerung verteilt. Alles dort Eingelagerte könne abgeholt werden, da die Magazine gegen 21 Uhr in die Luft gesprengt würden. Das klang für viele plausibel. Sechshundert Zentner Kaffee, acht Millionen Zigaretten und gewaltige Mengen von Hülsenfrüchten, Mehl, Käse, Wurst und Butter waren hier eingelagert, fast alles Lebensmittel, die seit langem knapp waren oder gänzlich entbehrt werden mußten. »Es setzte daraufhin«, berichtet Karl Orth, »eine Völkerwanderung nach dem Magazin ein, und in einem großen Plünderungssturm wurden alle erdenklichen Lebens- und Genußmittel von allen Teilen der Bevölkerung in kleinsten Mengen bis zu Wagenladungen abgeholt.«

Als die in der Stadt Verbliebenen mit ihren Handwagen am Proviantamt ankamen, um sich dort, wie es in dem Gerücht geheißen hatte, die Lebensmittel zuteilen zu lassen, stellte sich heraus, daß von einer geregelten Verteilung keine Rede sein konnte. Die Zahlmeister, die bislang über die Bestände gewacht hatten, waren verschwunden. Statt dessen waren einzelne deutsche Soldaten damit beschäftigt, sich aus dem Proviantamt das Beste herauszuholen. Daß es hier nicht mit rechten Dingen zuging, konnten die Friedberger an den aufgeschnittenen Säcken sehen, die auf dem Ladeplatz vor den Magazingebäuden herumlagen. Einige seiner Rekruten, so berichtete später einer der Friedberger Abschnittskommandeure, hätten sich am frühen Nachmittag selbständig gemacht und seien mit Soldaten des Nachbarabschnitts zum Verpflegungslager gegangen. Dort hätten sie Lebensmittel, Cola-Schokolade und Zigaretten abgeholt. Auf die Frage, ob dies ordnungsgemäß ausgegeben worden sei, habe man ihm geantwortet, die Zahlmeister seien »beim Auftauchen der Ami-Panzer fluchtartig abgehauen«.

Es waren also offenbar Wehrmachtsangehörige, die mit der Plünderung begonnen hatten. Als die auf das Gerücht von der Lebensmittelverteilung hin herbeigeeilten Friedberger die plündernden Soldaten sahen, gab es kein Halten mehr: Das Proviantamt wurde gestürmt und seine Bestände ausgeräumt. Polizeihauptmann Rust berichtete: »Wir stellten fest, daß Bauern aus der Umgegend und auch Friedberger Einwohner die Lebensmittel mit vollgeladenen Pferdefuhrwerken und Lastwagen abfuhren. In der Hauptsache wurden die reichen Bestände an Mehl, Bohnenkaffee, Fleisch- und Wurstwaren, Wein, Spirituosen, Zigaretten, Zigarren, Tabak, Tee, Kakao, Butter, Schmalz, Schinken, Speck, Speiseölen, Käse und Konserven zentnerweise abgefahren. Personen, die keine Fahrgelegenheit hatten, bedienten sich der Säcke, die ebenfalls im Proviantamt vorhanden waren, und stopften sie voll. An der Plünderung beteiligten sich alle Friedberger Bevölkerungsschichten, auch solche, die Lebensmittelgeschäfte hatten.« Für diejenigen, die aus Hunger und für den Eigenbedarf plünderten, scheint Rust noch ein gewisses Verständnis gehabt zu haben, nicht jedoch für die, die hier offensichtlich nur aufluden, um damit später am Schwarzmarkt handeln zu können.

Regierungsrat Orth scheint derselben Auffassung gewesen zu sein wie Polizeihauptmann Rust. »Der Großteil der Abholer«, so merkt er zu seinem Bericht an, »war wohl der Meinung, daß alles mit rechten Dingen zuginge, da deutsche Soldaten Säcke, Kisten und andere Behälter mit Lebensmitteln aus dem Magazin auf den Abfuhrplatz davor warfen und niemand da war, der irgendwie dem Treiben Einhalt gebot. Aber es läßt sich nichts davon abhandeln, es war doch Plünderung, und der Masseninstinkt hatte über die Besonnenheit und Einsicht des einzelnen triumphiert.« Offensichtlich hatte Orth mit einigen Plünderern gesprochen und sie von der Unrechtmäßigkeit ihres Tuns zu überzeugen versucht. Niemand sei dagegen vorgegangen und außerdem hätten sich ja auch Soldaten beteiligt, scheint die Antwort gewesen zu sein. Die Antwort auf seine Vorhaltungen war defensiv, eher kleinlaut, und man berief sich zuletzt auf die Uniformierten. Diese haben sich selbstbewußt zur Plünderung der Magazine bekannt, als sie ihrem Hauptmann erklärten, die Zahlmeister seien beim Auftauchen der Amipanzer abgehauen und hätten damit die Bestände freigegeben.

Viele gingen jedoch nicht zum Proviantamt, wiewohl auch sie von den unbewachten Beständen dort gehört hatten. Manchen mag von vornherein klar gewesen sein, daß es sich hier nur um Plünderung handeln konnte; daß die Bestände in den nächsten Stunden vielleicht vernichtet würden, war in ihren Augen keine Entschuldigung. Karl Orth gehörte offensichtlich zu denen, die so dachten. Andere hatten wohl einfach Angst: Seit Monaten las man fast jeden Tag in der *Gießener Zeitung* von den schweren Strafen, die gegen Diebe und Plünderer verhängt wurden. Vor allem nach Luftangriffen, wenn die Polizei obendrein mit Sicherungsaufgaben beschäftigt war, konnten Diebe und Plünderer in beschädigten und zeitweise verlassenen Wohnungen reiche Beute machen. Mit der *Volksschädlingsverordnung* waren Straftatbestände neu definiert worden, etwa die betrügerische Inanspruchnahme staatlicher Hilfe für Bombenschäden. Es stand außer Frage, daß das Regime alle, die sich an der Plünderung des Proviantamts beteiligten, mit Gefängnis und Zuchthaus bedrohte. Wenn dennoch am Nachmittag des 28. März einige hundert Friedberger sich dazu hinreißen ließen, so zeigt dies, in welchem Ausmaß das Regime inzwischen seinen Schrecken verloren hatte. Seit der Flucht der Kreisleitung scheinen die zurückgebliebenen und auch jetzt noch überzeugten und fanatischen Nationalsozialisten bei den meisten ihrer Mitbürger den Rest an politischem Kredit verloren zu haben.

Wer sich an der Plünderung des Proviantamts beteiligte, war der Nahrungsmittelknappheit für einige Zeit enthoben. Insofern waren Hunger und Entbehrungen handlungsleitend. Die Plünderung war ein Vorgang der Anomie, der kollektiven Mißachtung von Werten und Normen, die von den Beteiligten sonst durchaus hochgehalten wurden. Dergleichen ereignet sich wohl häufig in Augenblicken des Zusammenbruchs einer politischen Ordnung. Aber die Plünderung war auch eine Aktion – eine Aktion, in der die Vorstellungen von der Volksgemeinschaft, vom Opfer für Führer, Volk und Vaterland, vom Verzicht fürs große Ganze über Bord geworfen wurden und das Individuum seinen eigenen Bedürfnissen zum erstenmal wieder freien Lauf ließ. Es ist auffällig, daß kaum eine der im Sommer 1983 befragten Frauen an der Plünderung teilgenommen haben wollte, fast jede aber eine Nachbarsfamilie kannte, die geplündert hatte; die meisten erinnerten sich sogar an die Zahl der Schnapsflaschen, die die Nachbarn erbeutet hatten. Seit dem März 1945 war manches verdrängt worden, auch, daß Nachbars Schnaps wohl in der eigenen Vorratskammer gestanden hatte. Diejenigen, die sich im Sommer 1983 dazu bekannten, an der Plünderung beteiligt gewesen zu sein, und die auch meinen, in einer vergleichbaren Situation wieder so zu handeln, waren lange vor 1945 zu dem Regime auf Distanz gegangen.

Die Plünderer, so wurde im Sommer 1983 ziemlich übereinstimmend berichtet, hätten »wie die Vandalen gehaust«. Man habe sich nicht einmal die Mühe gemacht, die Säcke aufzuschnüren, um nachzusehen, was sie enthielten; sie seien kurzerhand mit Messern aufgeschlitzt worden. Wahrscheinlich war dabei auch nackte Zerstörungslust mit im Spiel: Was man selber nicht mitnehmen konnte, sollte auch kein anderer haben. Bald wateten Soldaten und Zivilisten bis zu den Knöcheln in Bohnen und Erbsen. »Als ich am nächsten Tag zum Heeresverpflegungsamt kam«, berichtet Polizeihauptmann Rust, »konnte ich feststellen, daß die Säcke mit Hülsenfrüchten mit Messern aufgeschlitzt waren und der Inhalt 15 bis 20 cm hoch auf dem Fußboden lag.« Auch scheint man sich die gerade angeeigneten Gegenstände gegenseitig gestohlen zu haben. Die im Proviantamt gelagerten Bestände waren am bequemsten über große spiralförmige Rutschen fortzuschaffen, die alle Stockwerke miteinander verbanden. Hatte man etwa eine Kiste Butter ergattert und sie die Spirale herunterrutschen lassen, so war sie, wenn man Pech hatte, verschwunden, bevor man unten ankam. Jeder für sich und gegen alle – so jedenfalls wurde es 1983 dargestellt.

»Zur Zeit dieser Plünderung«, berichtet Rust, »kreisten über Friedberg mehrere amerikanische Aufklärer. Man stelle sich einmal vor, welches Blutbad angerichtet worden wäre, wenn diese Aufklärer in Verkennung der Sachlage einen Angriff mit Bordwaffen durchgeführt hätten. Sie konnten schließlich nicht wissen, daß diese Menschenansammlung auf dem freien Platz vor dem Heeresverpflegungsamt plündernde Zivilisten waren.« Eher ungewollt hat Rust eine frappierende Beobachtung gemacht: In den letzten beiden Tagen vor dem Eintreffen der amerikanischen Truppen ließ die Angst vor Bomben und Tieffliegern plötzlich nach. Noch vierzig Jahre später heißt es, in den Tagen vor dem Eintreffen der Amerikaner hätten die Luftangriffe nachgelassen. Das wird durch die Eintragungen im *Luftschutz-Kriegstagebuch* aber deutlich widerlegt. Nicht die Angriffe ließen nach, sondern die Angst davor. Warum dies so war, ist schwer zu sagen, es drängt sich jedoch die Vermutung auf, daß mit wachsender Distanz gegenüber dem Nationalsozialismus sich auch die Intensität der Feindschaft gegen die Amerikaner abschwächte. Dies wäre auch eine Erklärung dafür, daß

Frauen, die eine Woche zuvor noch fest entschlossen waren, sich am Kampf gegen die Amerikaner zu beteiligen, nun am Straßenrand standen und den vorbeirollenden amerikanischen Panzern zuwinkten.

Das Gerücht von der Lebensmittelverteilung an die Bevölkerung scheint nicht jeglicher Grundlage entbehrt zu haben. »Eine ordnungsgemäße Verteilung dieser Vorräte an die einzelnen Haushalte«, so berichtet Rust, »scheiterte an dem rücksichtslosen Verhalten der Plünderer.« Es scheint also Pläne für eine Verteilung der Bestände gegeben zu haben. Das wird auch bestätigt durch eine Notiz Henrichs: »Da für eine noch weitergehende Verproviantierung (der Bad Nauheimer Lazarette) die Fahrzeuge nicht ausreichten, stellte ich die übrigen Lebensmittelbestände dem Friedberger Bürgermeister zur Verteilung an die Bevölkerung, die erhebliche Not litt, zur Verfügung.« Hauptmann Henrich hat also, folgt man dieser Notiz, dem Bürgermeister die Bestände des Proviantamts übertragen, bevor er das Stichwort zum Hissen der weißen Fahne gab. Wahrscheinlich hat Bürgermeister Poppe dann Polizeihauptmann Rust von der Freigabe der Bestände unterrichtet. Doch bevor noch die erforderlichen Maßnahmen zur geordneten Verteilung der Lebensmittel eingeleitet werden konnten, war Henrichs Anweisung schon durchgesickert.

Offensichtlich hat die Friedberger Polizei noch versucht, den Abtransport der geplünderten Lebensmittel zu unterbinden. Ludwig Liebig berichtet, in der Nähe des Polytechnikums habe es plötzlich eine Stauung in der langen Kolonne der Hand- und Leiterwagen gegeben. Es seien militärische Kommandos gegeben worden, aus denen auch der Ruf: »Wird alles erschossen« deutlich herauszuhören gewesen sei. Einige hätten daraufhin die geplünderten Lebensmittel wieder abgeladen, anderen hätten schleunigst kehrtgemacht und den Stau umgangen. Der Versuch der Polizei, gegen die Plünderer vorzugehen, wird indirekt auch von Rust bestätigt: »Lazarette und Krankenhäuser«, so berichtet er, konnten nicht mit Lebensmittelvorräten versehen werden, »da auch die herangezogenen Soldaten, die zum Einsatz kamen, um der schamlosen Räuberei Einhalt zu gebieten, machtlos waren.«

Machtlos? Waren es zu wenig Soldaten? Waren sie nicht bewaffnet? Wahrscheinlich ist, daß sich die Soldaten selber an der Plünderung des Proviantamts beteiligten, anstatt die mit Lebensmitteln aller Art bepackten Zivilisten aufzuhalten.

Offensichtlich war das Bewußtsein, ein Unrecht zu begehen, bei der Plünderung öffentlicher Güter erheblich geringer als bei der Plünderung von Privateigentum. Es hat in Friedberg freilich auch Plünderungen in Privatwohnungen gegeben, deren Bewohner wegen der ständigen Luftangriffe die Stadt verlassen hatten. Diebstähle und Plünderungen dieser Art wurden begünstigt durch die Anweisung, daß bei Fliegeralarm weder Haus- noch Wohnungstüren geschlossen werden durften. Unter der Überschrift »Türen offenlassen bei Fliegeralarm« hatte am 10. März die *Gießener Zeitung* noch einmal erklärt: »Wiederholt seien die Bewohner darauf aufmerksam gemacht, daß bei Fliegeralarm die Wohnungs- und Haustüren unter allen Umständen nicht geschlossen werden dürfen, damit Volksgenossen, die beim Alarm dringend die Straße passieren müssen oder von Luftangriffen auf offener Straße überrascht werden, Gelegenheit geboten ist, im letzten Augenblick in jedem Haus bzw. Keller Schutz zu suchen.«

Aus diesem Grund und auch, damit bei Schwelbränden schnell gelöscht werden konnte, mußten diejenigen, die ihre Wohnung verließen, um auf dem Land Zuflucht zu suchen, den Wohnungsschlüssel bei einem Mitglied der Hausgemeinschaft abgeben. Oft war dies der Blockwart oder eine Luftschutzhelferin. Die Dokumente eines Falles von Plünderung sind zugänglich, weil die drei weiblichen Plünderer offenbar unter dem Schutz eines Friedberger Polizeibeamten gestanden hatten, so daß die Angelegenheit nach Kriegsende auch die städtischen Behörden beschäftigte. Wohlgemerkt: Es liegen keine Gerichtsakten vor, sondern nur eine Abschrift der Anzeigen des Bestohlenen, sein Schreiben an den Bürgermeister sowie dessen Antwort, der betreffende Polizeibeamte sei inzwischen aus dem Dienst entlassen worden.

Die von dem Bestohlenen zum Ausdruck gebrachte Vermutung,

der Kriminalbeamte habe zumindest mit einer der drei Frauen ein Verhältnis gehabt, das »man als intim bezeichnen kann«, wirft aus einem anderen Winkel Licht auf den rasch fortschreitenden Zerfall der inneren Ordnung und der offiziell propagierten Moral. In der zweiten Oktoberhälfte 1941 bereits war bei der Friedberger Polizei ein Rundschreiben des Chefs der Ordnungspolizei eingegangen, in dem es hieß: »Nach dem Befehl des Reichsführers SS vom 30.1.1940 – ›An alle Männer der SS und Polizei‹ – ist es einfachstes und selbstverständlichstes Anstands- und Kameradengesetz, daß kein Angehöriger der SS und Polizei der Frau eines im Felde stehenden Soldaten nahetritt. In einigen dem Reichsführer SS vorgelegten Akten, in denen Angehörigen der SS oder Polizei militärischer Ungehorsam, begangen durch Anknüpfung geschlechtlicher Beziehungen zu Soldatenfrauen, vorgeworfen wurde, haben sich die Beschuldigten darauf berufen, daß ihnen dieser grundsätzliche Befehl des Reichsführers SS nicht bekannt gewesen sei. Der Reichsführer SS hält diese Schutzbehauptung für unglaubhaft und unbeachtlich, da die in diesem Befehl niedergelegten Grundsätze inzwischen längst Allgemeingut des deutschen Volkes, jedenfalls in der SS und Polizei allgemein bekannt geworden sind.« Der Kriminalsekretär V., der das Rundschreiben sicherlich kannte, hatte offenbar keine Bedenken, gegen dieses ›Allgemeingut des deutschen Volkes‹ zu verstoßen.

Am Abend des 28. März wurde in Friedberg ideologisch abgerüstet: Die Hitler-Bilder in den Amtsstuben und Privatwohnungen wurden abgenommen, die Exemplare von *Mein Kampf* aus den Bücherschränken geholt, Belobigungen und Dankschreiben verbrannt, Uniformen und Uniformteile zu handlichen Bündeln verschnürt. Manches verschwand im Keller unter Koks und Kohlen, sofern man im Frühjahr 1945 noch genug davon hatte, um etwas darunter verstecken zu können. Anderes suchte man außer Haus zu bringen. In Friedberg gab es mehrere sogenannte »Russenkauten«, in denen Lehm für Ziegelsteine gestochen wurde. So manche Uniform und so manches Bild, mancher Orden und manche Waffe verschwanden in diesen Gruben. Am nächsten Morgen sah es darin aus, als sei hier eine ganze Kompanie demobilisiert worden.

Es würde keine »normale« Eroberung werden, die bevorstand – das scheint den meisten dabei klar gewesen zu sein. Normalerweise beugt man sich zähneknirschend der Gewalt der Eroberer oder man feiert sie als Befreier – aber in beiden Fällen braucht man sich nicht zu verstellen. Dem Sieger liegt vor allem daran, daß seinen Anordnungen Folge geleistet wird, die Gesinnung ist ihm gleichgültig, selbst Feindseligkeit wird durchaus akzeptiert – solange sie nicht in bewaffneten Widerstand umschlägt. Es scheint also ein stark ausgeprägtes Schuldbewußtsein bei vielen in Friedberg gegeben zu haben, wenn sie in der Nacht vom 28. auf den 29. März eifrig bemüht waren, die Spuren ihrer Gesinnung zu verwischen. Einige, denen dies aussichtslos erschien oder die an ihrer Gesinnung nicht rütteln lassen wollten, verübten Selbstmord.

Nicht überall freilich war man mit der Verleugnung der Vergangenheit beschäftigt. In einer Reihe von Häusern wurden Feste gefeiert. In regelrechten Freßorgien und Saufgelagen machte man sich über die am Nachmittag geplünderten Lebens- und Genußmittel her. Es scheint in jeder Hinsicht exzessiv zugegangen zu sein. So wird berichtet, man habe dicke Scheiben Schweizer Käse mit Ölsardinen belegt: Beides hatte man lange entbehrt und konnte es nun nicht schnell genug hinunterschlingen. Nur was man im Bauch hatte, konnte einem nicht mehr genommen werden.

Natürlich verdrängten diese Gelage auch die Angst vor dem bevorstehenden Tag, vor den Kämpfen, der Eroberung und allem, was damit verbunden sein mochte. Viele Frauen scheinen vor den fremden Soldaten Angst gehabt zu haben; sie fürchteten Vergewaltigungen. Andererseits scheint, wie bereits der Nachmittag gezeigt hatte, die Angst vor Luftangriffen tatsächlich nachgelassen zu haben. In vielen Häusern, in denen gefeiert wurde, war nicht mehr verdunkelt worden. Verdunklung war eines der Rituale des Krieges; in den Verdunklungsrollos war der Krieg ständig präsent. So wie man in den Freß- und Sauforgien die Befreiung von der Nahrungsmittelkontingentierung feierte, so scheint man in der Gleichgültigkeit gegenüber Luftangriffen das Ende des Krieges vorweggenommen zu haben. Beides war, wie man richtig vermutete, nur ein Ausbruch für kurze Zeit aus dem reglementierten Alltag: Die Amerikaner nämlich führten für die nächsten Monate den Verdunklungszwang noch einmal ein, und auch die Kontingentierung der Lebensmittel trat bald wieder in Kraft.

Der neue Kampfkommandant

Nach dem Nervenzusammenbruch Hauptmann Henrichs scheint die militärische Führung, soweit hiervon überhaupt die Rede sein konnte, bei Oberleutnant Stankowski, dem Adjutanten des Kampfkommandanten, und Major Kremp gelegen zu haben. Auch der Flak-Hauptmann, der die Abnahme der weißen Fahne erzwungen hatte, hat versucht, auf die militärischen Aktionen Einfluß zu nehmen. Das von Generalfeldmarschall Keitel unterzeichnete Schreiben vorweisend, befahl er den Soldaten im Burghof, unter seiner Führung die bei Ossenheim gesichteten amerikanischen Panzer niederzukämpfen. Wie am Homburger Kreuz waren auch in der Burg Panzerfäuste bereitgelegt worden. Jetzt erst stellte man fest, daß die Zünder fehlten – eine Folge der von Henrich betriebenen Sabotage: Er hatte die Zünder herausschrauben und verschwinden lassen. Daraufhin scheint der Flak-Hauptmann sein Vorhaben aufgegeben und zusammen mit dem SA-Sturmbannführer die Stadt verlassen zu haben.

Selbst wenn die Zünder zu den Panzerfäusten im Burghof bereitgelegen hätten, wäre aus dem Unternehmen gegen die am Ossenheimer Wäldchen gesichteten amerikanischen Panzer nichts geworden; diese hatten sich inzwischen nämlich wieder zurückgezogen – so jedenfalls stellte Leutnant Hammann fest, als er sich zusammen mit zwei versprengten MG-Schützen, auf die er im Burghof getroffen war, zum südöstlichen Stadtrand begab, um nach den Panzern Ausschau zu halten.

Hammann, ein aus dem Kreis Frankenberg in Nordhessen stammender Pfarrerssohn, Jahrgang 1922, hatte nach dem Abitur im Jahre 1940 begonnen, in Marburg Theologie zu studieren. Im Jahr darauf wurde er eingezogen und zunächst als Artillerist ausgebildet. 1942 wurde er zum Infanterie-Ersatz-Bataillon 116 nach Marburg überstellt und anschließend an die Ostfront kommandiert. Nach seiner dritten Verwundung im Mai 1944 in Rumänien gelangte er Anfang 1945 zum Infanterie-Ersatz-Bataillon 57 nach Siegen, wo ihm – trotz einer offenen Beinwunde – die Ausbildung einer ungarischen Rekrutenkompanie übertragen wurde. Mitte März wurde dann in Siegen aus den Rekruten der Jahrgänge 1927 und 1928 ein neues Bataillon aufgestellt und Hammann als Ordonnanzoffizier in dessen Stab befohlen. Man übertrug ihm die Führung des Vorkommandos, das die für das Bataillon vorgesehenen Stellungen in der Gegend von Assenheim und Ilbenstadt erkunden sollte, zwei Dörfer etwa sieben Kilometer südöstlich von Friedberg. Am 27. März erreichte Hammann Ilbenstadt. Dort traf er tatsächlich auf den Stab des Regiments, dem das Bataillon unterstellt worden war; das Bataillon selbst jedoch, das dem Vorauskommando folgen sollte, ließ auf sich warten. Als es auch am darauffolgenden Tag nicht eintraf und sich statt dessen amerikanische Panzer Ilbenstadt näherten, zog sich Hammann mit seinem Vorkommando in Richtung Friedberg zurück. Dort, so hoffte er, würde er wieder Anschluß an seine Einheit gewinnen. Im Proviantamt in Friedberg weigerte man sich, ihn und seine Leute zu verpflegen. Wären sie einige Stunden später gekommen, hätten sie sich an der allgemeinen Plünderung beteiligen können. Hammann begab sich daraufhin zum Gefechtsstand des Kampfkommandanten, um etwas über den Verbleib seiner Einheit zu erfahren. In der Burg wußte man freilich auch nichts und konnte nur das Gerücht weitergeben, die Amerikaner hätten bereits Gießen besetzt. Es war demnach kaum damit zu rechnen, daß das aus Siegen anrückende Bataillon den Raum Friedberg noch erreichen würde. Wie sich später herausstellte, ist es zwischen Gießen und Wetzlar zersprengt worden.

Unter diesen Umständen war Hammann bestrebt, den Gefechtsstand des Kampfkommandanten so schnell wie möglich wieder zu verlassen, zumal dort nach dem gescheiterten Kapitulationsversuch und dem Nervenzusammenbruch Hauptmann Henrichs eine hektische Betriebsamkeit herrschte. Im Burghof lief er jedoch dem Flak-Hauptmann in die Arme. Als dessen Panzerbekämpfung bereits an den fehlenden Zündern für die Panzerfäuste scheiterte, ging Hammann, begleitet von zwei Soldaten, die sich ebenfalls ein genaueres Bild der Lage verschaffen wollten, wieder zum südöstlichen Stadtrand. Dort stellte er fest, daß die gemeldeten Panzer inzwischen verschwunden waren. Zugleich konnte er hören, wie sich der Kampflärm ostwärts der Stadt kontinuierlich von Süden nach Norden bewegte.

Da Hammann es nicht für ratsam hielt, noch länger ohne Papiere und ohne Einheit herumzuirren – der Marschbefehl in die Gegend von Ilbenstadt und Ossenheim war inzwischen überholt, und mit dem Eintreffen des Bataillons war kaum noch zu rechnen –, schloß er sich der am Ortsrand von Fauerbach eingesetzten Kompanie an, zusammen mit einem Oberfähnrich der Fallschirmjäger, der ebenfalls die Verbindung zu seiner Einheit verloren hatte. Nun war es in diesen Tagen nicht unbedingt weniger gefährlich, sich einer fremden Einheit anzuschließen, zumal wenn man nicht wußte, welchen Auftrag diese Einheit hatte und ob sie nicht möglicherweise von einem Fanatiker geführt wurde. Die militärische Führung in Friedberg wird Hammann nach dem, was er in der Burg erlebt hatte, kaum vertrauenerweckend erschienen sein. Dennoch entschied er sich, hier zu bleiben – vielleicht weil er hoffte, sein Bataillon würde doch noch eintreffen, vielleicht weil ihm der Anschluß an eine Einheit alles in allem doch sicherer erschien, als wenn er versucht hätte, sich allein durchzuschlagen. Möglicherweise hat ihn gerade das Zusammentreffen mit dem Flak-Hauptmann in seinem Entschluß bestärkt.

Daß Gefangenschaft oder Tod die Alternative der nächsten Tage, vielleicht schon Stunden sein würde, scheint für Hammann festgestanden zu haben. So hatte er bereits bei seinem Abmarsch aus Siegen sämtliche Wertgegenstände, wie die Uhr, den Füllfederhalter und die Brieftasche, bei Bekannten zurückgelassen und nur das mitgenommen, was er im Falle der Gefangennahme wahrscheinlich behalten durfte. Der Entschluß, sich der am Rand von Fauerbach eingesetzten Kompanie anzuschließen, dürfte Hammann auch darum nicht schwergefallen sein, weil sie durchweg aus älteren, kampfunerfahrenen Männern zusammengesetzt war, von denen er annahm, daß sie im Falle eines amerikanischen Angriffs keinen größeren Widerstand leisten würden.

Der Kompanieführer, ein Oberleutnant, übergab Hammann den Zug, der an der Straße von Fauerbach nach Ossenheim eingesetzt war und den Auftrag hatte, die dort errichteten Panzersperren zu verteidigen. Während der gesamten Mittagszeit waren die hier eingegrabenen Soldaten aus Richtung Ossenheim beschossen worden. Zwar hatten sich die gegen 13 Uhr dort gesichteten Panzer, wie gesagt, wieder zurückgezogen, doch befand sich in Ossenheim noch immer eine amerikanische Infanterieeinheit, die die deutschen Stellungen mit Maschinengewehren und einer leichten Kampfwagenkanone beschoß. Gegen Nachmittag ebbte das Schießen ab. Um 16 Uhr kamen zwei Zivilisten auf Fahrrädern von Ossenheim nach Fauerbach und berichteten, die während des Vormittags in Ossenheim eingedrungene amerikanische Einheit habe sich in östliche Richtung davongemacht. Hammann und der Oberfähnrich unternahmen daraufhin auf eigene Faust einen Spähtrupp nach Ossenheim, wo sie die Nachricht bestätigt fanden. Offensichtlich hatten sich die Amerikaner über die Höhe östlich von Ossenheim in Richtung Florstadt abgesetzt.

Das war der eigentliche Grund, warum Hauptmann Henrichs gegen 14 Uhr unternommener Versuch, Friedberg kampflos an die Amerikaner zu übergeben, hatte scheitern müssen, warum er selbst dann hätte scheitern müssen, wenn der Flak-Hauptmann und sein SA-Begleiter nicht dazwischengekommen wären. Die amerikanischen Panzer nämlich, die der Beobachter auf dem Adolfsturm gegen 13 Uhr gesichtet hatte, hatten Friedberg gar nicht zum Angriffsziel gehabt; sie waren von Südosten her bis nach Ossenheim nur vorgeschoben worden, um die linke Flanke der auf der Straße Heldenbergen-Kaichen-Ilbenstadt vorrückenden 4. US-Panzerdivision zu decken. Die Division hatte bei Hanau den Main überschritten und stieß nun durch die Wetterau in Richtung Vogelsberg vor. Es waren dieselben Panzer, vor denen sich Hammann am frühen Vormittag aus Ilbenstadt nach Friedberg zurückgezogen hatte. Nachdem das die Spitze der Division bildende Panzerregiment östlich an Friedberg vorbeigerollt war, wurde der Flankenschutz wieder zurückgezogen. Gegen 15 Uhr meldete der Beobachter auf dem Adolfsturm, sechzig amerikanische Panzer hätten das etwa zwölf Kilometer nordöstlich von Friedberg liegende Dorf Echzell erreicht und stießen weiter nach Nordosten, in Richtung Vogelsberg, vor.

Hauptmann Henrichs Kapitulationsversuch war also zu früh erfolgt: Ebensowenig wie die am Mittag östlich von Ossenheim aufgetauchten Panzer hätte die in Ossenheim eingedrungene amerikanische Einheit Friedberg besetzen können, da sie dafür zu schwach war. Auch hätte dies ihrem militärischen Auftrag widersprochen. Aber wahrscheinlich haben die amerikanischen Soldaten in Ossenheim die weiße Fahne nicht einmal gesehen.

Damit kann ein weiteres Glied in die Kette der unglücklichen Umstände eingefügt werden, die zum schnellen Scheitern von Henrichs Kapitulationsversuch geführt haben. Offensichtlich hat Henrich angenommen, der sich Friedberg aus südöstlicher Richtung nähernde amerikanische Panzerverband habe den Auftrag, die Stadt anzugreifen und einzunehmen. Die Meldungen, die bei ihm einliefen, legten diesen Schluß nahe. Henrich handelte in der Überzeugung, Friedberg sei das Ziel des gemeldeten Vorstoßes und der amerikanische Angriff und damit der Beginn der Kampfhandlungen stehe unmittelbar bevor. Aufgrund seiner falschen Beurteilung der amerikanischen Bewegungen gab Henrich das vereinbarte Stichwort zum Hissen der weißen Fahne zu früh. Der amerikanische Panzerverband schwenkte, nachdem er sich Friedberg bis auf wenige Kilometer genähert hatte, nach Nordosten in Richtung Hungen ab. Die einzige Kampfhandlung, zu der es dabei kam, war der Beschuß der am Ortsrand von Fauerbach eingegrabenen deutschen Verteidiger durch amerikanische MG- und Panzerschützen: Dies sollte lediglich die deutschen Einheiten in der Stadt von einem Stoß in die Flanke der 4. US-Panzerdivision abhalten.

Der rasche Zusammenbruch der deutschen Verteidigung südlich und östlich von Friedberg, unzureichende Aufklärung und die chaotische Nachrichtenlage einer sich in Auflösung befindlichen Armee haben zu der falschen Beurteilung der Lage entscheidend beigetragen. Möglicherweise hat Henrich, als er knapp fünf Jahre nach den dargestellten Ereignissen seinen Bericht verfaßte, also im nachhinein, die von dem Flak-Hauptmann und dem SA-Standartenführer ausgehende Bedrohung überzeichnet, um so von seiner Fehlinterpretation der amerikanischen Bewegungen abzulenken. Dies ist nicht auszuschließen, zumal wenn man bedenkt, mit welcher Machtfülle ein Kampfkommandant ausgestattet war: Henrich hätte schwerlich durch einen gerade eingetroffenen Hauptmann abgesetzt werden können, selbst wenn dieser über Sondervollmachten des OKW verfügte. Schließlich hat der Flak-Hauptmann nach Henrichs Nervenzusammenbruch keinerlei Anstalten gemacht, selbst die Stellung des Friedberger Kampfkommandanten zu übernehmen oder auf die Wahl des Nachfolgers Einfluß auszuüben. Andererseits kannte Henrich zur Zeit der Abfassung seiner Darstellung den Bericht Hammanns noch nicht. Vielleicht war er also tatsächlich immer noch der Meinung, sein Kapitulationsversuch sei allein am Eingreifen des Flak-Hauptmanns und seines SA-Begleiters gescheitert.

Als sich am Nachmittag des 28. März, nicht zuletzt durch Hammanns Erkundigungen, die militärische Lage klärte, war Henrich schon nicht mehr Kampfkommandant. Zurück von seinem Spähtruppunternehmen nach Ossenheim, begab sich Hammann erneut zum Gefechtsstand des Kampfkommandanten, um über seine Erkenntnisse Bericht zu erstatten. Dort herrschte, wie er berichtet, immer noch »großes Durcheinander«, und niemand schien sich sonderlich für seine Meldung zu interessieren. So teilte er Oberleutnant Stankowski lediglich kurz mit, was er in Ossenheim festgestellt hatte, und kehrte umgehend wieder zurück in seine Stellung nach Fauerbach.

Das von Hammann im Gefechtsstand beobachtete »große Durcheinander« hatte mehrere Ursachen: Offensichtlich stand man noch ganz unter dem Eindruck von Hauptmann Henrichs gescheitertem Kapitulationsversuch. Die meisten waren davon überrascht worden, und die wenigen, die eingeweiht gewesen waren, suchten ihre Bestürzung über das Scheitern durch hektische Betriebsamkeit zu verbergen. Andere wiederum verfielen angesichts der sich abzeichnenden militärischen Entwicklung in Resignation und Fatalismus. Nur so erklärt sich, warum zwischen Henrichs Nervenzusammenbruch und der Ernennung eines neuen Kampfkommandanten mehrere Stunden vergingen. Während dieses Zeitraums nämlich waren die im Gefechtsstand versammelten Offiziere vor allem damit beschäftigt, unter allen Umständen zu verhindern, daß einer von ihnen zum Nachfolger Henrichs bestimmt würde. Zuletzt einigten sie sich darauf, daß einer, der sich an den Diskussionen über die Nachfolge Henrichs nicht hatte beteiligen können, neuer Kampfkommandant werden solle: Hauptmann Heinrich Wölk. Da Wölk von allen die größte Fronterfahrung besaß, ließ sich seine Wahl gegenüber dem stellvertretenden Generalkommando in Kassel auch gut begründen, und da er dienstjünger war als die im Gefechtsstand versammelten Offiziere, konnte er seinen Auftrag kaum ablehnen.

Am Abend des 28. März wurde Hauptmann Heinrich Wölk zum neuen Kampfkommandanten von Friedberg ernannt. Er war erst wenige Tage zuvor aus dem Reservelazarett I in Marburg entlassen worden. Eigentlich war Wölk Panzerjägeroffizier und hatte mit dem in Friedberg stationierten Infanterie-Ersatzbataillon 36 nichts zu tun. Durch seinen letzten Fronteinsatz in Frankreich jedoch, bei dem er im Herbst 1944 schwer verwundet worden war, war die in Friedberg stationierte Einheit sein Ersatztruppenteil geworden. Wahrscheinlich sollte er in dem zur Neuaufstellung nach Friedberg verlegten Grenadierregiment 36 die 14. Kompanie, die Panzerjäger, übernehmen.

Am 17. März war Wölk in Friedberg eingetroffen und hatte sich beim Bataillonskommandeur Major Brack gemeldet. Dort wurde ihm zunächst erklärt, für einen Panzerjägeroffizier gebe es in Friedberg keine Verwendung. Doch schon wenige Tage danach, am 27. März, wurde ihm eine zweihundert Mann starke Rekrutenkompanie zur Ausbildung übertragen. Es handelte sich dabei um Rekruten des gerade erst eingezogenen Jahrgangs 1928, die noch keine militärische Ausbildung erhalten hatten. Man stellte Wölk zwei Feldwebel und einen beinamputierten Oberfeldwebel zur Seite, die für die Waffen- und Schießausbildung der Rekruten verantwortlich sein sollten. Außerdem erhielt Wölk den Auftrag, mit den ihm unterstellten Soldaten einen Abschnitt der Reichsautobahn Frankfurt-Kassel zu sichern, die, in den Taunushang eingeschnitten, fünf Kilometer westlich an Friedberg vorbeiführt.

Dieser Auftrag hatte nur wenige Stunden Gültigkeit, denn schon in der Nacht vom 27. auf den 28. März erhielt Wölk von Henrich den Befehl, mit seinen Rekruten in den Verteidigungsring um die Stadt einzurücken. Wölk wies die Soldaten in die vorgesehenen Abschnitte ein und ließ die vom Volkssturm unter Führung von Kreisleiter Fleischhauer und Standartenführer Riecke ausgehobenen Feldstellungen vervollständigen. Ständige Tieffliegerangriffe zwangen die Rekruten, immer wieder in Deckung zu gehen, so daß sich die Schanzarbeiten über den ganzen Tag hinzogen.

Von dem Versuch Henrichs, die Stadt kampflos den Amerikanern zu übergeben, hat Wölk offensichtlich keine Kenntnis erhalten. Entsprechend überrascht war er darum, als ihm gegen 20 Uhr ein Kradmelder den Befehl überbrachte, sich sofort im Gefechtsstand des Kampfkommandanten zu melden. Auf Wölks Frage, was er dort solle, antwortete der Kradmelder: »Ich glaube, Sie sind Kampfkommandant geworden.«

Zweifellos war Hauptmann Heinrich Wölk ein erfahrener Soldat: 1905 in Wolferode im Kreis Marburg geboren, hatte er nach dem Besuch der Volksschule zunächst im elterlichen Betrieb, einem kleinen Bauernhof, mitgearbeitet. Die Perspektive war wenig günstig: Als sechstes Kind hatte er keine Aussicht, den Hof einmal zu übernehmen, und die landwirtschaftliche Tätigkeit entsprach wohl auch nicht seinen Interessen und Neigungen. Für kurze Zeit besuchte er eine Musikschule, bevor er 1924 in die Reichswehr eintrat. Nach zwölf Dienstjahren schied er 1936 als Oberstabsfeldwebel aus; er ging in die Gießener und später in die Marburger Stadtverwaltung, wo er bald zum Stadtinspektor befördert wurde.

Wie viele andere hat Wölk die Möglichkeit des sozialen Aufstiegs über die Reichswehr, eine der wenigen Aufstiegschancen, die sich in der Weimarer Republik jemandem wie ihm boten, entschlossen genutzt. Zielstrebigkeit scheint überhaupt zu seinen Charaktereigenschaften gehört zu haben, und sicherlich ist während der zwölf Jahre in der Reichswehr sein Sinn für korrekte Pflichterfüllung stark ausgeprägt worden. Auch nach seinem Ausscheiden aus der Reichswehr nahm er an mehreren Wehrübungen teil; schließlich wurde er zum Leutnant befördert. Bei Kriegsbeginn eingezogen, kam er, nach einem kurzen Einsatz am Westwall, 1940 als Ausbildungsoffizier nach Gelnhausen. 1942 wurde er an die Ostfront abkommandiert, wo er zuletzt, im Sommer 1944, den Rückzug nach Litauen mitmachte. Von dort wurde die Division, der er angehörte, an die Westfront verlegt; bald darauf wurde Wölk in der Nähe von Soissons schwer verwundet.

Für die Ernennung Wölks, der mit den Plänen zur Verteidigung der Stadt nicht vertraut war und der an keiner Vorbesprechung teilgenommen hatte, können trotz seiner langen Dienstzeit und seiner Fronterfahrung schwerlich rein militärische Erwägungen ausschlaggebend gewesen sein. Allem Anschein nach hat man sich deshalb für ihn entschieden, weil keiner der im Gefechtsstand anwesenden Offiziere bereit war, selbst das Kommando zu übernehmen. Man entschied sich für Wölk, weil sich kein anderer fand. Wölk selber scheint sich zumindest darüber im klaren gewesen zu sein, daß sein Kampfauftrag keinerlei Erfolgsaussichten besaß.

Warum aber hat keiner von denen, die in Henrichs Pläne eingeweiht gewesen waren, die Stellung des Kampfkommandanten übernommen, um zu einem günstigeren Zeitpunkt erneut zu versuchen, die Stadt kampflos zu übergeben? Etwa Major Kremp, der in seinem späteren Bericht angibt, Henrichs Pläne vollauf unterstützt zu haben. Da sich niemand danach drängte, wäre es ein leichtes gewesen, Henrichs Nachfolge anzutreten, ohne gleich Verdacht zu erwecken. Hier lassen sich nur Vermutungen anstellen: Möglicherweise waren Henrichs Vertraute noch so geschockt, daß sie die sich bietende Chance gar nicht wahrgenommen haben. Offensichtlich besaß aber auch keiner von ihnen die Entschlossenheit und Kaltblütigkeit, die nötig gewesen wären, das Vorhaben jetzt noch zu Ende zu führen. Der Plan, Friedberg kampflos an die Amerikaner zu übergeben, stand und fiel mit Henrich; diejenigen, mit denen er seine Absichten besprochen hatte, waren zwar bereit, ihn zu decken, solange sie selbst im Hintergrund blieben und im Falle des Scheiterns alles abstreiten konnten, aber keiner von ihnen war bereit, an Henrichs Stelle zu treten. Der Kapitulationsplan war endgültig gescheitert.

Als Wölk kurz nach 20 Uhr auf dem Gefechtsstand eintraf, mußte er, wie er später schrieb, zu seiner Überraschung feststellen, »daß die Herren des Gefechtsstandes unter reichlichem Alkoholgenuß standen«. Er hat damit sehr zurückhaltend ausgedrückt, was sich in anderen Quellen drastischer liest: Die meisten Offiziere des Gefechtsstands waren schlichtweg betrunken. Daß Offiziere, die einer militärisch ausweglos erscheinenden Situation gegenüberstanden, sich betrunken haben, ist in den letzten Monaten des Krieges häufig vorgekommen. Außerdem sind in der Friedberger Garnison Trinkgelage der Ausbildungsoffiziere schon lange an der Tagesordnung gewesen. Fünfzehn Bahnkisten Weinbrand, die der Bataillonskommandeur – widerrechtlich, wie Henrich in seinem Bericht ausdrücklich betont – aus den Beständen einer aufgelösten Einheit zurückbehalten hatte, sind bei diesen Gelagen konsumiert worden. Am Abend des 28. März dürfte außerdem einiges aus den am Nachmittag geplünderten Alkoholbeständen des Proviantamts in den Gefechtsstand des Kampfkommandanten gelangt sein.

Doch die bisherigen Gepflogenheiten einiger Garnisonsoffiziere und die offensichtliche Ausweglosigkeit der militärischen Lage können nicht allein dafür verantwortlich gewesen sein, daß die meisten Offiziere im Gefechtsstand bei Wölks Eintreffen betrunken waren, zumal Besäufnisse zur Abwechslung des eintönigen Garnisonsdienstes etwas anderes sind als eine Alkoholisierung unter dem Druck bevorstehender Kampfhandlungen. Vorausgesetzt, sie überlebten, würde für die meisten in den nächsten Stunden ihr bisheriger Lebenssinn zusammenbrechen. Diese Befürchtung teilten natürlich auch die in den Verteidigungsabschnitten der Stadt eingesetzten Offiziere und Soldaten, doch waren diese wohl zu beschäftigt, intensiver über die nächsten Tage nachdenken zu können. In den Unterlagen finden sich jedenfalls keine Anhaltspunkte dafür, daß auch in den Feldstellungen vor der Stadt Trinkgelage wie im Gefechtsstand stattgefunden hätten.

Wie sehr sich die im Gefechtsstand anwesenden Offiziere mit ihren militärischen Rängen und Funktionen auch identifiziert haben mögen, ihnen allen dürfte spätestens seit der Annäherung der Amerikaner und mit Henrichs fehlgeschlagenem Kapitulationsversuch klar geworden sein, daß nicht nur das Deutsche Reich vor seinem militärischen Ende stand; auch sie selbst würden sich in den nächsten Stunden zwischen Tod oder Gefangenschaft entscheiden müssen.

Für viele dürfte der Entschluß, eher in Gefangenschaft zu gehen als zu sterben, bereits seit längerem festgestanden haben – vielleicht ohne daß sie sich dessen ganz bewußt gewesen sind. Doch die Entscheidung für das Weiterleben war mit einer tiefen Demütigung verbunden: der bedingungslosen Unterwerfung unter den Willen des Gegners. Berücksichtigt man, daß auf dem Gefechtsstand vor allem Garnisonsoffiziere unter Alkoholeinfluß standen, so liegt der Schluß nahe, daß die Demütigung von ihnen offensichtlich stärker empfunden wurde als von Frontsoldaten. Vor allem für Garnisonsoffiziere war das Soldatsein auch Anfang 1945 noch ein Lebensstil mit eigenen Umgangsformen und Ritualen, auf die in der Friedberger Garnison bis zuletzt größter Wert gelegt wurde. Die von der Front kommenden Soldaten scheinen dergleichen nur noch eine geringe Bedeutung beigemessen zu haben. Tod oder Gefangenschaft – mit dieser Alternative waren sie vertraut, und die meisten von ihnen hatten sich in den letzten Jahren wohl schon mehrmals darauf eingelassen. Darum auch stellten die bevorstehenden Ereignisse für sie weniger einen Bruch dar als für jene, die sich überwiegend in der Garnison aufgehalten hatten.

Man wird die Alkoholisierung der Offiziere auf dem Gefechtsstand als eine Flucht vor der anstehenden Entscheidung verstehen können, aber auch als eine »Einstimmung« auf die zu erwartende Demütigung der Gefangennahme. Was ihnen bevorstand, war mehr als das, was von den Siegern zu gewärtigen war – die Ablegung der Waffen, die Entfernung der Orden und Ehrenzeichen, an denen das Selbstwertgefühl so manches Soldaten hing, mitunter auch die Wegnahme persönlicher Wertgegenstände –, denn in erster Linie war es eine Selbstdemütigung: Der Soldat, zumal der Offizier, der kampflos in Gefangenschaft ging, verstieß gegen das ihm eingepflanzte Ideal. Solange er sich diesem Ideal verpflichtet fühlte, ging es gegen seine Ehre, sich ohne Kampf zu ergeben, und diese Ehre hatte für die meisten Garnisonsoffiziere in den zurückliegenden Jahren im Mittelpunkt ihres soldatischen Lebens gestanden. Die Alkoholisierung unter dem Druck der bevorstehenden Ereignisse und der Versuch, sich um die vakante Stellung des Kampfkommandanten zu drücken, war insofern beides: Flucht aus der sich abzeichnenden Alternative in den Rausch und vorweggenommene Selbstdemütigung, gleichsam als Einübung im Kleinen auf das, was im Großen unabwendbar schien.

Dies zeigt sich auch im Verhalten des Majors Brack. Noch am Abend zuvor hatte er das Aufsetzen des Kommandantenbefehls mit kernigen Worten über Widerstand und Verteidigung begleitet und, bevor er sich zu seinem außerhalb Friedbergs liegenden Bataillonsgefechtsstand zurückbegab, erklärt: »Wenn sich weiße Fahnen in Friedberg zeigen, werde ich das Verräternest in Brand schießen lassen.« Im Verlaufe der nachmittäglichen Diskussion über den Nachfolger Henrichs war die Sprache schließlich auch auf Brack gekommen. Als man im Bataillonsgefechtsstand anrief und ihm die Stellung des Kampfkommandanten antrug, lehnte er dies mit der Begründung ab, eine aussichtsreiche Verteidigung Friedbergs sei nicht mehr möglich. Entgegen den erteilten Befehlen, so Bracks Begründung, habe Hauptmann Henrich die Stadt nämlich nicht in einen verteidigungsfähigen Zustand versetzt; er denke nicht daran, eine militärisch aussichtslose Aufgabe zu übernehmen.

Vielleicht war Brack inzwischen tatsächlich davon überzeugt, Friedberg sei nicht zu verteidigen, was allerdings in auffälligem Kontrast zu der Drohung vom Vorabend stehen würde. Entweder hatte er, aus welchen Gründen auch immer, seine Auffassung geändert, oder aber seine Weigerung, die Stellung des Kampfkommandanten zu übernehmen, war – entsprechend seinen eigenen Wertvorstellungen – »Feigheit« beziehungsweise die Unfähigkeit, aus der eingetretenen Situation die entsprechenden Konsequenzen zu ziehen, also metaphorische Feigheit, Feigheit vor dem Eingeständnis dessen, was ist. Auch die Offiziere, die sich nach außen hin vom »Endsieg« überzeugt gaben, hatten, so wird man daraus folgern dürfen, innerlich längst zu zweifeln begonnen.

Der Zerfall der Armee trat in verschiedenen Facetten zutage: Er wurde offenkundig in der Auflösung der Verbände und ihrem ungeordneten Rückzug, aber er zeigte sich, subtiler, auch in dem Zerbrechen der bisherigen Wertvorstellungen gerade bei jenen Offizieren, die kurz zuvor noch am lautesten darauf gepocht hatten und von denen einige noch

Nach dem »Sudetenfeldzug« paradiert das Infanterieregiment 36 auf der Kaiserstraße. Die Friedberger Bevölkerung jubelt den »siegreichen« Soldaten zu.

Uniformen prägen die Szene bei der Einweihung des »Skagerrak-Denkmals«. Neben Abordnungen des Infanterieregiments 36 sind Reserveoffiziere und Parteigrößen erschienen. Sie stehen in den ersten Reihen. Mehrere Häuser um den »Skagerrak-Platz« fielen den Luftangriffen im Frühjahr 1945 zum Opfer.

Das »Soldaten-Heim« gegenüber dem Bahnhof. Hier wurden seit Kriegsbeginn »rund um die Uhr« durchreisende Soldaten verpflegt. Gegen Kriegsende fanden hier wiederholt Razzien statt, bei denen nach Deserteuren gesucht wurde.

Der Sitzungssaal des Rathauses 1933: Neben den Bildern von Hitler und Hindenburg an der Stirnseite die Porträts der ehemaligen Bürgermeister Friedbergs. Links die – kunsthistorisch wertlosen – Ölbilder der deutschen Kaiser, die nach der Kapitulation fast ein »Souvenir« amerikanischer Soldaten geworden wären.

Hauptmann Fred Henrich, bis zum Mittag des 28. März 1945 Kampfkommandant von Friedberg (links oben).

Hauptmann Heinrich Wölk, Kampfkommandant von Friedberg am 28. und 29. März 1945 (rechts oben).

Leutnant Gustav Hammann, am südöstlichen Stadtrand eingesetzter Zugführer, der am Morgen des 29. März die kampflose Übergabe der Stadt an die Amerikaner in die Wege leitete.

Die Folgen der amerikanischen Luftangriffe auf das Bahnhofsgelände: Erst Ende Mai 1945 konnte hier der Zugverkehr wieder aufgenommen werden.

Seit dem 20. Juli 1944 war der Friedberger Bahnhof immer wieder Ziel amerikanischer Bomben.

Bei den Aufräumarbeiten wurden auch Kriegsgefangene eingesetzt. Zahlreiche Kriegsgefangene und Zwangsarbeiter, die in Baracken in der Nähe des Bahnhofs untergebracht waren, sind amerikanischen Bombenangriffen zum Opfer gefallen.

Major Walter G. Smith, stellvertretender Kommandeur des 69. Tank-Bataillons Reenforced. Am Morgen des 29. März 1945 fuhren Smith und Oberleutnant Jerome R. Tichy zum Gefechtsstand des Friedberger Kampfkommandanten. An ihrem Jeep hatten die Amerikaner ein weißes Laken angebracht.

immer so taten, als hielten sie sich daran, während doch ihr tatsächliches Verhalten ein ständiges Dementi dieser Wertvorstellungen war.

Dies galt freilich nicht für den neuen Friedberger Kampfkommandanten. Für ihn scheint es schlechterdings unvorstellbar gewesen zu sein, daß er sich in einer Situation, in der jeden Augenblick mit dem Beginn der Kampfhandlungen zu rechnen war, betrunken hätte. Mit dementsprechender Distanz betrachtete er nun die »Herren des Gefechtsstandes«. Ohne daß Wölk dies in seinem Bericht explizit zum Ausdruck gebracht hat, ist doch unverkennbar, daß er sie, zumindest in dem Augenblick, als er den Gefechtsstand betrat, für verantwortungslos und pflichtvergessen hielt. Man wird annehmen dürfen, daß Wölk, der sich in den letzten drei Jahren entweder an der Front befunden oder im Lazarett gelegen hatte, gewisse Aversionen gegen Garnisonsoffiziere hegte, die in diesen Jahren ein relativ ruhiges und gefahrloses Leben geführt hatten. Schließlich hatte er selbst zwei Kriegsjahre als Ausbildungsoffizier verbracht, bevor er 1942 an die Front in Rußland abkommandiert worden war.

Sowohl Henrich als auch Wölk und Hammann haben in ihren Berichten ausdrücklich auf ihre Einsätze an der Front und ihre Verwundungen hingewiesen, und sie haben dies sicherlich auch deswegen getan, weil sie sich dadurch von den Offizieren abgrenzen konnten, die während des Krieges »zu Hause« geblieben waren. Dieses Abgrenzungsbedürfnis mag in der Retrospektive dadurch noch gesteigert worden sein, daß sie mit diesen Garnisonssoldaten zusammen in Gefangenschaft hatten gehen müssen. Die Unterscheidung zwischen den Soldaten der Front und denen der Etappe hat sicherlich schon in den ersten Kriegsjahren eine gewisse Rolle gespielt, doch daß sie derart in den Vordergrund rückte und nunmehr ausschlaggebend war für das Selbstwertgefühl der Frontsoldaten, ist ein sicheres Indiz für den inneren Zerfall der Armee.

Auf dem Gefechtsstand wurde Wölk von Major Kremp mit den Worten empfangen: »Sie sind an Stelle von Hauptmann Henrich zum

Kampfkommandanten bestimmt worden.« Henrich sei, so erklärte Kremp, infolge eines Nervenzusammenbruchs ausgefallen und inzwischen in ein Bad Nauheimer Lazarett gebracht worden. Auf Wölks Frage, warum denn Kremp nicht selbst dieses Amt übernehme, zumal er ranghöher sei und auch über die örtliche Lage und den Einsatz der Einheiten infolge seiner längeren Anwesenheit in Friedberg besser Bescheid wisse, entgegnete Kremp: »Sie sind der fronterfahrenste Offizier und sind vom Standortältesten Oberstleutnant Sommerhof dazu bestimmt worden.« Außerdem sei Wölks Ernennung zum Kampfkommandanten inzwischen bereits durch das stellvertretende Generalkommando in Kassel erfolgt.

Offensichtlich hatten die auf dem Gefechtsstand versammelten Offiziere mit der Benachrichtigung Wölks so lange gewartet, bis dieser keinerlei Möglichkeiten mehr hatte, die ihm angetragene Aufgabe abzulehnen. Als Wölk dennoch einwandte, es stünden doch mehrere Majore zur Übernahme des Kommandos zur Verfügung, beendete Kremp das Gespräch mit der knappen Feststellung, an dem inzwischen ergangenen Befehl sei nichts mehr zu ändern. Wölk läßt in seinem Bericht durchblicken, wie sehr ihm die militärische Führung in Friedberg als eine Mischung aus Schlamperei und Drückebergerei erschienen ist: Erst hatte man erklärt, für ihn gebe es hier keine Verwendung, dann hatte man ihm eine Ausbildungskompanie anvertraut, aber kaum geeignete Ausbilder zur Verfügung gestellt, dann hatte man ihn in unfertige Feldstellungen geschickt, für deren Ausbau doch Zeit genug gewesen wäre, und schließlich hatte man ihm noch das Kommando über die Stadt übertragen, obwohl er an der Planung und Vorbereitung der Verteidigung nicht beteiligt gewesen war, die örtlichen Gegebenheiten und die Einsatzpläne nicht kannte und eigentlich nur aus Zufall nach Friedberg gekommen war – und das alles, weil andere sich drückten. Wölks negatives Urteil über Henrich resultierte wohl nicht zuletzt aus seinem negativen Gesamteindruck von den Friedberger Verhältnissen.

Aus Kremps Antworten wurde Wölk klar, daß er die Ernennung

zum Kampfkommandanten nicht mehr ablehnen konnte. Er ließ sich daraufhin von Oberleutnant Stankowsky in die Lage einweisen: Diese hatte sich seit dem Nachmittag erneut geändert. Gegen 19 Uhr war die Meldung eingetroffen, ein amerikanischer Panzerverband habe sich der Stadt aus südlicher Richtung auf der Reichsstraße 3 genähert und auf dem zwischen Friedberg und Ober-Wöllstadt liegenden Höhenzug Position bezogen. Es war die Spitze der 6. US-Panzerdivision, die bei Offenbach auf einer Pontonbrücke den Main überschritten hatte, anschließend in nördliche Richtung vorgestoßen war und nun zwei Kilometer südlich von Friedberg stand.

Nachdem Wölk einen ersten Überblick über die militärische Lage gewonnen hatte, ließ er sich mit allen Abschnittsführern der Friedberger Ortsverteidigung verbinden und gab ihnen seine Ernennung zum Kampfkommandanten bekannt. Jede Feindberührung, so seine Anweisung, sei sofort an den Gefechtsstand zu melden; falls die Telefonverbindung ausfalle, sei die Übermittlung durch Melder sicherzustellen. Außerdem erteilte er den Befehl, Spähtrupps vorzuschicken, die erkunden sollten, in welchem Abschnitt mit dem amerikanischen Angriff zu rechnen sei. Inzwischen waren nämlich mehrere Panzer aus dem südlich von Friedberg aufmarschierten Verband ausgeschert und südwestlich an der Stadt vorbeigestoßen. Der amerikanische Angriff konnte also auch aus südwestlicher oder westlicher Richtung erfolgen. Zugleich hoffte Wölk, die Spähtrupps würden eine starke Verteidigung Friedbergs vortäuschen und so vielleicht den Beginn des amerikanischen Angriffs hinauszögern.

Die von Wölk erteilten Befehle lassen unterschiedliche Rückschlüsse auf seine Absichten zu: Entweder war er zu diesem Zeitpunkt noch davon überzeugt, er könne Friedberg verteidigen, oder er wollte Zeit gewinnen, um sich mit der militärischen Situation und seinen eigenen Möglichkeiten genauer vertraut zu machen. Wahrscheinlich stand er noch stark unter dem Eindruck, den die betrunkenen Offiziere des Gefechtsstandes bei ihm hervorgerufen hatten: Die Aussichtslosigkeit der Verteidigung Friedbergs zu diesem Zeitpunkt einzugestehen hätte bedeutet, sich mit jenen gleichzustellen, die er für pflichtvergessen und verantwortungslos hielt. Es ist darum nicht auszuschließen, daß gerade die Betrunkenheit einiger Offiziere Wölk veranlaßt hat, zunächst Maßnahmen für eine entschlossene Verteidigung der Stadt zu treffen.

Hauptmann Wölk war, geprägt durch seinen zwölfjährigen Dienst in der Reichswehr, einer jener Offiziere, die Befehle befolgten, solange sie ihnen als durchführbar erschienen; fanatischer Durchhaltewille war ihm fremd. Im Gegensatz zu seinem Vorgänger Henrich, der nach dem Sinn und der Verantwortbarkeit von Befehlen gefragt hatte, fragte er nach deren Ausführbarkeit. Genau darin aber scheint er nach seinem ersten entschlossenen Auftreten doch unsicher geworden zu sein, denn in der Nacht befragte er einige Offiziere im Gefechtsstand, was er tun solle und was sie an seiner Stelle täten. Wölk hat sich an die Nüchternen gewandt, denen er offensichtlich ein gewisses Vertrauen entgegenbrachte: an Stabsarzt Dr. Schäfer und Stabsintendant Rudolf Kayser, der für die in der Burg gelagerten Verpflegungsbestände der Wehrmacht zuständig war. Arzt und Zahlmeister gehörten zwar zum Stab des Kampfkommandanten, hatten aber mit dessen Kampfauftrag im engeren Sinne nichts zu tun.

Warum hat sich Wölk gerade an sie gewandt? Vielleicht kannte er Dr. Schäfer von der Ostfront her, denn beide hatten 1944 den Rückzug aus Nordrußland mitgemacht; vielleicht hatte er aber auch nur gehört, daß Schäfer dort Truppenarzt gewesen war. Dergleichen schuf ein gewisses Zutrauen, und gerade danach wird Wölk in der ihm gänzlich fremden Umgebung des Gefechtsstandes gesucht haben. Ähnliches gilt für Rudolf Kayser: Wie Wölk ist er bereits in der Reichswehr Soldat gewesen, dann als »Zwölfender« ausgeschieden und in die Finanzverwaltung eingetreten. Womöglich haben diese Parallelen in beider Biographien und der sicherlich noch nachwirkende Korpsgeist der Reichswehr das offene Gespräch zwischen Wölk und Kayser erleichtert. Beide jedenfalls, Dr. Schäfer wie Kayser, scheinen ihm von einer »Verteidigung bis zum Letzten« abgeraten zu haben.

In den Gesprächen mit Dr. Schäfer und Kayser hat Wölk offensichtlich den Entschluß gefaßt, den Widerstand einzustellen, falls die Angreifer den äußeren Verteidigungsgürtel der Stadt durchbrechen sollten. Straßen- und Häuserkämpfe im Stadtkern seien, so äußerte er sich gegenüber Dr. Schäfer, unverantwortlich. Wölk war also hinsichtlich der Verteidigungsmöglichkeiten eher skeptisch, dachte aber zu diesem Zeitpunkt offensichtlich noch nicht daran, die Stadt deswegen kampflos an die Amerikaner zu übergeben. Der Kompromiß, den er mit seinem Gewissen aushandelte, lief darauf hinaus, Widerstand so lange zu leisten, wie sich Verluste unter der Bevölkerung weitgehend vermeiden ließen, und wenn dies nicht mehr möglich war, den Kampf einzustellen. Mit dieser Entscheidung glaubte er beidem, seiner Skepsis und seinen Befehlen, Rechnung tragen zu können.

Schwerlich läßt sich absehen, was diese Entscheidung Wölks, wäre sie nicht durchkreuzt worden, für den Kampfverlauf des darauffolgenden Tages bedeutet hätte. Möglicherweise wäre der Widerstand im äußeren Verteidigungsgürtel der Stadt rasch zusammengebrochen und Friedberg ohne größere Kampfhandlungen an die Amerikaner übergeben worden; es ist aber auch nicht auszuschließen, daß die amerikanischen Kommandeure – entsprechend der amerikanischen Form der Kriegführung – nach den ersten Verlusten Luftunterstützung angefordert hätten, was in der Regel verheerende Folgen für die Zivilbevölkerung mit sich brachte. Gerade diese Unwägbarkeiten hatte Wölks Vorgänger Henrich vermeiden wollen.

Trotz Wölks unverhohlener Aversion gegen die meisten Offiziere im Gefechtsstand hatte sich, seitdem er das Kommando führte, die Stimmung dort erheblich gebessert. Was der nächste Tag bringen würde, war zwar nach wie vor unklar, doch trug Wölk, indem er die ihn umgebenden Offiziere befragte und ihnen zu erkennen gab, daß er keinen »Widerstand bis zum Letzten« leisten werde, erheblich zur Entkrampfung der Situation bei. Allein dadurch, daß er über die Ereignisse des nächsten Tages sprach, entstand ein Vertrauensverhältnis, wie es Wölks Vorgänger Henrich nie hatte herstellen können. »Der neue Kommandant«, notierte Dr. Schäfer in seinem *Kriegstagebuch*, »erscheint als ein Mann mit gesundem Menschenverstand, ohne geistige komplexe Überlagerung, recht geschaffen für seinen Posten.« Dieses Urteil sollte Wölk offenbar von seinem Vorgänger Henrich abheben, und Wölk unterschied sich wohl tatsächlich von Henrich, da er keine Absichten zu verbergen hatte oder verbergen zu müssen glaubte. So konnte er ungezwungener, offener und kompromißbereiter auftreten als sein Vorgänger, und dies wurde von den meisten in seiner Umgebung mit großer Erleichterung registriert.

Während amerikanische Panzerverbände auf der Reichsautobahn Frankfurt-Kassel etwa 5 Kilometer westlich an Friedberg vorbeistießen, kamen aus dem Raum Bad Homburg-Friedrichsdorf immer noch einzelne versprengte deutsche Soldaten in die Stadt. Unter ihnen befand sich auch ein Generalmajor, der sich auf dem Gefechtsstand als Divisionskommandeur ohne Truppen vorstellte. Er erkundigte sich, ob es noch möglich sei, weiter nordöstlich zu kommen. Dort hoffte er wieder Anschluß an eigene Verbände zu finden; als Ziel nannte er Fulda. Aus diesen Angaben konnte man im Gefechtsstand folgern, daß die eigene Front völlig zusammengebrochen sein mußte. Soweit sie ihm bekannt war, stellte Wölk dem General die militärische Lage im Raum Friedberg dar, woraufhin dieser in nordöstliche Richtung weiterfuhr. Irgendwelche Direktiven für die Verteidigung Friedbergs hinterließ er nicht.

Wölk hat in seinem Bericht das Fehlen präziser Anweisungen mehrfach hervorgehoben, und es hat den Anschein, als mache er indirekt dem während der Nacht kurz im Gefechtsstand aufgetauchten General einen Vorwurf daraus, ihm keine Instruktionen gegeben zu haben. Offensichtlich fühlte er sich nicht nur im Stich gelassen, sondern auch überfordert. Als Soldat war er gewohnt, Befehle entgegenzunehmen und auszuführen. Nun aber war niemand da, der ihm Befehle hätte geben können. Er war völlig auf sich allein gestellt. Zwar hatte er sich mit einigen Offizieren inzwischen besprechen können, doch die endgültige Entscheidung über die Verteidigung der Stadt nahm ihm niemand ab.

Immerhin war Wölk inzwischen, zumindest in Umrissen, über die militärische Lage informiert – im Unterschied zu den meisten Soldaten und zu der in der Stadt verbliebenen Zivilbevölkerung, die sich anhand der Motorengeräusche, des Geschützdonners und Gewehrfeuers während der Nacht nur ein vages Bild von den Ereignissen machen konnte: Während sich das Donnern der Geschütze und Panzerkanonen allmählich nach Nordosten entfernte, waren in unmittelbarer Nähe der Stadt Gewehr- und Maschinengewehrsalven zu hören. In den östlichen Verteidigungsabschnitten herrschte relative Ruhe, die südlichen und westlichen jedoch wurden mit gelegentlichem Störfeuer belegt. Im Westen waren überwiegend Sechzehnjährige eingesetzt, die ganz offen ihre Angst zeigten. Sie waren erst zwei Wochen zuvor eingezogen und noch kaum ausgebildet worden. Die Maschinengewehre beispielsweise, die man auf der Stadtmauer aufgestellt hatte, konnten sie nicht bedienen; sie hätten zwar damit schießen können, aber etwaige Störungen an den Waffen zu beheben, waren sie nicht in der Lage. Vor allem diese unzureichende Waffenausbildung scheint zu Resignation und Apathie geführt zu haben, denn selbst wenn sie gewollt hätten, hätten sie kaum Widerstand leisten können. So waren, in Friedberg jedenfalls, gerade jene jungen Soldaten, auf die der Nationalsozialismus seine Hoffnung gesetzt hatte, diejenigen mit dem geringsten Durchhaltevermögen. Vielleicht wäre dies anders gewesen, wenn sie nur einige Wochen länger ausgebildet worden wären, wenn sich ihr jugendlicher Enthusiasmus mit jenen Omnipotenzgefühlen hätte verbinden können, wie sie sich häufig beim Umgang mit Waffen einstellen. So aber wurden Ohnmacht, Hilflosigkeit und das Gefühl, gegen die amerikanische Übermacht auf verlorenem Posten zu stehen, durch unzureichende Ausbildung noch gesteigert.

Daß dies ihr erster und letzter Einsatz sein würde, dürfte den Rekruten spätestens bewußt geworden sein, als ihr Kompaniechef gegen Abend die Vorräte der Einheit zur Verteilung an die Bevölkerung freigab. Die Freigabe der Kompanievorräte, so viel war auch den kriegsunerfahrenen Rekruten klar, war gleichbedeutend mit dem Eingeständnis, daß die Einheit in den nächsten Tagen zu bestehen aufhören würde. So beschäftigte auch die meisten Rekruten in dieser Nacht die Frage, ob sie die bevorstehende Einnahme Friedbergs unversehrt überstehen würden. Im Prinzip waren sie in den tiefen Kellern der auf der alten Stadtmauer stehenden Häuser sicher; vor allem die Keller der Brauerei Steinhäusser, deren Brauhaus und Mälzerei an die Stadtmauer angrenzten, würden selbst Artillerietreffern standhalten. In diesen mehrgeschössigen Gewölben waren der Kompaniegefechtsstand und der größte Teil der Kompanie untergebracht. Bei einem Meldegang zum Gefechtsstand wurde einer der Rekruten durch das amerikanische Streufeuer aus Richtung der Ockstädter Straße schwer verwundet. Er starb, bevor er zum Verbandsplatz gebracht werden konnte.

Unruhig verlief die Nacht auch im Lazarettbunker. Er war in der Burg, unter der Turnhalle der Schillerschule untergebracht. Da er nur zwanzig bis dreißig Meter vom Gefechtsstand des Kampfkommandanten entfernt lag, hatte Hauptmann Henrich dafür gesorgt, daß die großen roten Kreuze, die er zunächst auf dem Turnhallendach hatte anbringen lassen, wieder entfernt wurden. Es sollte nicht der Eindruck entstehen, der Kampfkommandant wolle sich unter dem Schutz des Roten Kreuzes Sicherheit verschaffen. Stabsarzt Dr. Schäfer konnte in dem kalten und feuchten Keller keinen Schlaf finden; er rechnete damit, daß im Falle von Kampfhandlungen auch der Lazarettbunker unter Artilleriebeschuß geriet. Das Deckengewölbe war nur etwa 70 cm dick und damit gegen Artillerietreffer zu schwach. Sicher dagegen war der Notausgang des Bunkers, der unter der Burgmauer hindurch in den Burggraben führte; dort wollte Dr. Schäfer bei Artilleriebeschuß unterschlüpfen.

Gegen 22 Uhr traf im Gefechtsstand die Meldung ein, das im südlichen Verteidigungsbereich der Stadt eingesetzte Pionierbataillon, noch etwa hundert Mann, habe mitsamt dem Abschnittsführer Major Müller seine Stellungen verlassen und sich anscheinend »abgesetzt«.

Zunächst bezweifelte Wölk die Richtigkeit dieser Meldung. Er hatte kurz zuvor noch mit Müller telefoniert, und dieser hatte ihm versprochen, im Verlaufe der Nacht zum Gefechtsstand zu kommen und dort über Möglichkeiten zur Verteidigung seines Abschnitts zu berichten. Was auch immer die Gründe für sein »Absetzen« gewesen sein mögen – vielleicht die Einsicht in die Aussichtslosigkeit der Verteidigung, vielleicht die Befürchtung, der gegenüber den Abschnittskommandeuren sehr energisch auftretende Wölk wolle die Stadt »bis zum Letzten« verteidigen, vielleicht auch nur der Entschluß, noch schnell aus der bereits fast vollständig umklammerten Stadt herauszukommen –, jedenfalls waren gegen 22 Uhr der Abschnittsführer und seine Leute verschwunden. Offensichtlich wollten sie sich im Schutze der Dunkelheit in Richtung Vogelsberg durchschlagen.

Das war zu diesem Zeitpunkt freilich schon ein überaus gefährliches Unterfangen: Nordöstlich der Stadt, auf der Straße zwischen Friedberg und Schwalheim, hatte ein starker amerikanischer Panzerverband Stellung bezogen. Zivilisten, die in der Nacht von Schwalheim und Rödgen nach Friedberg kamen, berichteten von einer endlosen Reihe von Panzern; der letzte, so hieß es, stehe am Chausseehaus, nur wenige hundert Meter von den deutschen Stellungen entfernt. Doch war auch hier, ebenso wie im Westen, die amerikanische Umfassung nicht festgeschlossen, so daß Zivilisten und Soldaten, wenn sie sich nur vorsichtig bewegten und nicht in eine rastende Einheit hineinliefen, passieren konnten. Vor allem Zivilisten brachten in dieser Nacht eine Fülle von Nachrichten über die amerikanischen Angreifer, ihre Stärke und ihre Position. Wenngleich manches recht unpräzise war und unter dem Eindruck des deutschen Zusammenbruchs die amerikanische Überlegenheit wohl übertrieben wurde, so ging daraus doch deutlich hervor, daß im Westen, Süden und Osten Friedbergs starke amerikanische Verbände standen und daß außerhalb der Stadt von einer deutschen Verteidigung keine Rede mehr sein konnte.

Nach dem Verschwinden von Major Müller und seinen Pionieren verlegte Wölk die ungarische Rekrutenkompanie in den verlassenen

Abschnitt und wies Oberleutnant Stankowsky an, noch einmal die einzelnen Verteidigungsabschnitte zu kontrollieren. Gegen 1 Uhr kam Stankowsky auch zum Gefechtsstand des an der Straße von Fauerbach nach Ossenheim eingesetzten Infanteriezuges von Leutnant Hammann; Stankowsky, so berichtet Hammann, schärfte »uns allen mit großem Nachdruck ein, daß wir die Stellungen unbedingt zu halten hätten. Selbst als er sich schon zum Gehen abwandte, erteilte er mir noch eine letzte scharfe Mahnung in dieser Richtung.« Es bleibt unklar, ob dieser Auftritt von Wölk so angeordnet worden war oder ob Stankowsky auf eigene Faust handelte. Offensichtlich hat sich Wölk durch das Verschwinden der Pioniere veranlaßt gesehen, noch einmal mit allem Nachdruck deutlich zu machen, daß er nicht an eine kampflose Übergabe der Stadt dachte und fest entschlossen war, die Selbstauflösung der Verteidigung vor Beginn der Kampfhandlungen zu unterbinden. Zumindest im äußeren Verteidigungsring sollte gekämpft werden.

Die Kapitulation

Major Brack war mit dem Stab seines Bataillons nicht in den Friedberger Verteidigungsring eingerückt, sondern hatte am Vormittag des 28. März seinen Gefechtsstand auf das Gelände des Truppenübungsplatzes zwischen Ockstadt und Bad Nauheim verlegt. Was Brack dort suchte, bleibt unklar, denn ein Bataillon, das er hätte führen können, gab es nicht mehr. Seine Soldaten waren längst dem Friedberger Kampfkommandanten unterstellt worden. Auch die Panzerdeckungslöcher, die beiderseits der in der Nähe vorbeiführenden Autobahn ausgehoben worden waren, um hier vorstoßende amerikanische Panzerverbände zu bekämpfen, waren unbesetzt, nachdem Hauptmann Wölks Rekrutenkompanie, die diesen Abschnitt zunächst gesichert hatte, in der Nacht auf den 28. März ebenfalls in den Verteidigungsring um Friedberg eingerückt war. Brack und sein Stab beschäftigten sich anderweitig: Man verbrannte die Geheimakten und geheimen Kommandosachen zur Rundumverteidigung, zum Objektschutz und zum Einsatz der Fallschirmjagdkommandos.

Die Stellung auf dem Truppenübungsplatz wurde unsicher, als am späten Abend amerikanische Panzer und motorisierte Infanterie auf der Autobahn nach Norden vorstießen. Im Schutze der Dunkelheit setzte sich der noch etwa zehn Mann umfassende Bataillonsstab in das Waldgebiet um den Johannisberg bei Bad Nauheim ab. Die Bewegungsfähigkeit wurde durch das kleine doppelspännige Fuhrwerk behindert, auf dem die verbliebenen Büroutensilien und Akten sowie reichliche Verpflegung, Kaffee, Schokolade und Zigaretten mitgeführt wurden. »Oft«, so berichtete später der damalige Stabsfeldwebel und Bataillonsschreiber Otto Ludwig, »zwang uns sich näherndes Motorengeräusch schwerer Fahrzeuge und das charakteristische Mahlen der Raupenketten von Panzern, in Deckung zu gehen oder die Richtung zu ändern.« Es war ein fortwährendes Versteckspielen. Schließlich befahl Brack, der inzwischen, wie Ludwig heraushebt, am Endsieg zu zweifeln begonnen hatte, in einem Waldstück eine Igelstellung zu beziehen. Darin wollte man die Morgendämmerung abwarten. Ohne Mäntel und Decken legten sich die Männer nur dünne durchlöcherte Zeltplanen auf den naßkalten Waldboden, um einige Stunden zu ruhen.

In der Nacht entschloß sich Brack, das Fuhrwerk nach Bad Nauheim bringen zu lassen und an eines der dortigen Lazarette zu übergeben. Das Stampfen und Schnauben der Pferde im Wald war weithin zu hören, und Brack befürchtete, es werde die kleine Gruppe verraten. Während die Schreibstubenkiste mit den Personalakten der Offiziere im Wald vergraben wurde, füllten die Angehörigen des Bataillonsstabes ihre Rucksäcke mit Fleischbüchsen und Zigaretten. Das Fuhrwerk ist in Bad Nauheim niemals angekommen: Leergeplündert, ohne Pferde, ohne Fahrer fanden es die Männer des Bataillonsstabes am nächsten Morgen am Rande eines Waldwegs wieder.

Hier wird eine weitere Variante des Zerfalls der Armee sichtbar: die Selbstauflösung einer Einheit als Einheit, die Liquidation ihres »metaphysischen« Bestandes, durch den aus einer Vielzahl von Individuen eine »Einheit« geworden war. Durch das Vergraben der Schreibstubenkiste mitsamt den Personalakten hatte das Bataillon als militärische Einheit zu bestehen aufgehört und sich wieder in Einzelpersonen aufgelöst. Wohl trugen diese Einzelpersonen im Augenblick noch Uniform, doch eher, wie sich am nächsten Tag herausstellen sollte, weil sie die Uniform nun einmal anhatten, und nicht, weil sie mit ihr länger etwas verbunden hätten. Das zeigte sich auch darin, daß sich noch in der Nacht der IIb-Schreiber des Bataillons in das nahegelegene Dorf »absetzte«, aus dem er stammte.

Bei Anbruch der Morgendämmerung schlichen die verbliebenen Männer des Bataillonsstabes zum Waldrand, um dort festzustellen, ob sie die Reichsstraße 3 zwischen Bad Nauheim und Nieder-Mörlen überqueren könnten. Brack wollte sich mit seinem Stab nach Osten durchschlagen, wo er hoffte wieder Anschluß an eigene Truppen zu finden. An der Verteidigung Friedbergs »bis zum Letzten«, für die er sich zwei Tage zuvor noch stark gemacht hatte, hatte er augenscheinlich jedes Interesse verloren. »Am Waldrand angekommen«, so berichtet Otto Ludwig, »hinter Bäumen und Sträuchern gegen Sicht gedeckt, bot sich uns ein grandioses Schauspiel. Eine endlose Reihe von Fahrzeugen und Panzern, die großen Lastwagen vollgepfropft mit Infanterie, rollte auf der Straße vor unseren Augen vorbei. Hin und her, wie aufgescheuchte Hornissen, raste die Militärpolizei auf ihren kleinen, wendigen Jeeps. Sie duldete nicht die geringste Unordnung innerhalb der langen Wagenkolonne. Fahrzeug hinter Fahrzeug, die drohenden Läufe ihrer auf Drehkränzen montierten Maschinengewehre nach allen Himmelsrichtungen schwenkend, so rollten sie dahin.«

Etwa zur gleichen Zeit, als Stabsfeldwebel Ludwig fasziniert die amerikanischen Kolonnen auf der Reichsstraße 3 beobachtete, rief Generalarzt Dr. Goldbeck den Friedberger Kampfkommandanten an und fragte, ob Friedberg bereits den Amerikanern übergeben worden sei. Als Wölk verneinte, berichtete ihm Goldbeck, amerikanische Panzer rollten auf der Autobahn an Bad Nauheim vorbei, er zähle gerade den 379., ob er weiterzählen solle. Kurz darauf wurde auch Polizeihauptmann Rust von seinem Nauheimer Kollegen angerufen: Eine amerikanische Panzereinheit habe gerade – nach Rusts Bericht war es gegen sechs Uhr – Bad Nauheim besetzt. Damit war Friedberg nicht nur von allen Seiten eingeschlossen, sondern hatte auch die der Ortsverteidigung zugedachte taktische Aufgabe, den amerikanischen Vorstoß für einige Tage aufzuhalten, endgültig verloren. Ob es nennenswerte amerikanische Kräfte, wie vorgesehen, würde binden können, mußte sich in den nächsten Stunden entscheiden.

Zu diesem Zeitpunkt begann sich der amerikanische Angriff auf Friedberg bereits zu entwickeln: Der auf der Ober-Wöllstädter Höhe am Abend zuvor in Stellung gegangene Panzerverband setzte sich gegen fünf Uhr in Bewegung. Es handelte sich um ein zur 6. US-Panzerdivision gehörendes Panzerregiment, bestehend aus einem Panzerbataillon, einem Infanteriebataillon sowie einem Bataillon Panzerjäger und Artillerie auf Selbstfahrlafetten, insgesamt also sechzig Panzern und sonstigen schweren Waffen.

Als die Panzer über die Höhe vorstießen, eröffneten die beiden zur Verstärkung der südlichen Verteidigungsstellung aufgestellten 2-cm-Vierlings-Flugabwehrkanonen das Feuer. Eine dieser Kanonen stand, durch den Bahndamm gedeckt, in der Nähe der Eisenbahnbrücke über die Reichsstraße 3. Sie sollte die dort aus vier in den Boden gerammten T-Eisen und einigen ineinandergefahrenen englischen Geschützlafetten gebildete Panzersperre sichern. Hier waren auch die Hauptkräfte im südlichen Verteidigungsabschnitt konzentriert. Die andere Kanone war in der Nähe des Proviantamts in Stellung gegangen, wo sie den nur schwach besetzten Verteidigungsabschnitt zwischen der Kaserne und dem Gleiskörper der Bahnlinie Gießen-Frankfurt verstärkte. Dieser etwa ein Kilometer lange Abschnitt wurde, wie sich Hauptmann Fleischmann später erinnerte, nach dem nächtlichen Verschwinden der Pioniere von nur etwa zwanzig Mann verteidigt. Offensichtlich hatte man in diesem von keiner Straße erschlossenen Abschnitt nicht mit dem Angriff gerechnet.

Trotz des Flakfeuers – beide Kanonen hatten noch fünfhundert Schuß Munition – stießen die leichten Panzer fast bis zur Bahnlinie vor. Währenddessen nahmen die auf der Ober-Wöllstädter Höhe stehenden schweren Panzer die deutschen Verteidigungslinien und das Kasernengelände unter Feuer. Auch die nördlich von Ober-Wöllstadt aufgefahrene amerikanische Artillerie schoß in die Stadt hinein. Bei diesem Artilleriebeschuß, der, wie die Einschläge vermuten lassen, auf die Stadtmitte gezielt war, hat es in Friedberg mehrere Tote und Schwerverletzte gegeben. Regierungsrat Orth hatte sich in den Keller des Finanzamtes geflüchtet, in dessen Umgebung die meisten Granaten einschlugen: »Wir fühlten mehr, als daß wir es wußten«, erinnert er sich in seinem bald darauf abgefaßten Bericht, »die kritische Stunde war gekommen. Jeder Augenblick konnte ein großes Ereignis bringen, Vernichtung der Stadt durch Flieger und Artillerie oder ihre Aufgabe seitens der deutschen Truppen und ihre Besetzung durch den Feind.«

Orth war ambivalent: Angesichts der militärischen Entwicklung der letzten Tage war er zu dem Ergebnis gelangt, daß der Krieg verloren war; zugleich aber waren ihm die Begleiterscheinungen, wie sie mit der Auflösung der deutschen Truppen verbunden waren, zutiefst zuwider. Wenn kapituliert wurde, so hatte dies auf Befehl des Kommandanten zu geschehen, aber nicht, indem sich die Soldaten in die Keller flüchteten und dort abwarteten, bis die Kämpfe zu Ende wären. Orth beschreibt eine von ihm beobachtete Szene: »Ein junger, sehr energischer Hauptmann holte, unterstützt von einem Feldwebel, aus dem Luftschutzkeller der Augustinerschule die Soldaten des Zentral-Ersatzteillagers der Luftwaffe mit seiner Maschinenpistole innerhalb von 10 Minuten heraus, brachte so eine kriegsstarke Kompanie in kürzester Zeit auf die Beine und rückte mit ihr in Richtung auf die Kaserne ab, woher der Gefechtslärm kam. ›Entweder sind wir Lumpen oder Soldaten und kämpfen bis zur letzten Patrone.‹ ›Wer zurückbleibt oder nicht schießt, wird von mir erschossen.‹ Sein Auftreten ließ keinen Zweifel daran, daß er seine Androhung verwirklicht hätte.« Der Auftritt des Hauptmanns hat Orth mit unverkennbarer Bewunderung erfüllt, denn er fährt fort: »Jedenfalls zeigte mir dieser Vorgang, wie in einer kritischen Lage Willen und Entschiedenheit eines einzelnen sich durchsetzen können.« Nach dem Sinn, den diese Entschiedenheit haben mochte, fragte er nicht. Für ihn, den Soldaten des Ersten Weltkrieges, ging es zunächst um das, was er »Manneszucht« nannte, und die zumindest hatte der Hauptmann wiederhergestellt.

Die amerikanischen Panzer im Süden Friedbergs waren fast bis zur Bahnlinie vorgestoßen, als von den hinter dem Bahndamm liegenden Verteidigern mehrere Panzerfäuste auf sie abgeschossen wurden. Offensichtlich jedoch war die Entfernung noch zu groß, oder es geschah überhastet, jedenfalls wurde keiner der amerikanischen Panzer getroffen. Die Panzer stoppten und nahmen den Bahndamm unter MG-Feuer. Kurz darauf ergaben sich die unmittelbar an der Eisenbahnbrücke über die Reichsstraße 3 eingesetzten sechzig bis siebzig deutschen Verteidiger und kamen mit erhobenen Armen aus ihren Panzerdeckungslöchern heraus. Die vorhandenen Panzerfäuste waren abgeschossen, und so sahen sie keine Möglichkeit mehr, diesen Abschnitt gegen die heranrollende Übermacht zu verteidigen. Nach einer unter Soldaten weitverbreiteten Auffassung hatten sie »bis zur letzten Patrone« gekämpft, wenn man »Patrone« entsprechend weit faßte und darunter auch Panzerfaust verstand – mit Gewehrpatronen waren Panzer ja wohl kaum zu bekämpfen. Nimmt man diese Auffassung vom »Kampf bis zur letzten Patrone« mit dem Umstand zusammen, daß keine der abgeschossenen Panzerfäuste getroffen hat, so drängt sich die Vermutung auf, daß sie nur der Form halber abgefeuert worden sind und daß die Schützen gar nicht wirklich die Absicht hatten, den Kampf mit dem angreifenden Panzerverband aufzunehmen. Demnach hätten die an der Eisenbahnbrücke eingesetzten Infanteristen ihre panzerbrechenden Waffen verschossen, um vor sich selbst oder vor ihren Offizieren die Rechtfertigung zu haben, den Kampf beenden zu dürfen und in Gefangenschaft zu gehen. Wahrscheinlich hatten sie noch in der Nacht davon gehört, daß sich das im Nachbarabschnitt eingesetzte Pionierbataillon »abgesetzt« hatte. Warum also sollten sie sich in einem aussichtslosen Kampf, dem andere sich längst entzogen hatten, »verheizen« lassen? Man sprach sich ab, pro forma kurz Widerstand zu leisten, diesen zumindest anzudeuten und sich dann zu ergeben. – So könnte es gewesen sein; vielleicht war es aber auch ganz anders: Einer hatte seine Panzerfaust zu früh abgefeuert, und die anderen hatten sich von ihm anstecken lassen. Dann war einer mit erhobenen Händen aus seinem Loch gekommen, und die anderen waren ihm gefolgt …

Dann jedoch passierte etwas gänzlich Unvorhergesehenes: Als die

Infanteristen mit erhobenen Armen langsam auf die amerikanischen Panzer zuliefen, wurden sie plötzlich von der eigenen Flak hinter dem Bahndamm unter Feuer genommen. Ob dies in der Dämmerung und dem leichten Morgennebel versehentlich geschah und der Feuerstoß eigentlich den amerikanischen Panzern galt oder ob der Geschützführer versuchte, die Auflösung der deutschen Verteidigung zu unterbinden, läßt sich nicht mehr feststellen. Unklar bleibt auch, ob es bei dem Feuerstoß der Flak unter den deutschen Soldaten Tote und Verwundete gegeben hat. Für die Ereignisse im südlichen Verteidigungsabschnitt liegen nur Darstellungen der Amerikaner vor, und diese enthalten hierzu keine Angaben. In den deutschen Berichten findet sich nur bei Wölk die kurze Bemerkung, gegen fünf Uhr morgens habe ihn aus dem Abschnitt von Hauptmann Fleischmann die Meldung erreicht, die feindliche Panzerspitze sei fast bis zur Kaserne vorgedrungen, habe aber nach dem Einsatz von Panzerfäusten wieder kehrtgemacht.

Im Kern war Fleischmanns Meldung durchaus zutreffend: Angesichts des deutschen Widerstands und des für Panzer ungünstigen Geländes – beim Überklettern des Bahndammes hätten sich die Panzer steil aufgerichtet, und dabei wären ihre nur schwach gepanzerten Bodenplatten für einen Augenblick ins deutsche Schußfeld gekommen – befahl Oberst Hanson, der das amerikanische Panzerregiment führte, den Angriff abzubrechen. Wenn sich an der Eisenbahnbrücke die deutsche Verteidigung aufzulösen begann, so hieß das noch lange nicht, daß der gesamte Abschnitt ohne weiteres kapitulieren würde. Obendrein begann kurz hinter dem Bahndamm das Kasernengelände, und einen Häuserkampf wollte Hanson nicht riskieren. Also befahl er, gemäß seinem taktischen Auftrag, der die schnelle überholende Verfolgung der zurückflutenden Wehrmachtsverbände vorsah, südöstlich an Friedberg vorbeizustoßen. Die Eroberung der Stadt sollte den nachfolgenden Infanterieverbänden überlassen werden.

Auf einem schmalen Feldweg rollten die Panzer zunächst in östliche Richtung bis zur Bahnlinie Gießen-Frankfurt, deren Gleiskörper auf einem zwei bis drei Meter hohen Damm lag. Im Görbelheimer Grund unterquerten sie die Bahnlinie durch eine schmale, fast dreißig Meter lange Unterführung. Hätte Hauptmann Henrich die befohlene Sprengung der Brückenbauwerke um Friedberg ausführen lassen, so wäre die Durchfahrt hier wohl unpassierbar gewesen. Die Panzer konnten also ungehindert durch die Unterführung rollen; da diese aber eigentlich nur für landwirtschaftliche Fahrzeuge gedacht war, mußten die Panzerfahrer sorgfältig manövrieren, um nicht mit den Wänden des röhrenförmig zulaufenden Bauwerks zu kollidieren.

Fünfzig Meter östlich der Unterführung mündete der Feldweg in die Landstraße von Bruchenbrücken nach Fauerbach. Die Panzer bogen nach links ab, in nördliche Richtung, rollten an der Görbelheimer Mühle vorbei und unterquerten in einer weiteren Unterführung die Bahnlinie Friedberg-Hanau. Am Ortsrand von Fauerbach stießen sie auf den dort eingesetzten Infanteriezug von Leutnant Hammann.

Hammann war kurz zuvor von einem Feldwebel mit den Worten geweckt worden: »Herr Leutnant, es ist soweit!« Was damit gemeint war, stellte Hammann sogleich fest, als er seinen Gefechtsstand verließ: Von allen Seiten dröhnten und brummten die Motoren amerikanischer Panzer und Fahrzeuge. »Um mir ein Bild der Lage zu machen«, so Hammanns Bericht, »fuhr ich allein mit dem Fahrrad, von meinem Gefechtsstand aus rechts von der Straße abbiegend, auf die hohen Bahndämme am Südende des Friedberger Bahnhofs zu, konnte aber wegen der noch herrschenden Dämmerung nur die Umrisse zahlreicher motorisierter Kolonnen erkennen.«

Was Hammann sah, waren die Panzer Oberst Hansons, die nach ihrem abgebrochenen Angriff auf die südlichen Verteidigungsabschnitte der Stadt in Richtung Fauerbach vorstießen. Für Hauptmann Fleischmann und für den Beobachter auf dem Adolfsturm dagegen blieben die amerikanischen Panzerbewegungen verborgen. In der Dämmerung und bei leichtem Morgennebel war die Sicht nicht gut; auch konnte die Senke zwischen Bruchenbrücken und Fauerbach weder von Fleischmanns Gefechtsstand noch vom Adolfsturm aus eingesehen werden. So erfuhr der Friedberger Kampfkommandant nichts von dem Vorstoß der amerikanischen Panzer auf den südöstlichen Abschnitt der Friedberger Ortsverteidigung.

»Für mich«, berichtet Hammann weiter, »stand angesichts dieser auf uns zurollenden Übermacht sofort fest, daß jeder Widerstand der kampfunerfahrenen und unzulänglich bewaffneten Männer sinnlos und ein Verbrechen sein würde. Daher faßte ich den Entschluß, die mir unterstellten Männer dem Amerikaner kampflos zu übergeben.« Aber dazu kam es gar nicht mehr: Als Hammann zu seinem Gefechtsstand in Fauerbach zurückkam, stand dort bereits ein amerikanischer Panzer. Hammann wurde sofort entwaffnet. Mit erhobenen Armen mußte er entlang der Straße in Richtung Bruchenbrücken laufen, immer im Straßengraben, da auf der Fahrbahn ein amerikanisches Fahrzeug dem anderen folgte.

Kurz vor Bruchenbrücken hatte er seinen kampflos in Gefangenschaft gegangenen Zug eingeholt. Plötzlich hielt die an den deutschen Gefangenen vorbeirollende Fahrzeugkolonne an, ein amerikanischer Soldat sprang aus seinem Jeep und entriß Hammann dessen Kartentasche mitsamt Inhalt. Hammann selbst sprach kein Englisch und konnte darum keine Einwände erheben. An seiner Stelle jedoch sprach der Oberfähnrich der Fallschirmjäger, mit dem zusammen er sich am Tag zuvor der Einheit in Fauerbach angeschlossen hatte, einen amerikanischen Oberleutnant an. Nach kurzem Hin und Her konnte er erwirken, daß wenigstens der Inhalt der Kartentasche an Hammann zurückgegeben wurde. Die Folge war, daß Hammann und der Oberfähnrich auf die Kühlerhaube des amerikanischen Jeeps steigen mußten. Sie fuhren zurück nach Fauerbach und von dort weiter nach Dorheim, wo, wie Hammann berichtet, »die Bevölkerung den Amerikanern ziemlich begeistert zuwinkte«.

Dorheim, ein Dorf drei Kilometer nordöstlich von Friedberg, hatte den Krieg bis dahin weitgehend unzerstört überstanden. Das schnelle Eintreffen der Amerikaner am Morgen des 29. März wird, nach einer Nacht voll Furcht und Bangen, von vielen mit großer Erleichterung aufgenommen worden sein. Am Nachmittag des 28. hatte man im Osten die Kolonnen der in Richtung Vogelsberg vorstoßenden 4. US-Panzerdivision gesehen, man hatte von der Massierung amerikanischer Kräfte um Friedberg gehört und man hatte sich ausmalen können, daß nur wenige Stunden Widerstand in Friedberg auch für Dorheim die Zerstörung bedeuten würden. Als plötzlich die amerikanischen Panzer auftauchten, wird man dies als Erlösung empfunden haben. Die meisten, die den amerikanischen Soldaten nun zuwinkten, haben sie wohl nicht als Befreier vom Nationalsozialismus begrüßt, sondern als Garanten der Sicherheit von Haus und Hof, Leben und Besitz. Die Ungewißheit war vorüber, die Angst fiel ab. Die Begeisterung, die Hammann konstatierte, galt wohl weniger den amerikanischen Soldaten: Sie war Ausdruck der Freude, diese letzten ungewissen Stunden heil überstanden zu haben.

Hinter Dorheim durften Hammann und der Oberfähnrich von der Kühlerhaube des Jeeps absteigen; sie sollten im Straßengraben nach Fauerbach zurücklaufen. Kurz vor Fauerbach wurden sie erneut angehalten, diesmal von einem großen, blonden Oberleutnant, der die beiden kontrollierte und sie dann erneut auf die Kühlerhaube steigen hieß. Wieder ging die Fahrt nach Dorheim. Hinter Dorheim traf man dann auf den Oberleutnant, der die beiden Deutschen zuerst mitgenommen hatte. Sie durften wieder absteigen, und aufs neue mußten sie mit erhobenen Händen im Dauerlauf nach Fauerbach zurück. Dort angekommen, wollten sie, von etwa zehn Kilometern Dauerlauf ermüdet, gerade in einem Gehöft unterschlüpfen, um sich auszuruhen, als zum dritten Mal ein Jeep vor ihnen stoppte. Ihm entstiegen der Oberleutnant, der sie zuletzt mitgenommen hatte, und ein kleiner hagerer Major. Der Oberleutnant stellte sich auf Deutsch als Jerome R. Tichy aus New York und den Major als Walter G. Smith aus Ada/Oklahoma vor. Tichy überreichte Hammann seine Visitenkarte und bat um dessen Karte. Er erzählte, er habe in Heidelberg einige Semester Chemie studiert, darum auch spreche er fließend Deutsch. Nachdem Smith etwas auf Englisch zu Tichy gesagt hatte, fragte dieser plötzlich, ob Hammann wisse, wo der Kampfkommandant von Friedberg sei.

»Diese entscheidende Frage«, so Hammann später, »löste in mir eine rasche Folge von Überlegungen aus: Um mich her die Ruinen von Fauerbach, die weißen Tücher der Bevölkerung, die Trümmer einer geschlagenen Armee; und in mir die klare Vorstellung, daß der endgültige Zusammenbruch gekommen sei, zusammen mit dem Wunsch, wenn möglich zu einer raschen Beendigung des Ganzen beizutragen. Also sagte ich nach kurzem Zögern: ›Ja, ich weiß es‹, um sogleich hinzuzufügen: ›Ich bin auch bereit, Sie dort hinzuführen.‹«

Zweifellos hat Gustav Hammann so gehandelt, weil er den Krieg für verloren und jedes weitere Blutvergießen für sinnlos hielt. Immerhin: Seine Bereitschaft, den beiden amerikanischen Offizieren Auskunft über den Gefechtsstand des Kampfkommandanten zu geben und sie dorthin zu führen, war alles andere als selbstverständlich. Hammann selbst hat später darauf hingewiesen, daß ihm im Augenblick der Frage der Befehl durch den Kopf geschossen sei, Gefangene dürften keine Aussagen machen. Was die nationalsozialistische Führung von einem Offizier in Hammanns Situation erwartete, hatte am 7. September 1944, als sich abzuzeichnen begann, daß die alliierten Armeen in den nächsten Monaten die Grenzen des Reichs überschreiten würden, der *Völkische Beobachter* unmißverständlich deutlich gemacht: »Kein deutscher Halm soll den Feind nähren, kein deutscher Mund den Feinden Auskunft geben, keine deutsche Hand ihnen Hilfe bieten. Jeden Steg soll er zerstört, jede Straße gesperrt vorfinden – nichts als Tod, Vernichtung und Haß wird ihm entgegentreten.«

Daß sich Hammann nicht entsprechend dieser Aufforderung verhalten hat, daß er auch dem Befehl, Gefangene dürften keine Aussagen machen, nicht gefolgt ist, sondern den beiden Offizieren Unterstützung anbot bei einer Aktion, die nichts anderes als die kampflose Übergabe Friedbergs einleiten sollte, war sicherlich auch eine Folge der antinazistischen Einstellung seines Elternhauses. Er selbst hat zu Beginn seines Berichts darauf hingewiesen: »Zum Verständnis meines späteren Berichts«, schrieb er am 9. April 1953 an das Friedberger Stadtarchiv, »ist es wichtig zu wissen, daß mein Vater – er war evangelischer Pfarrer – seiner Gemeinde bereits vor 1933 gesagt hat, sie bekäme den Krieg ins Land, wenn sie die Nazis wählen würde. Die Folge war, daß ihm im Jahre 1933 die Fensterscheiben eingeworfen, die Haustür aufgebrochen und er verhaftet und anschließend aus Hessen ausgewiesen wurde. Im ersten Krieg war mein Vater studentischer Kriegsfreiwilliger und Langemarck-Kämpfer gewesen.« Am Morgen des 29. März 1945 hat Hammann aus seinem Eindruck, daß der Krieg für Deutschland verloren war, die Konsequenzen gezogen und wurde, wie es offiziell geheißen hätte, zum »Verräter«. Wäre Hammann wieder in deutsche Hände geraten, so wäre er gehängt worden.

Major Smith und Oberleutnant Tichy gehörten zum 69. Tank-Bataillon Reenforced; Smith war dessen stellvertretender Kommandeur. Über Orleans, Metz, Saargmünd und Kaiserslautern hatte die 6. Panzerdivision, zu der das 69. Tank-Bataillon gehörte, den Rhein erreicht. Über Darmstadt war die Division dann zum Main vorgestoßen. Bei Offenbach, wo die 9. US-Infanteriedivision inzwischen einen Brückenkopf gebildet hatte, wurde der Main auf einer Pontonbrücke überquert. In den anschließenden Kämpfen war Smith' leichter Panzer abgeschossen worden. Smith hatte gerade noch rechtzeitig aus seinem explodierenden Fahrzeug springen können. Da noch kein Ersatzpanzer nachgeführt worden war, fuhr er vorerst in einem Jeep.

Hinter Dorheim war Smith auf Tichy gestoßen. Tichy berichtete ihm von dem kleinen deutschen Offizier, den er auf der Kühlerhaube seines Jeeps mitgenommen hatte. Das brachte Smith auf die Idee, mit dem deutschen Offizier, falls dieser bereit wäre, in die Stadt hineinzufahren und deren Kommandanten zur Kapitulation aufzufordern. »Ich weiß eigentlich nicht, warum ich es tat«, so hat Smith laut dem amerikanischen Kriegsberichterstatter Richard Roberts, der seine Auskünfte wiederum von Tichy erhalten hatte, seinen Entschluß später begründet, »ich glaube, ich war erpicht darauf – verstehen Sie – und wollte einmal sehen, wie es zuginge, wenn ich eine ganze Stadt zur Übergabe aufforderte.« Daß Smith' Urgroßeltern mütterlicherseits aus Deutschland und Holland kamen, hat bei diesem Entschluß offensichtlich keine Rolle gespielt, eher schon Smith' Alter: Er war, obwohl bereits Major und stellvertretender Bataillonskommandeur, erst 25 Jahre alt. Neugier und Leichtsinn haben wohl den Ausschlag gegeben. »In gewisser Hinsicht«, schrieb er fünf Jahre später in Erinnerung an sein damaliges Unternehmen, »kommt es einem fast verrückt vor, sein Leben zu riskieren, um etwas zu retten, wenn man gleichzeitig die nötigen Waffen in der Hand hat, es zu zerstören.« So sah ein abgeklärter Soldat die Dinge. Hätte Smith diese Alternative am Morgen des 29. März 1945 so deutlich vor Augen gehabt – er wäre schwerlich auf die Idee gekommen, in die von deutschen Truppen gehaltene Stadt hineinzufahren und deren Kommandanten zur Kapitulation aufzufordern.

So aber war das zufällige Zusammentreffen von Smith, Tichy und Hammann an einer Fauerbacher Straßenecke der Moment, der über die weitere Zukunft Friedbergs und seiner Bevölkerung entschied. Drei Männer trafen hier aufeinander, von denen der eine so neugierig und leichtsinnig war, daß er ohne vorherige Absprachen in eine vom Feind besetzte Stadt hineinfahren und den feindlichen Kommandeur persönlich zur Kapitulation auffordern wollte, und der andere bereit war, »Verrat« zu begehen, weil er dazu beitragen wollte, weiteres sinnloses Blutvergießen zu vermeiden; der dritte war aufgrund seiner Sprachkenntnisse in der Lage, die Verständigung zwischen den beiden ersten herzustellen.

Auf Vorschlag Hammanns besorgte man sich eines der weißen Tücher, die in Fauerbach aus nahezu allen Häusern hingen, und befestigte es an dem Jeep. Smith und Tichy stiegen ein, Hammann und der ihn auch jetzt begleitende Oberfähnrich kletterten – »diesmal freiwillig«, wie Hammann betont – auf die Kühlerhaube und gaben die Fahrtrichtung an. Die Fahrt durch das von Bomben stark zerstörte Fauerbach war noch ungefährlich, denn hier hatten sich die deutschen

Verteidiger bereits ergeben. Fauerbach lag östlich der in diesem Bereich breit aufgefächerten Bahnlinie Gießen-Frankfurt; von Fahrzeugen konnte der Gleiskörper nur durch zwei Unterführungen passiert werden, die militärisch dementsprechend gesichert waren.

Durch eine dieser Unterführungen mußte auch der amerikanische Jeep fahren. Hammann entschied sich für die große Unterführung zwischen Friedberg und Fauerbach, da er auf seinen Gängen zum Gefechtsstand des Kampfkommandanten dort bereits mehrmals durchgekommen war und wußte, wo er die deutschen Verteidiger zu suchen hatte. Auf jeden Fall mußte er mit ihnen reden, bevor die amerikanischen Offiziere die Unterführung passieren konnten. Vor der Einfahrt ließ er den Jeep stoppen. Zusammen mit dem Oberfähnrich, der mit Hammanns Vorhaben offensichtlich vollauf einverstanden war, ging er durch die etwa zweihundert Meter lange, dunkle Unterführung. Auch sie war bei den Bombenangriffen auf den Friedberger Bahnhof getroffen worden. Ihre fünf unterschiedlich breiten Bögen waren teilweise eingestürzt, die Straße lag noch voll Schutt und Gestein, und nur in der Mitte hatte man eine Fahrspur freigeräumt. Am Ausgang der Unterführung hatten sich die deutschen Verteidiger auf beiden Seiten der großen Treppe, die zu den höherliegenden Wohngebieten hinaufführt, eingegraben und einen »Panzerschreck« in Stellung gebracht. Nur die Helme und die langen Rohre der Panzerfäuste, die über den Rand der Deckungslöcher hinausragten, waren von ihnen zu sehen.

Hammann rief zunächst den Unteroffizier zu sich, der die hier postierte Gruppe führte. Möglicherweise hatte er sich, als er auf seinen Gängen zum Gefechtsstand des Kampfkommandanten hier vorbeigekommen war, mit ihm einmal kurz unterhalten und dabei den Eindruck gewonnen, daß er nicht zu denen gehörte, die »bis zum Letzten« kämpfen wollten. Der Unteroffizier jedenfalls kam aus seinem Deckungsloch heraus, wiewohl er sicherlich gesehen hatte, daß Hammann und der Oberfähnrich keine Waffen mehr trugen. Hammann gab ihm den Befehl, seine Gruppe mit Gepäck und Waffen antreten zu lassen. Als dies geschehen war, befahl er, alle Waffen seitlich abzustellen. Mit der Bemerkung, sie würden nun in amerikanische Kriegsgefangenschaft gehen, ließ er die Soldaten in Richtung Fauerbach abmarschieren. Offensichtlich erleichtert über diese Entwicklung, befolgten sie widerspruchslos die Anweisungen.

Damit hatte sich Hammann weiter exponiert. Er war nicht nur im Begriff, die amerikanischen Offiziere zum Gefechtsstand des Kampfkommandanten zu führen, sondern hatte nun auch einen Beitrag zur Auflösung der Friedberger Verteidigung geleistet. Was er tat, war Sabotage und Kollaboration, und Hammann mußte damit rechnen, schon in wenigen Minuten zum Tode verurteilt zu werden, etwa wenn der Friedberger Kampfkommandant sich weigerte, auf die amerikanische Kapitulationsaufforderung einzugehen, und ihn festnehmen ließ. Hammann wird gehofft haben, daß Wölk dies nicht tun würde, aber sicher sein konnte er sich dessen nicht.

Nachdem er die Verteidiger der Unterführung entwaffnet hatte, winkte Hammann den Jeep herbei und kletterte wieder auf die Kühlerhaube. Der Oberfähnrich setzte sich auf die Rückbank.

Zunächst ging es in Richtung Bahnhof. Hier hatten die amerikanischen Bombenangriffe in den zurückliegenden Monaten schwere Zerstörungen angerichtet. Es gab kaum ein Haus, das keinen Treffer erhalten hatte. Von den großen Wohnblocks für Reichsbahnbedienstete, schräg gegenüber dem Bahnhof, waren mehrere völlig verschwunden; von einigen standen nur noch die Außenmauern. Andere waren wie aufgeschnitten, nachdem die Bomben einen Teil des Hauses zum Einsturz gebracht hatten.

Am Bahnhof fuhr der Jeep in Richtung Innenstadt. Auch jetzt wählte Hammann den Weg, den er von seinen Meldegängen zu dem Gefechtsstand bereits kannte. Zunächst ging es durch weitgehend unzerstört gebliebene Wohngebiete. Doch auch hier boten die Häuser ein trostloses Bild. Aus den meisten Fenstern hatte man das Glas, das dem Detonationsdruck der Bomben nicht standgehalten hatte, herausgenommen und durch Holzplatten und Pappe ersetzt. Damit die Wohnräume nicht völlig im Dunkeln lagen, war die Pappe an verschiedenen

Stellen ausgeschnitten worden, in die man Überreste der geborstenen Glasscheiben eingesetzt hatte. Auch die Scheiben, die noch in den Fenstern saßen, waren kreuz und quer mit Leukoplast verklebt. An zahlreichen Häusern waren die Einschüsse aus den Bordwaffen der Tiefflieger zu erkennen, die in den letzten Tagen Friedberg pausenlos angegriffen hatten. Die Straßen waren fast menschenleer, nur hier und da standen einige Soldaten, die dem vorbeifahrenden amerikanischen Jeep staunend hinterhersahen. Zwar waren inzwischen zwei Stunden vergangen, seitdem die amerikanische Artillerie von Ober-Wöllstadt aus mehrere Salven nach Friedberg hineingeschossen hatte, doch zogen es die meisten Zivilisten vor, weiterhin in den Kellern der Häuser zu bleiben und dort abzuwarten, was die nächsten Stunden bringen sollten.

Nirgendwo wurde der Versuch gemacht, den amerikanischen Jeep mit der weißen Fahne anzuhalten. »Es schien so«, heißt es in Hammanns Bericht, »als ob alle diesen Ausgang des Krieges als von der Vorschrift vorgesehen betrachteten.« Auch Oberleutnant Stankowsky, der auf der Kaiserstraße in Höhe der Mohren-Apotheke neben seinem Wagen stand, machte keinerlei Anstalten, den Jeep zu stoppen. Nachdem, wie Hauptmann Fleischmann gemeldet hatte, der amerikanische Angriff auf die südlichen Verteidigungsstellungen abgeschlagen worden war, hatte Wölk Stankowsky beauftragt, in die einzelnen Verteidigungsabschnitte zu fahren, um sich an Ort und Stelle über die Lage zu informieren. Von dem Zusammenbruch der Verteidigung in Fauerbach hatte Stankowsky offensichtlich noch nichts erfahren, denn er stand seelenruhig neben seinem Fahrzeug und beobachtete die amerikanischen Flugzeuge am Himmel.

Hammann rief ihm zu, er solle in seinen Wagen steigen und mit zum Gefechtsstand des Kampfkommandanten kommen, auch für ihn sei der Krieg zu Ende. Stankowsky folgte der Aufforderung, und kurz hintereinander fuhren die beiden Fahrzeuge durch das Burgtor. Auf dem Burgplatz lagen Holzstücke, Lederzeug und Pferdekadaver herum, die Überreste eines Fuhrwerks, das bei dem amerikanischen

Artilleriebeschuß getroffen worden war. Überall standen Soldaten der Wache, allesamt die Waffen griffbereit, doch auch sie ließen den Jeep passieren. Vorbei ging es an dem einst großherzoglichen Schloß, in dem nun die Verwaltung des Kreises Friedberg untergebracht war, vorbei an der Burgkirche, dann quer über einen kleinen Platz direkt auf das Tor zu, hinter dem die Gebäude standen, in denen der Gefechtsstand untergebracht war. Es war kurz nach acht Uhr, als der Wagen unmittelbar vor dem Eingang zum Gefechtsstand stoppte. »Dort unten sitzt er drin«, sagte Hammann zu Tichy.

Hauptmann Wölk hatte während der Nacht keine ruhige Minute gehabt; ständig hatte das Telefon geklingelt, oder es waren Melder eingetroffen. Wenn auch die meisten Meldungen unwichtig waren, so hatte er doch ständig Entscheidungen treffen und Befehle geben müssen. Gegen halb sieben hatte dann Hauptmann Fleischmann wieder angerufen und berichtet, daß die Amerikaner erneut Angriffsvorbereitungen träfen; er könne Panzeransammlungen auf der Ober-Wöllstädter Höhe beobachten, und auch verstärkte Tieffliegertätigkeit sei festzustellen. Was Fleischmann verfolgen konnte, waren die Bewegungen des Panzerregiments Oberst Hansons, das sich nach dem abgebrochenen Angriff auf die südlichen Verteidigungsstellungen und dem Rückzug der leichten Panzer neu formierte, um durch die Eisenbahnbrücke zwischen Bruchenbrücken und Fauerbach südöstlich an Friedberg vorbeizustoßen. Den Vorstoß durch die Eisenbahnunterführung freilich hatte Fleischmann nicht beobachten können, und deswegen hatte Wölk bis zum Eintreffen des amerikanischen Jeeps auch nichts davon erfahren, ebensowenig wie von dem Zusammenbruch der Fauerbacher Verteidigung.

Nach Eingang von Fleischmanns Meldung hatte Wölk seinen Gefechtsstand kurz verlassen. Von dem umbauten Platz vor seinem Bunker aus konnte er zwei amerikanische Aufklärungsflugzeuge beobachten, die über Friedberg kreisten. Die Amerikaner hatten sie angefordert, um das Feuer ihrer in der Senke nördlich von Ober-Wöllstadt aufgefahrenen Artillerie zu lenken. Wölk wird sich darüber im klaren gewesen sein, daß dem Auftauchen der amerikanischen Aufklärer bald gezielter Artilleriebeschuß folgen würde – und zwar erheblich besser gezielter Beschuß als am frühen Morgen. Inzwischen war auch die Dämmerung gewichen, und das Wetter versprach wieder so gut zu werden wie in den vergangenen Tagen. Bei gutem Wetter aber war, im Falle einer längeren Verteidigung Friedbergs, mit amerikanischen Luftangriffen zu rechnen. Was das hieß, war Wölk wohl bewußt. Es ist darum nicht auszuschließen, daß seine Entscheidung auch dadurch beeinflußt wurde, daß keine Wolkendecke die amerikanischen Flugzeuge daran gehindert hätte, aufzusteigen und ihre Bombenlast über Friedberg abzuladen.

Die jetzt folgenden Ereignisse sind von mehreren Augenzeugen überliefert: Da sind zunächst die Darstellungen der beiden Hauptbeteiligten, des deutschen Kampfkommandanten Hauptmann Wölk und des amerikanischen Majors Smith, der 1950 bei seinem Besuch in Friedberg die Angaben des amerikanischen Kriegsberichterstatters Richard Roberts in *Collier's Weekly* im wesentlichen bestätigt hat. Für Smith und Wölk standen die Kapitulationsaufforderung und die eigentlichen Verhandlungen im Mittelpunkt. Dagegen sind in den Berichten des Leutnants Hammann, des Stabsarztes Dr. Schäfer und des Unteroffiziers Finkeldey, die an den Verhandlungen als Zaungäste teilnahmen, auch Randereignisse festgehalten. Entscheidend ist jedoch die unterschiedliche Perspektive dieser Berichte: Nicht nur, daß Wölk vor allem mit Smith und Smith fast nur mit Wölk beschäftigt war, während Hammann, Schäfer und Finkeldey die beiden und das, was sich um sie herum abspielte, beobachteten; verschieden ist auch die Grundeinstellung der einzelnen Beobachter, bedingt durch ihre größere oder geringere militärische Verantwortung, die unterschiedliche Kenntnis der militärischen Lage, die Erwartungen und Befürchtungen, die Hoffnungen und Ängste. Selbstverständlich hat Hammann gehofft, daß Wölk die amerikanische Kapitulationsaufforderung annehmen werde; auch Dr. Schäfer, der aus seinem Lazarettbunker kam, als die Verhandlungen bereits begonnen hatten, war wohl eher für die Kapitulation. Die Amerikaner, so befürchtete er, würden bei der Eroberung Friedbergs »nicht einen Infanteristen riskieren, sondern aus sicherer Entfernung mit ihren Panzern und Artillerie die Verteidigungsstände und dann die Stadt selbst niederschießen«. Da Schäfer gebürtiger Friedberger war und seine Eltern hier lebten, hatte er ein zusätzliches Interesse daran, daß die Stadt nicht zusammengeschossen wurde. Auch Unteroffizier Finkeldey stammte aus Friedberg, aber, wie er sich vierzig Jahre danach erinnert, in diesem Augenblick hoffte er, Hauptmann Wölk werde die amerikanische Kapitulationsaufforderung zurückweisen.

Finkeldey stand an der Einfahrt zum Metzgerschen Hof, als sich der Jeep näherte. Auf der Kühlerhaube, so sah er schon von weitem, saß ein Leutnant in deutscher Uniform; auch die Insassen des Jeeps identifizierte er richtig. Finkeldey dachte zunächst, es handele sich um amerikanische Parlamentäre. Erst als der Wagen vor ihm hielt, sah er, daß die Amerikaner bewaffnet waren, die Deutschen aber nicht. Ehe er sich darüber weitere Gedanken machen konnte, fragte ihn der deutsche Leutnant, wo der Kampfkommandant sei. Auf seine Antwort, Hauptmann Wölk befinde sich in seinem Gefechtsstand, erklärte einer der amerikanischen Offiziere, er wolle ihn sprechen. Finkeldey eilte die Treppen zum Bunker hinunter und meldete Wölk, im Hof vor dem Gefechtsstand seien zwei Amerikaner, die ihn sprechen wollten. »Dann sollen sie herunterkommen«, war Wölks knappe Antwort.

Offensichtlich war Wölk gänzlich mit der eben eingegangenen Meldung eines Polizeiwachtmeisters beschäftigt: Danach waren auf verschiedenen Häusern in Friedberg weiße Fahnen gehißt worden, und die Stammannschaft des Zentralersatzteillagers hatte den ihr zugewiesenen Verteidigungsabschnitt verlassen und in Luftschutzkellern Unterschlupf gesucht. Was es mit den weißen Fahnen auf sich hatte, bleibt unklar. Vielleicht hatte der Polizeiwachtmeister die weißen Laken gemeint, die in Fauerbach aus fast allen Häusern hingen; vielleicht hatten aber auch einige Friedberger den amerikanischen Jeep mit der weißen Fahne vorbeifahren sehen, dies als Zeichen für die bereits vollzogene Übergabe der Stadt verstanden und ihrerseits weiße Tücher aus den Fenstern gehängt. Wölk jedenfalls war so sehr mit dieser Meldung beschäftigt, daß ihm die Bedeutung von Unteroffizier Finkeldeys Meldung gar nicht klargeworden zu sein scheint.

Finkeldey rannte die Treppen des Gefechtsstandes wieder hinauf. Als er oben angekommen war, stand der Jeep in der Mitte des Hofes; alle vier waren ausgestiegen. Finkeldey meldete Hammann, die Amerikaner sollten in den Gefechtsstand kommen. Die jedoch waren dazu nicht bereit; der Hauptmann solle heraufkommen, war ihre Antwort. Wo die Aufforderung zur Kapitulation ausgesprochen wurde, war für sie offensichtlich eine protokollarische Frage, eine Status- und Machtfrage, die gleichsam symbolisch über den Ausgang der Verhandlungen entschied. Wären Smith und Tichy in den Gefechtsstand des deutschen Kampfkommandanten hinabgestiegen, so hätten sie damit zu erkennen gegeben, daß sie den Deutschen um etwas bitten wollten, worüber dieser dann zu entscheiden gehabt hätte. Es kam aber darauf an, ihn aufzufordern, ultimativ aufzufordern, die Waffen niederzulegen und die Stadt zu übergeben. Wie er sich zu dieser Aufforderung dann verhielt, war seine Sache. Zunächst aber sollte er herkommen, um sich anzuhören, was sie ihm zu sagen hatten. Die Amerikaner waren sich bewußt, daß sie aus einer Position der Stärke verhandelten; für sie stand daher fest, daß sie zu bestimmen hatten, wer auf wen zugehen mußte. Darin waren Smith und Tichy unnachgiebig. Bis hierher waren sie zu Wölk gekommen, den nächsten Schritt hatte er zu tun.

Zum zweiten Mal eilte Unteroffizier Finkeldey die Treppen des Gefechtsstandes hinunter. Die Amerikaner wollten nicht herunterkommen, meldete er, außerdem seien sie bewaffnet. Wölk sah Finkeldey ungläubig an. Offensichtlich hatte er die beiden Amerikaner bislang für Parlamentäre gehalten; Parlamentäre aber kamen grundsätzlich ohne Waffen. Wenn die Amerikaner bewaffnet waren, so konnten es keine Parlamentäre sein. Was aber waren sie dann? Erst jetzt scheint Wölk das Auftauchen der amerikanischen Offiziere vor seinem Gefechtsstand in seiner ganzen Tragweite erfaßt zu haben. »Kommen Sie«, rief er Oberleutnant Stankowsky zu, der inzwischen auch in den Bunker heruntergekommen war, und stürmte an Finkeldey vorbei die Treppe hinauf. Finkeldey rannte hinterher.

Im Hof ging Hauptmann Wölk langsam auf die beiden Amerikaner zu. »Sind Sie der Kommandant«, fragte Oberleutnant Tichy auf Deutsch. Wölk verneigte sich leicht und stellte sich vor: Hauptmann Wölk! Der amerikanische Major trat näher. Auf Englisch erklärte er, Friedberg sei von seinen Panzern umstellt. Ein zweihundert Flugzeuge starker Bomberverband stehe bereit, die Stadt anzugreifen und zu vernichten, wenn weiterer Widerstand geleistet werde. Darum fordere er Wölk auf, Friedberg kampflos zu übergeben. Tichy übersetzte. Dann herrschte völlige Stille.

Das Auftauchen des amerikanischen Jeeps war den Bewohnern der Burg nicht entgangen. In der kurzen Zeit, in der Unteroffizier Finkeldey zwischen Hof und Bunker hin- und hereilte, hatte sich an der Toreinfahrt eine kleine Gruppe von Zivilisten versammelt. Angespannt beobachteten sie die Offiziere in der Mitte des Hofes. Ihnen war klar, daß hier möglicherweise die Entscheidung über ihr Leben, auf jeden Fall aber ihren Besitz getroffen wurde. Alles hing von der Antwort des deutschen Hauptmanns ab.

Wölk selbst hat die dramatischen Sekunden zwischen der Kapitulationsaufforderung und seiner Antwort nur knapp beschrieben: Weil er sich für einen aussichtslosen Kampf, der die Stadt nur in Trümmer gelegt hätte, nicht habe entscheiden können, habe er sich entschlossen, die Übergabeverhandlungen aufzunehmen. Wahrscheinlich sind ihm in diesen Augenblicken die verschiedensten Gedanken durch den Kopf gejagt: Der äußere Verteidigungsring der Stadt begann sich offensichtlich aufzulösen; in der Nacht war das Pionierbataillon Müller abgerückt, dann hatten die Soldaten des Zentralersatzteillagers ihre Abschnitte verlassen, und in Fauerbach war, wie er von Oberleutnant Stankowsky soeben erfahren hatte, die deutsche Verteidigung völlig zusammengebrochen. Die Erklärung des Amerikaners, Friedberg sei von seinen Panzern umstellt, war wohl richtig. Nachdem der Morgennebel gefallen war, hatte der Beobachter auf dem Adolfsturm Panzerbewegungen auf der Straße zwischen Ockstadt und Bad Nauheim und in der Gegend von Dorheim gemeldet. Daß amerikanische Panzer auch in Bad Nauheim bereits eingedrungen waren, war ihm telefonisch mitgeteilt worden. Und er selbst hatte die beiden Flugzeuge mit den amerikanischen Artilleriebeobachtern gesehen und wußte, daß die Drohung des Amerikaners, seine Luftwaffe werde Friedberg vernichten, kein Bluff war.

In der Nacht bereits hatte sich Wölk entschlossen, nur im äußeren Verteidigungsring der Stadt Widerstand zu leisten. Ob das jetzt überhaupt noch möglich war, schien zweifelhaft. Tatsächlich, aber das konnte Wölk nur ahnen, hatten sich bis zu diesem Zeitpunkt bereits etwa dreihundert deutsche Soldaten ergeben. Das war ein Fünftel der Verteidiger. Nach kurzem Zögern sagte er zu Tichy: »Ich lege das Schicksal dieser Stadt in die Hände Ihres Kommandeurs!« »Thank you«, antwortete Smith, nachdem Tichy übersetzt hatte. In diesem Augenblick, erinnert sich Finkeldey, schlug die Turmuhr der Burgkirche halb neun. Sie ging drei Minuten vor, wie er mit einem Blick auf seine Armbanduhr feststellte.

In einem Zimmer des Metzgerschen Hauses wurden die Einzelheiten der Übergabe besprochen: Das in der Burg untergebrachte Verpflegungslager der Wehrmacht sollte nicht der Plünderung durch die Zivilbevölkerung anheimfallen. Die Szenen, die sich am vergangenen Nachmittag am Proviantamt abgespielt hatten, sollten sich nicht wiederholen. Smith versprach, daß die Vorräte für die 6000 Verwundeten in den Bad Nauheimer Lazaretten sichergestellt würden. Stabsarzt Dr. Schäfer und die ihn begleitende Krankenschwester sollten in das im Konitzky-Stift eingerichtete Lazarett in Bad Nauheim zurückkehren dürfen. Sie waren, so argumentierte Wölk, nur für den Fall von Kampfhandlungen angefordert worden und würden in Bad Nauheim für die Betreuung der Verwundeten dringend benötigt. Auch damit war Smith einverstanden.

Bevor noch die Kapitulationsbedingungen endgültig ausgehandelt waren, stellte Smith seinen Jeep zur Verfügung, damit Dr. Schäfer und die Krankenschwester nach Bad Nauheim gebracht werden konnten. Der Oberfähnrich, der mit Hammann und den beiden Amerikanern zum Gefechtsstand gekommen war, sollte den Jeep fahren, da Smith und Tichy in der Burg bleiben wollten, um die Übergabeverhandlungen zu Ende zu führen. Hammann, der sich bei den laufenden Verhandlungen überflüssig fühlte, begleitete die drei nach Bad Nauheim. In der Aufregung über die schnelle Kapitulation und in der Eile des überhasteten Aufbruchs vergaß Dr. Schäfer ganz, einige Packen Zigaretten, Schokolade und Kaffee mitzunehmen, die jetzt in großen Mengen aus dem in der Schillerschule untergebrachten Verpflegungslager herausgeschleppt wurden.

In Windeseile begann sich die militärische Disziplin aufzulösen. Kaum stand fest, daß die Stadt übergeben werden sollte, machten sich die ersten Soldaten der Burgwache an besonders begehrte Lebens- und Genußmittel aus dem Verpflegungslager. Die Bewacher des Lagers waren die ersten Plünderer. Offensichtlich hatten sie keine Kenntnis von der soeben getroffenen Vereinbarung und befürchteten, die eingelagerten Lebensmittel würden vernichtet oder den Amerikanern übergeben. Wahrscheinlich hatten sie im Verlauf des Krieges dergleichen bereits erlebt. Die für das Verpflegungslager zuständigen Zahlmeister waren damit beschäftigt, für die bevorstehende Gefangenschaft vorzusorgen. So wiederholte sich trotz der zwischen Wölk und Smith getroffenen Vereinbarung in der Burg im kleinen, was sich am Proviantamt tags zuvor im großen abgespielt hatte. Erst nach Beendigung der Übergabeverhandlungen – und bis dahin sollte noch einige Zeit vergehen – konnte Wölk der Bad Nauheimer Lazarettverwaltung telefonisch mitteilen, daß das Friedberger Verpflegungslager an sie übergeben worden sei und daß man die Bestände abholen solle. Am späten Vormittag trafen dann Lastwagen aus Bad Nauheim ein, um das Übriggebliebene aufzuladen.

Währenddessen hatte sich Unteroffizier Finkeldey auf die Treppe des Metzgerschen Hauses gesetzt. Er war empört über Wölks rasche Einwilligung: »Wie kam der Hauptmann dazu, die Stadt, uns, einfach mal zu übergeben«, fragte er sich. Hatte Wölk durch die Kapitulation nicht alle bisherigen Opfer sinnlos gemacht? »Alles umsonst, alles vergebens, ging es mir immer wieder durch den Kopf«, erinnert er sich noch vierzig Jahre danach an diesen Augenblick.

Finkeldey hatte sich am Palmsonntag beim Pflegepersonal des Kettler-Heimes in Bad Nauheim abgemeldet, um das Wochenende bei seinen Eltern in Friedberg zu verbringen. Während der Ardennenoffensive war er im Januar durch Bombensplitter in der rechten Schulter schwer verwundet worden. Ende Februar hatte man ihn in Bad Nauheim operiert. Die Operation war erfolgreich verlaufen, seine bereits fünfte Verwundung war inzwischen schon fast verheilt.

Aus dem geruhsamen Sonntag, den er sich erhofft hatte, war allerdings nichts geworden. Bei einem Luftangriff auf Friedberg war eine Reihe von Häusern schwer getroffen worden, es hatte mehrere Tote und Verletzte gegeben, und Finkeldey hatte sich an der Bergung Verschütteter beteiligt. Am Montagmorgen hatte er sich im Kettler-Heim zum Verbandswechsel zurückgemeldet. Da die im Lazarett umlaufenden Gerüchte den völligen Zusammenbruch der deutschen Front zwischen Rhein und Main vermuten ließen, ging er am nächsten Tag zum Friedberger Kampfkommandanten, um sich für die Verteidigung der Stadt zur Verfügung zu stellen. Dazu aber sollte es nun nicht mehr kommen.

In Finkeldeys Enttäuschung und Empörung, in seinem Vorwurf gegen Wölk, jetzt seien alle Opfer sinnlos geworden, wird eine weitere Reaktion auf den militärischen Zusammenbruch des Deutschen Reiches sichtbar: das verzweifelte Festhalten an der Fortsetzung des Kampfes aus Furcht vor dem Eingeständnis, daß in der Tat alle Anstrengungen, alle Opfer und alle Leiden umsonst, vergeblich, sinnlos gewesen waren. Keiner der Gefallenen dieses Krieges war für die Größe und den Ruhm Deutschlands gestorben: Sie waren allesamt Verlierer, die Toten ebenso wie die Lebenden. Das scheint Finkeldey im

Augenblick der Kapitulation schlagartig klar geworden zu sein – nur daß er es nicht wahrhaben wollte. Wohl kaum ein Eingeständnis ist schmerzlicher als das, daß auch die größten Opfer vergeblich waren. Bis eben hatte er noch auf einen Sinn hoffen können, jetzt stand fest, daß es keinen gegeben hatte und keinen geben würde.

Smith und Wölk besprachen weitere Einzelheiten der Übergabe. Man einigte sich darauf, daß der Volkssturm und die städtische Polizei nicht in Gefangenschaft überführt würden, sondern in Friedberg verblieben, um hier für »Ruhe und Ordnung« zu sorgen, wie es in Wölks Bericht heißt. Hätte Hauptmann Henrich die Anweisungen zur Friedberger Ortsverteidigung befolgt und die Volkssturmkompanien in den Verteidigungsring eingegliedert, so wäre deren Freistellung kaum möglich gewesen. So aber blieb den Volkssturmmännern der Weg in die Gefangenschaft erspart. In einer dreistündigen Kampfpause, so wurde weiter vereinbart, sollten sich die dem Friedberger Kampfkommandanten unterstellten Einheiten sammeln und bis mittags zwölf Uhr im Kasernenareal einfinden. Dort würde dann die Übernahme in die amerikanische Kriegsgefangenschaft erfolgen. Die Offiziere durften ihre Pistolen behalten, nur um Wölks Pistole bat Smith – für sich selbst, als »Souvenir«.

Als die deutschen und amerikanischen Offiziere alle Einzelheiten der Übergabe festgelegt hatten und gerade wieder die Treppe des Metzgerschen Hauses herabstiegen, kam plötzlich von der Hofeinfahrt her ein deutscher Offizier quer über den Platz gestürmt. »Wer hat hier kapituliert?« schrie er, mit seiner Maschinenpistole wild gestikulierend. »Ich«, sagte Wölk und trat aus der Gruppe, die eben das Metzgersche Haus verlassen hatte, einen Schritt hervor. »Die Stadt wird nicht übergeben«, schrie der Offizier, indem er seine entsicherte Maschinenpistole auf Wölk anlegte, »es wird weitergekämpft! Ich erschieße Sie!« Mit gezogener Pistole stellte sich Smith vor Wölk. Was der deutsche Offizier genau wollte, verstand er zwar nicht, und in der Dramatik der plötzlich eingetretenen Situation kam Tichy nicht zum

Übersetzen. Soviel aber konnte Smith der Gestik des Deutschen entnehmen: die bereits vereinbarte kampflose Übergabe der Stadt stand plötzlich auf Messers Schneide.

Der Offizier, der sich der Kapitulation widersetzte, war Hauptmann Straube. Er war offensichtlich erst wenige Tage zuvor in Friedberg eingetroffen, denn in den Berichten über die Ereignisse vor der Kapitulation ist er nirgendwo erwähnt. Entweder hatte er sich beim Rückzug der deutschen Truppen den Verteidigern Friedbergs angeschlossen, wie etwa Leutnant Hammann, oder er war kürzlich – wie Unteroffizier Finkeldey – aus einem der Bad Nauheimer Lazarette entlassen worden, um an der Verteidigung Friedbergs teilzunehmen. Auch Straubes militärische Verwendung in der Stadt läßt sich nicht mit Sicherheit klären. Während Wölk in seinem Bericht angibt, Straube habe die ungarische Rekrutenkompanie geführt, die in der Nacht den von den Pionieren verlassenen Verteidigungsabschnitt übernommen hatte, erinnerte sich Rudolf Kayser, daß Straube eine aus Soldaten des Zentralersatzteillagers zusammengestellte Einheit geführt habe. In beiden Fällen freilich bleibt unklar, warum er sich zu diesem Zeitpunkt nicht in dem ihm zugewiesenen Verteidigungsabschnitt befand. Hatte er von dem amerikanischen Jeep mit der weißen Fahne gehört? Oder kam er zum Gefechtsstand, um über die Lage im Süden Friedbergs Bericht zu erstatten? Was war inzwischen mit der ihm unterstellten Einheit geschehen? Wenn es tatsächlich die Luftwaffensoldaten des Zentralersatzteillagers waren, die er führte, war er es dann gewesen, der zugelassen hatte, daß sie bei dem amerikanischen Artilleriebeschuß ihre Stellungen verließen und in Kellern Unterschlupf suchten? Wo war er selbst zu diesem Zeitpunkt gewesen? – Fragen, die unbeantwortet bleiben müssen.

»Er war ein kleiner Kerl, bald so breit wie lang«, läßt der amerikanische Kriegsberichterstatter Richard Roberts Major Smith berichten. Für Roberts war Straubes Auftritt der Aufhänger seiner Geschichte: Der deutsche Übermensch war am Ende, nur wußten es einige noch nicht, und Straube war einer dieser Nachzügler. Gemäß diesem

Konzept bezeichnet Roberts Straube als »superman«, wie er den vom Nationalsozialismus adaptierten Begriff des Übermenschen – nicht gerade treffend – übersetzt. Straube entsprach den nationalsozialistischen Vorstellungen vom Übermenschen wohl kaum. Er wird in den Berichten übereinstimmend als untersetzt beschrieben, sein Alter wird auf etwa fünfzig Jahre geschätzt. Als wirklich sicher kann nur gelten, daß Hauptmann Straube kein aktiver Soldat war, sondern zu Kriegsbeginn als Reserveoffizier eingezogen worden ist. Ist die Schätzung seines Alters zutreffend, so wird er den Großteil des Krieges in rückwärtigen Stellungen verbracht haben.

Gemäß dem »Führerbefehl« vom 25. November 1944 wäre Wölk jetzt verpflichtet gewesen, das Kommando an Straube zu übergeben. Eigentlich hätte er bereits vor seiner Einwilligung in die Übergabe der Stadt jeden Offizier und jeden Soldaten in Friedberg fragen müssen, ob jemand an seiner Stelle den Kampf fortführen wolle. »Führer deutscher Soldaten«, so lautete Hitlers Befehl, »kann nur sein, wer mit allen Kräften des Geistes, der Seele und des Körpers seinen Männern täglich die Forderungen vorlebt, die er an sie stellen muß; Tatkraft und Entschlußfreudigkeit, Charakterfestigkeit und Glaubensstärke und harte unbedingte Einsatzbereitschaft sind seine unerläßlichen Eigenschaften für den Kampf. Wer sie nicht oder nicht mehr besitzt, kann nicht Führer sein und hat abzutreten. Ich befehle daher: Glaubt ein Truppenführer, der auf sich gestellt ist, den Kampf abbrechen zu müssen, so hat er erst seine Offiziere, dann die Unteroffiziere, danach die Mannschaften zu befragen, ob einer von ihnen den Auftrag erfüllen und den Kampf fortführen will. Ist dies der Fall, übergibt er diesem – ohne Rücksicht auf seinen Dienstgrad – die Befehlsgewalt und tritt selbst mit ein. Der neue Führer übernimmt das Kommando mit allen Rechten und Pflichten.«

Wölk hat sich bei der Entgegennahme der amerikanischen Kapitulationsaufforderung nicht an den »Führerbefehl« gehalten, sondern die Sache mit sich selbst ausgemacht. Eine Befragung der Offiziere, der Unteroffiziere oder gar der Mannschaften war für ihn undenkbar.

Er stand in der Tradition einer Armee, die strikt nach den Prinzipien von Befehl und Gehorsam aufgebaut war. Für die Ausführung von Befehlen war er allein verantwortlich und ebenso auch für das Leben der ihm unterstellten Männer. Über die Fortsetzung oder Einstellung des Widerstandes entschied der Kommandant und nicht irgendein ihm unterstellter Soldat. Wölk hatte seine Entscheidung nach herkömmlichen militärischen Prinzipien getroffen: War der Befehl, die Stadt zu verteidigen, noch ausführbar? Hatte die Opferung der hier eingesetzten Soldaten vielleicht im Rahmen der militärischen Gesamtlage noch eine Funktion? Nachdem er beides verneint hatte, hatte er Friedberg übergeben. Während Smith mit gezogener Pistole gegen Straube Front machte, erklärte Wölk dem neben ihm stehenden Tichy, es gebe einen Führerbefehl, dem zufolge er an denjenigen das Kommando übergeben müsse, der zur Fortsetzung des Kampfes bereit sei. Wenn er kämpfen wolle, rief er Straube zu, könne er ihn nicht daran hindern, er jedenfalls habe in seiner Eigenschaft als Kampfkommandant von Friedberg die Stadt an die Amerikaner übergeben. »Die Übergabe ist bereits vollzogen«, rief Tichy dazwischen, »wenn Sie weiterkämpfen wollen, müssen Sie es woanders tun.«

Jetzt wollte auch Smith wissen, worum es im einzelnen ging. Tichy übersetzte den Wortwechsel. »Suchen Sie sich einen Platz, wo wir kämpfen wollen«, schrie Smith Hauptmann Straube an. Wie er bei seinem späteren Besuch in Friedberg eingestand, hatte er in diesem Augenblick Angst. In grenzenlosem Leichtsinn, so wurde ihm plötzlich bewußt, hatte er Tichys und sein Leben aufs Spiel gesetzt, als er nach Friedberg hineingefahren war. Wenn der Deutsche jetzt schoß oder wenn er selbst zuerst auf den Deutschen schoß – es war unwahrscheinlich, daß dann die Übergabe wie besprochen vollzogen werden konnte.

Straube schoß nicht. Er scheint durch die Entschlossenheit der beiden amerikanischen Offiziere und die Weigerung Wölks, seine Kapitulationszusage zurückzunehmen, unsicher geworden zu sein. Jedenfalls machte er keine Anstalten, das Kommando über die Stadt zu übernehmen. Statt dessen verlangte er von den Amerikanern, in einer Kampfpause die ihm unterstellte Einheit aus ihrem Verteidigungsabschnitt herausziehen und an anderer Stelle neu formieren zu können. Den damit angestrebten freien Abzug lehnten Smith und Tichy entschieden ab.

Straube ließ daraufhin die beiden amerikanischen Offiziere stehen und hielt sich erneut an Wölk. Ob die folgende Szene sich im einzelnen wirklich so abgespielt hat, läßt sich mit Sicherheit nicht entscheiden. Während die deutschen Berichte nur von einem großen Streit zwischen Wölk und Straube sprechen, hat der amerikanische Kriegsberichterstatter Roberts den Ablauf dieser Auseinandersetzung genauer geschildert: »Es gab ein richtiges Theater! Der Hauptmann, der noch an den Übermenschen glaubte, schrie: ›Ich habe fünf Jahre gekämpft und werde weiterkämpfen.‹ Er streifte den Ärmel zurück und zeigte eine Narbe an seinem Arm und dann noch eine in seinem Gesicht. Der andere Hauptmann hatte Narben an fast den gleichen Stellen, und so hielten sich beide ihre alten Wunden hin und brüllten sich an.«

Die Zivilisten, die bereits das erste Gespräch zwischen Smith und Wölk beobachtet hatten, standen immer noch im Hof vor dem Gefechtsstand. Während der Auseinandersetzung zwischen Wölk und Straube haben, wie aus mehreren Berichten hervorgeht, einige Frauen flehend die Hände gehoben. Offensichtlich wollten sie Wölk in seiner Haltung bestärken und Straube dazu bewegen, in die Kapitulation einzuwilligen. Vielleicht deswegen, vielleicht aber auch, weil er den Disput nicht weiter in Anwesenheit von Zuschauern austragen wollte, jedenfalls wandte sich Straube plötzlich ab und ging in den Gefechtsstand hinunter. Wölk und die anderen deutschen Offiziere eilten hinterher.

Im Keller wurde die erregte Auseinandersetzung fortgesetzt. Sie scheint mit großer Lautstärke ausgetragen worden zu sein, denn auf dem Hof, wo die Zivilisten und die beiden Amerikaner standen, bekam man Wortfetzen mit. Offensichtlich hat Wölk versucht, Straube noch einmal die Gründe für seine Entscheidung darzulegen: Friedberg sei von amerikanischen Panzern umstellt, einige könne man mit Panzerfäusten vielleicht abschießen, aber bei weitem nicht alle. Für ein militärisches Kalkül, das den Sinn des Kampfes an seinen Erfolgsaussichten maß, war Straube jedoch unzugänglich. Er bestand darauf weiterzukämpfen. »Ich wies ihn darauf hin«, berichtet Wölk, »daß er nun seine Entscheidung treffen müsse, andernfalls ich bereit wäre, die Stadt zu übergeben.« Was Wölk mit »Entscheidung« meinte, geht aus seinem Bericht nicht eindeutig hervor. Wahrscheinlich ging es um die Frage, ob Straube anstelle Wölks das Kommando übernehmen und weiterkämpfen wolle oder nicht. Dazu war er allem Anschein nach nicht bereit, denn, so berichtet Wölk weiter: »Straube ging dann vor mir wieder die Treppe hinauf, nahm oben die Maschinenpistole, die er bis dahin feuerbereit gehalten hatte, auf die Schulter und verschwand quer über den Hof.«

In diesem Augenblick war Unteroffizier Finkeldey nahe daran, hinter Straube herzurennen. Weil aber sonst niemand Anstalten machte, den Hof zu verlassen und sich Straube anzuschließen, zögerte er. Da sprach ihn Hauptmann Wölk an und fragte, ob er nicht besser wieder ins Lazarett nach Bad Nauheim zurückginge. Finkeldey erwiderte, seine Verwundung sei schon fast verheilt und außerdem habe er sich im Lazarett abgemeldet, um seine Heimatstadt zu verteidigen. »Aber da ist nichts mehr zu verteidigen«, antwortete Wölk und ging.

Hauptmann Straube hat sich der Kapitulationsentscheidung des Kampfkommandanten nicht fügen wollen. Trotz der bereits erfolgten Übergabe der Stadt hat er offenbar versucht, mehrere Volkssturmmänner zur Fortsetzung des Kampfes zu veranlassen, möglicherweise sogar unter Androhung von Waffengewalt. Dabei hat er, wie aus mehreren Berichten hervorgeht, den Tod gefunden. Einer nicht mehr nachprüfbaren Mitteilung zufolge ist er von einem Volkssturmmann erschossen worden. Am Nachmittag wurde er tot im Graben der Kreisstadt zwischen Friedberg und Bad Nauheim aufgefunden.

Der amerikanische Einmarsch

Karl Orth erinnerte sich an eine »beängstigende Stille«, die plötzlich geherrscht habe. Keine Artilleriesalve schlug mehr ein, kein Maschinengewehrfeuer war mehr zu hören. »Da wurde gegen neun Uhr erzählt, auf dem Landratsamt habe der deutsche Kampfkommandant den Amerikanern gegenüber kapituliert.« Die Nachricht von der Übergabe der Stadt scheint sich unter der Bevölkerung in Windeseile verbreitet zu haben. Auch Gerüchte über den Streit zwischen Straube und Wölk machten die Runde. Schon am Tag der Kapitulation freilich wurde die Auseinandersetzung unter den Offizieren in einen Konflikt zwischen Wehrmacht und Partei verwandelt. Der Streit zwischen Straube und Wölk wurde in Friedberg im Rahmen eines weit verbreiteten Deutungsmusters interpretiert: Als Konflikt zwischen »realistischer« Wehrmacht und »fanatischer« Partei. So heißt es in dem Bericht des Polizeihauptmanns Rust, der offenbar auf den in Friedberg kursierenden Erzählungen beruht: Nach der amerikanischen Kapitulationsaufforderung »erfolgt eine erregte Auseinandersetzung zwischen dem Kampfkommandanten und einigen Parteimännern, die sich auf eine Kapitulation nicht einlassen wollen. Der amerikanische Major läßt hierauf die kurzsichtigen NS-Angehörigen höflichst darauf aufmerksam machen, daß im Falle einer Weigerung das in Frankfurt/Main auf Abruf bereitstehende Bombengeschwader auf Friedberg zum Einsatz käme.« Die Diktion allein zeigt, wie fern der Polizeihauptmann dem NS-System bereits stand.

Die Kapitulation Hauptmann Wölks scheint von dem überwiegenden Teil der Friedberger Bevölkerung begrüßt worden zu sein. »Der Kampfkommandant«, heißt es bei Rust weiter, »war einsichtsvoll genug, um diesen Bombereinsatz mit seinen schweren Folgen erkennen zu können, und stimmte der Kapitulation zu.« Rusts Bericht wird die in der Stadt vorherrschende Meinung wiedergegeben haben. Man war über die schnelle Kapitulation erleichtert, vor allem wohl deswegen, weil der Stadt dadurch weitere Zerstörungen erspart blieben. So notierte auch Karl Orth: »Der deutsche Kampfkommandant, der überdies nur über sehr bescheidene Kräfte und Waffen verfügte, beugte sich der Macht der Tatsachen und übergab die Stadt. So blieb Friedberg ein weiteres Opfer an seinem Bestand an die Kriegsfurie erspart.«

Seit etwa zehn Uhr rückte von Dorheim und Ossenheim her amerikanische Infanterie in Fauerbach ein. Mit feuerbereiten Gewehren, die sie immer wieder gegen die Fensterfront der gegenüberliegenden Häuserzeile in Anschlag brachten, kamen die amerikanischen Soldaten in zwei langgezogenen Zügen langsam die Straße zum Bahnhof herauf. Auf der Reichsstraße 3 und der Landstraße zwischen Friedberg und Ockstadt rollten Sherman-Panzer heran. Die über die Straße gelegten, teilweise mit Stacheldraht umwickelten Baumstämme, Hauptmann Henrichs »Panzersperren«, walzten sie einfach nieder und schoben sie zur Seite. Bald fuhr auf der Kaiserstraße ein amerikanischer Panzer hinter dem anderen. An der Einmündung der Ockstädter Straße in die Kaiserstraße, wo sich die amerikanischen Kolonnen vereinigten, kam es zu Stauungen. Ludwig Liebig, der zusammen mit polnischen Fremdarbeitern einen verwundeten Zivilisten in das Bürgerhospital der Stadt bringen wollte, erinnert sich, daß es kaum möglich war, zwischen den unaufhörlich vorbeirollenden Panzern und Lastwagen die Straße zu überqueren.

Der Zivilist war im Dorheimer Feld östlich von Fauerbach verwundet worden. Er hatte sich von dort aus das Schauspiel der Besetzung Friedbergs ansehen wollen und dabei einen Bauchschuß erhalten. Auf einer provisorischen Krankentrage wurde er ins Bürgerhospital gebracht, wo er kurz nach seiner Einlieferung starb. In Ockstadt hatte sich beim Einmarsch der amerikanischen Panzer ähnliches ereignet: Der MG-Schütze in dem an der Spitze der Kolonne fahrenden Panzer hatte einen plötzlich auftauchenden Zivilisten für einen Angreifer gehalten, einen Werwolf, und ihn niedergeschossen.

Die Masse des amerikanischen Kriegsmaterials, das jetzt durch Friedberg rollte, scheint die Zivilbevölkerung beeindruckt zu haben. Was man bislang nur am Himmel hatte feststellen können, galt also auch für die Bodentruppen: Eine gewaltige Materialüberlegenheit der Alliierten. Jetzt hatte man die Bestätigung für das, was plötzlich die meisten immer schon gewußt haben wollten: daß der Krieg verloren war. »Amerikanische Truppen«, hielt Karl Orth an diesem Tage fest, »zogen in ungeheuren Zügen von Süden nach Norden. Die Beobachtung ihres Materials, insbesondere ihrer Panzer, machte uns mit einemmal klar, daß der Krieg für uns hoffnungslos verloren war. Wir hatten die letzten Monate nur zu drastisch vor Augen gehabt, mit welchen Unzulänglichkeiten unsere Wehrmacht arbeiten mußte. Die erbärmlichen Holzgasfahrzeuge der Wehrmacht in ihrer uneinheitlichen Aufmachung hatten uns gezeigt, was es bedeutete, wenn eine Truppe den modernen Krieg ohne besten Treibstoff führen will. Nun sahen wir ihn bei den Amerikanern in voller Funktion. Kein Versager, keine Panne unter der unendlichen Fülle tadellos instand gehaltener Kraftwagen weniger einheitlicher Typen, die ganz auf das Zweckmäßige eingerichtet und ausgestattet waren. Wie war eine solche Unterschätzung des Gegners an maßgebender Stelle überhaupt möglich gewesen?«

Der Einmarsch der Amerikaner läßt bei vielen erste Zweifel an der politischen und militärischen Führung des Deutschen Reiches aufkommen. Die Kritik meint nicht mehr nur die örtlichen Parteigrößen, sie zielt auf die eigentlichen Machthaber. Insofern sind die Zweifel ein erstes Anzeichen für die beginnende Ablösung vom Dritten Reich. Nicht die Verbrechen des Systems, sondern seine politischen und militärischen Fehler und Versagen waren hier die erste Ursache der Distanzierung. Die Niederlage war der Beleg dafür, daß das Reich doch nicht das gewesen sein konnte, wofür man es gehalten hatte.

Es fällt auf, daß in nahezu allen Berichten, die den amerikanischen Einmarsch aus deutscher Sicht schildern, die amerikanischen Soldaten als wohlgenährt und braungebrannt beschrieben werden – im Gegensatz zu den, wie es heißt, abgerissenen und hageren deutschen Soldaten. Daß man sich die Niederlage auf der ganzen Linie mit den überlegenen materiellen Ressourcen der Alliierten erklärte, war gleichsam der Kompromiß, der es vielen erst möglich machte, die völlige deutsche Niederlage sich einzugestehen und doch ihre Väter, Männer und Söhne, die Soldaten waren, nicht zu verachten.

Dabei kommt es gar nicht darauf an, ob die amerikanischen Soldaten im März 1945 tatsächlich braungebrannt waren oder nicht. Wahrscheinlich handelte es sich hier um eine jener Phantasmagorien, die auch auf Bildern, die Sieger und Besiegte zeigen, immer wieder festzustellen sind: Beim Anblick der Unterlegenen, ihrer Resignation und Zerlumptheit, ihrer Niedergeschlagenheit und allgemeinen Auflösung kann man sich kaum vorstellen, daß sie je hätten Sieger sein können, und die Sieger sehen aus, als seien sie schon als Sieger in die Schlacht gegangen. In der Regel ist beides nicht der Fall gewesen: Auch die Wehrmacht war über Jahre hinweg als Sieger gefeiert worden, und sicherlich auch von denen, denen die Katastrophe jetzt plötzlich von vornherein als ausgemacht galt. Wahrscheinlich ist die Niederlage der Wehrmacht von einem bestimmten Zeitpunkt ab tatsächlich unabwendbar gewesen. Doch darum geht es hier nicht. Hier interessiert allein die Frage, warum sich plötzlich Einsichten durchsetzen konnten, die kurz zuvor noch von denen, die sie nun teilten, als defaitistisch angesehen worden waren. Was vorher fast jeder bestritten hatte, jetzt stand es plötzlich fest: Die Ausrüstung der Wehrmacht war unzureichend, der Treibstoff fehlte, die Soldaten waren schlecht ernährt. Und was zuvor die meisten nicht zu sehen vermochten, sahen nun alle. Sieg und Niederlage haben immer auch physiognomische Folgen: Die

Sieger sind immer braungebrannt und die Verlierer immer blaß und hager. Nach der Schlacht kann jeder sehen, daß sie so ausgehen mußte, wie sie ausgegangen ist. Das erleichtert es den Unterlegenen, sich in die Niederlage zu finden.

In der Burg waren inzwischen weitere amerikanische Soldaten eingetroffen. Nach Straubes Verschwinden hatten sich Wölk und Smith noch einmal zusammengesetzt und die Einzelheiten der Übergabe rekapituliert. Danach bat Tichy um ein Blatt Papier, auf das er in Englisch schrieb: »Hauptmann Heinrich Wölk hat heute, am 29. März 1945, sein Kommando an die 6. Panzerdivision übergeben. Hauptmann Heinrich Wölk traf seine Entscheidung angesichts der überlegenen Kräfte, denen er gegenüberstand. Weiterhin wurde er dazu durch die große Anzahl hilfloser Zivilisten veranlaßt, die sich in Friedberg befand. Hauptmann Wölk hat sich jederzeit als ein deutscher Offizier geführt und ist ein Ehrenmann.« Smith und Tichy unterschrieben.

Wahrscheinlich war das Schreiben dazu gedacht, Wölk in den nächsten Wochen und Monaten das Los der Kriegsgefangenschaft zu erleichtern, und möglicherweise hat es auch dazu beigetragen. Wäre Wölk allerdings in deutsche Hände geraten, hätte es ihm wenig genützt. Für seine Hinrichtung als »Verräter« wäre nicht einmal ein Kriegsgerichtsurteil erforderlich gewesen.

Mit dem aus Bad Nauheim inzwischen wieder zurückgekommenen Jeep fuhren Smith und Tichy, Wölk, Stankowsky, Hammann und der Oberfähnrich der Fallschirmjäger zur Kaserne, wo für die Deutschen die Gefangenschaft beginnen sollte. Auf der Kaiserstraße überholten sie kleinere Gruppen deutscher Soldaten, die sich ebenfalls auf dem Weg in die Gefangenschaft befanden. Aus südlicher Richtung kamen ihnen amerikanische Jeeps und leichte Panzer entgegen. Später erfuhr Smith, daß nur wenige Minuten zuvor einer dieser Jeeps angehalten hatte: Ein Hauptmann war ausgestiegen und hatte einige Befehle gegeben, die den Abtransport der Gefangenen betrafen. In diesem Augenblick war General Read dazugekommen und hatte den Hauptmann mit dem *Silver Star for Taking Friedberg* ausgezeichnet.

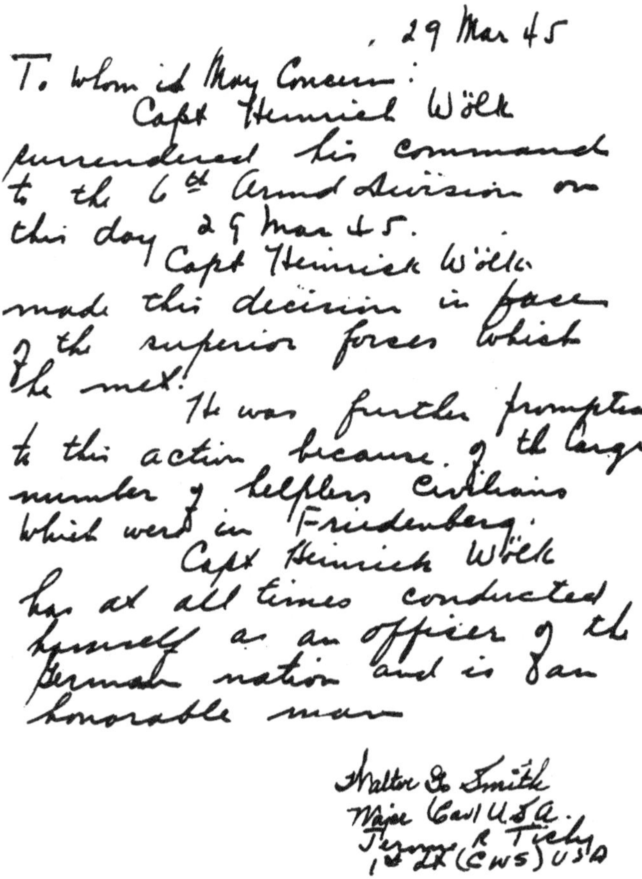

29 Mar 45

To whom it May Concern:

Capt Heinrich Wölk surrendered his command to the 6th Armd Division on this day 29 Mar 45.

Capt Heinrich Wölk made this decision in face of the superior forces which he met.

He was further prompted to this action because of the large number of helpless civilians which were in Friedenberg.

Capt Heinrich Wölk has at all times conducted himself as an officer of the German nation and is an honorable man

Walter G. Smith
Major Cav U.S.A.
Jerome R Tichy
1st Lt (CWS) USA

Smith fühlte sich um seinen Erfolg betrogen. Schließlich hatten die Truppen von Süden her nur einrücken können, weil er den deutschen Kampfkommandanten zur Übergabe der Stadt bewogen hatte. Doch er konnte gegen die Dekorierung des Hauptmanns nichts unternehmen. Wäre er beim Armeekommando persönlich vorstellig geworden und hätte den wahren Sachverhalt dargelegt, so hätte dies einen überaus schlechten Eindruck hinterlassen. Auch Tichy konnte das nicht tun, da er an dem Unternehmen beteiligt gewesen war. Nur Wölk oder Hammann hätten die Sache richtigstellen können, aber die hatte Smith, als er von der Dekorierung des Falschen erfuhr, schon längst in der Kaserne abgeliefert.

Während sich Smith über den ihm entgangenen Orden ärgerte, waren einige deutsche Soldaten damit beschäftigt, die ihnen einmal überreichten Orden wieder loszuwerden. Überall in Friedberg, so ist den Erzählungen zu entnehmen, wurde versucht, Uhren und Eiserne Kreuze gegen Zigaretten einzutauschen. Orden waren in der Gefangenschaft wertlos, zumal zu erwarten war, daß man sie ebenso wie die Uhren sehr bald abzugeben hatte. Dagegen waren Zigaretten ungemein wertvoll – für diejenigen, die darauf angewiesen waren, ebenso wie für die anderen, die sie im Gefangenenlager als Tauschobjekt einsetzen konnten.

In der Kaserne trafen einzeln und in Gruppen immer mehr deutsche Soldaten ein. Einige – vor allem die Offiziere des Zentralersatzteillagers werden immer wieder genannt – trugen ihre Galauniform. Andere kamen in einer eher unauffälligen Felduniform, wie sie vor allem in Rußland getragen worden war. Sie hatten dafür gute Gründe, denn vor dem Kasernentor hatte sich inzwischen eine Gruppe polnischer Fremdarbeiter versammelt, die ihre einstigen Herren auf Wertsachen, Uhren und Orden »filzten«. Wer in Gala kam, weckte ihr besonderes Interesse, während es den unauffälliger Gekleideten häufig gelang, ohne Durchsuchung in die Kaserne zu kommen.

Wieder andere hatten sich ihrer Uniform bereits zur Hälfte entledigt und trafen halb als Soldaten, halb als Zivilisten in der Kaserne ein. Nach Bekanntwerden der Kapitulation hatten sie versucht, ihre Uniform gegen Zivilkleidung zu tauschen, um so der Kriegsgefangenschaft zu entgehen. Dabei waren sie entweder von amerikanischen Soldaten, die am späten Vormittag in Friedberg mit Haussuchungen begonnen hatten, gestellt worden, oder sie hatten es sich doch noch anders überlegt. Immerhin war es nicht ungefährlich, als Militärperson in Zivil gestellt zu werden. Damit nämlich stand man zunächst einmal in dem Verdacht, Werwolfaktionen gegen die alliierten Soldaten vorbereitet zu haben. So sind viele, nachdem sie bereits die Uniform ausgezogen hatten, doch noch in Gefangenschaft gegangen.

Einer von ihnen war Leutnant M., der die an der westlichen Stadtmauer eingesetzte Rekrutenkompanie geführt hatte. Am frühen Morgen, so erinnert er sich, war plötzlich die Telefonverbindung zum Gefechtsstand des Kampfkommandanten unterbrochen. Als Zivilisten das Gerücht mitbrachten, Friedberg habe bereits kapituliert, ging er in Begleitung eines Feldwebels durch das Enggäßchen am Alten Rathaus zur Kaiserstraße. Eigentlich wollte er in die Burg zum Kampfkommandanten, doch als er die amerikanischen Jeeps sah, die von der Kaserne in Richtung Burg fuhren, entschloß er sich, in seine nur wenige Schritte entfernte Wohnung zu gehen, wo er sich Zivilkleidung besorgen wollte.

»Plötzlich waren die Offiziere weg«, erinnert sich Fred Palkovich, der als Obergefreiter einer der wenigen erfahrenen Soldaten in der Rekrutenkompanie war. Kurz darauf habe es dann geheißen, amerikanische Jeeps seien bereits auf der Kaiserstraße. Zusammen mit einem Musikmeister, der den Rekruten ebenfalls als Ausbilder zugeteilt worden war, ließ Palkovich die Einheit antreten; die Gewehre wurden auf einen Haufen gelegt, und in Zweierreihe, Palkovich und der Musikmeister an der Spitze der Kolonne, marschierten die überwiegend noch Sechzehnjährigen in die Gefangenschaft.

Ihr Kompaniechef hatte derweilen schon Zivilkleidung angezogen. Mit einer Hacke über der Schulter, so als wolle er zur Feldarbeit, fuhr er mit dem Fahrrad zu Verwandten seiner Frau nach Rödgen. Niemand hielt ihn an. Die Rödgener Verwandtschaft freilich hatte die allergrößten Bedenken, ihn auf dem Bauernhof zu verstecken: Kämen die Deutschen zurück, so würde man ihn für einen Fahnenflüchtigen halten; würden ihn die Amerikaner finden, so galt er wahrscheinlich als Werwolf. Wer wisse, was mit ihnen dann geschehe.

Mit dem Fahrrad fuhr M. wieder nach Friedberg zurück, diesmal begleitet von seiner Frau. Als sie zwischen 13 und 14 Uhr in der Usagasse ankamen, stellten sie als erstes fest, daß die Wohnungstür aufgebrochen worden war. Offensichtlich war der Feldwebel, mit dem zusammen M. die Rekruten verlassen hatte und in seine Wohnung zum Kleiderwechsel gegangen war, zurückgekehrt, um die dort von M. abgelegte Offiziersuniform anzuziehen. Während andere alles daransetzten, ihre Orden und Ehrenzeichen loszuwerden, hatte der Feldwebel die Gunst der Stunde genutzt, um sich zum Leutnant zu befördern. Vielleicht hat er sich damit einen alten Traum erfüllt, vielleicht ging es ihm aber auch nur um die Vorteile, die man als Offizier in der Gefangenschaft erwarten durfte. Am Ende scheint ihm diese Selbstbeförderung doch nicht recht geheuer gewesen zu sein, denn er hatte die Offiziersuniform wieder ausgezogen.

M. entschloß sich, in der Altstadt ein Versteck zu suchen. Dort würde er warten, bis sich die Verhältnisse normalisiert hatten. Essen und Trinken würde ihm seine Frau beschaffen können. In seinem Versteck jedoch, einem von der Straße her nicht einsehbaren Spalt zwischen zwei Häusern, kamen ihm Bedenken. Wenn ihn auch die Amerikaner nicht finden würden, dann würde ihn wahrscheinlich einer der Nachbarn denunzieren. Irgendeiner hatte sicherlich gesehen, daß er Zivilkleider angezogen hatte, dann mit dem Fahrrad weggefahren und nach einiger Zeit wiedergekommen war. Außerdem, so dachte er jetzt, war es nicht besonders ehrenhaft für einen deutschen Offizier, sich so der Gefangenschaft zu entziehen. Kaum war er in seine Wohnung zurückgekehrt, als diese kurz nach 16 Uhr von amerikanischen Soldaten durchsucht wurde. Wahrscheinlich hatten sie schon den ersten Hinweis auf einen hier versteckten Soldaten erhalten. M. gab ihnen sein Ehrenwort als Offizier, sich umgehend in der Kaserne einzufinden. Am Spätnachmittag ging auch er in amerikanische Kriegsgefangenschaft.

Wie M. hatte auch Stabsintendant Kayser kurz mit dem Gedanken gespielt, Zivilkleider anzuziehen und so zu versuchen, der Gefangenschaft zu entgehen. Gegen halb elf hatte er den Gefechtsstand in der Burg verlassen und war zu seiner Wirtin in der Stadt gegangen. Zivile Kleidung lag hier bereit. Kayser hat den Gedanken jedoch sogleich wieder verworfen. Soldat bleibt Soldat, sagte er sich, und geht so auch in Gefangenschaft. Gegen Mittag war er in der Kaserne.

Anders Major Brack, der Kommandeur des in Friedberg stationierten Ersatz- und Ausbildungsbataillons, der sich mit dem Rest seines Stabes in den Vogelsberg durchschlagen wollte. Nach langem Warten entstand endlich eine größere Lücke zwischen den amerikanischen Fahrzeugkolonnen auf der Reichsstraße 3, und der Bataillonsstab konnte die Straße zwischen Bad Nauheim und Nieder-Mörlen überqueren. In einer Kiesgrube nahe der Straße nach Steinfurth suchte man erneut Deckung. Alle Möglichkeiten, wie man wieder Anschluß an eigene Verbände finden könne, wurden durchgesprochen. Zuletzt erschien der Weg über Steinfurth am besten geeignet, sich in Richtung Vogelsberg durchzuschlagen. Soweit man feststellen konnte, befand sich die Masse der amerikanischen Kräfte entweder südlich oder nördlich dieses Bereichs, so daß man hier den Versuch wagen wollte.

Plötzlich tauchten mehrere Flugzeuge auf. Es waren Fieseler Störche mit amerikanischen Hoheitsabzeichen. Wahrscheinlich sollten sie nach größeren Gruppen deutscher Soldaten Ausschau halten, die von der amerikanischen Panzerspitze überrollt worden waren und nun in deren Rücken Anschluß an eigene Verbände suchten. In geringer Höhe überflogen sie die Kiesgrube, in der die Männer des Bataillonsstabes lagen. »Wir duckten uns an die Ränder der Kiesgrube«, erinnert sich Otto Ludwig. »Das war die einzige Deckungsmöglichkeit, die überhaupt vorhanden war. Gegen Erdsicht war die Grube geradezu ideal, aber gegen Sicht aus der Luft bot sie nur geringe Chancen, und die Flugzeugbesatzungen mußten schon mit Blindheit geschlagen sein, wenn sie uns nicht entdeckt hatten.«

Nachdem die Fieseler Störche verschwunden waren, kamen einige ältere Männer und eine Frau, die in der Nähe auf den Feldern gearbeitet hatten, zu den Soldaten in der Kiesgrube. Eindringlich rieten sie ihnen von dem Vorhaben ab, sich in Richtung Vogelsberg durchzuschlagen. Erst vor wenigen Stunden, so erzählten sie, habe dies eine andere Gruppe deutscher Soldaten versucht. Beim Überschreiten der Höhe zwischen Nieder-Mörlen und Steinfurth hätten die meisten von ihnen den Tod gefunden. Auf der Straße von Schwalheim in Richtung Steinfurth-Rockenberg-Münzenberg-Lich rollten starke amerikanische Verbände, und es sei nahezu unmöglich, diesen Bereich ungesehen zu passieren.

Aus seiner Sicht beschreibt Otto Ludwig, welche Irritationen diese Mitteilung bei den Männern des Bataillonsstabes ausgelöst hat: »Jetzt war guter Rat teuer. Auf das Angebot der Zivilisten, uns Zivilkleidung zu bringen, wollten wir nicht eingehen. Es schien uns doch zu schimpflich, nachdem wir so viele Jahre den feldgrauen Rock getragen hatten, in Ehren getragen hatten, in eine Zivilpelle zu kriechen und so sang- und klanglos zu verschwinden. Schließlich sahen wir aber ein, daß das die einzige Möglichkeit überhaupt war, einem unrühmlichen Tod oder der Gefangenschaft zu entgehen und aus dem Kessel herauszukommen. In großen Kartoffelkörben war die Kleidung schnell zur Stelle, und wir gingen eilig ans Umkleiden. Große Anprobe konnten wir nicht halten. Mit Ausnahme von unserem Kommandeur, der einen noch guten grünen Lodenanzug wegen seiner umfangreichen Proportionen erhalten hatte, griffen wir wahllos, was wir in die Hände bekamen. Wahrhaftig, wir hätten einer Modenschau zu einem Lumpenball alle Ehre gemacht. Aber was half's! Es mußte eben auch so gehen. Der Kommandeur, nunmehr Herr Brack, wünschte jedem viel Glück und schlug sich, angetan mit seinem grünen Lodenanzug, ein Jägerhütchen keck in die Stirn gedrückt, als Förster getarnt, seitwärts in die Büsche.« Der Mann, der wenige Tage zuvor noch Friedberg in Brand hatte schießen lassen wollen, wenn er dort weiße Fahnen sehe, verleugnete seinen militärischen Rang, seine Aufgabe und seine Verantwortung: »Nunmehr Herr Brack«, wie Otto Ludwig schnippisch bemerkt.

Am besten scheint es Unteroffizier Finkeldey getroffen zu haben:

Nachdem Straube verschwunden und bald danach auch die Amerikaner mitsamt dem ehemaligen Kampfkommandanten weggefahren waren, hatte er noch eine Zeitlang unschlüssig im Burghof herumgestanden. Dann hatte er sich entschlossen, zunächst einmal zu seinen Eltern zu gehen und ihnen von der Übergabe der Stadt zu erzählen. Später ging er zurück ins Lazarett nach Bad Nauheim. Der stellvertretende Chefarzt des Reservelazaretts I bescheinigte ihm am nächsten Tag, er sei »wegen Oberschenkeldurchschuß links mit erheblicher Bewegungseinschränkung wehruntauglich« und darum »mit sofortiger Wirkung aus der Wehrmacht entlassen«.

Der endgültige Zusammenbruch konnte sich kaum nachhaltiger bekunden als in der Eile, mit der viele Soldaten versuchten, ihre Uniformen loszuwerden. Mit dieser Uniform, das scheint ihnen klar gewesen zu sein, war kein Staat mehr zu machen. Der Makel der Niederlage haftete schon an ihr. So schnell wie möglich wollten die meisten zurück ins Zivilleben, um mit dem Aufbau einer neuen Existenz zu beginnen. Erstmals deutet sich hier an, was bald für die meisten zum Gemeinplatz und zu einem festen Topos im Grundverständnis der Bundesrepublik werden sollte: daß die Kriegsjahre »verlorene« Jahre waren.

Trotz aller Mühen und Anstrengungen sind die meisten Soldaten der Gefangenschaft nicht entgangen. Viele, die in den Luftschutzräumen der Augustinerschule Unterschlupf gesucht hatten, marschierten unmittelbar in die Gefangenschaft. Andere, wie die im südöstlichen Verteidigungsabschnitt liegenden Soldaten, mußten erst durch Zivilisten über die vollzogene Kapitulation informiert werden. Einige Zivilisten waren damit beschäftigt, die von den Soldaten verlassenen Stellungen auf Lebensmittel, Bekleidungsstücke und andere irgendwie brauchbare Gegenstände zu durchsuchen.

Nachdem die amerikanischen Kampfverbände in nordöstliche Richtung weitergezogen waren, herrschte am späten Vormittag auf der Kaiserstraße eine gespenstische Situation. Kaum ein Mensch war auf der Straße zu sehen. Hier und da kehrten die ersten Bewohner, die

Friedberg in den letzten Tagen verlassen hatten, mit Leiterwagen und Rucksäcken in die Stadt zurück. Überall lagen Helme, Gewehre und Ausrüstungsgegenstände herum, Überreste einer Truppe, die zu bestehen aufgehört hatte. Am Nachmittag begannen die Aufräumarbeiten. Unter Aufsicht der Polizei wurde das Heeresgut zusammengetragen und zum städtischen Lagerplatz oder in den Hof des Landratsamtes gefahren. Die letzten Opfer des Krieges in Friedberg waren zwei Kinder, die mit herumliegender Munition spielten: Dem einen wurde die Hand abgerissen, das andere verlor das Augenlicht.

Nun waren keine Bombenangriffe mehr zu erwarten, die ständige Angst vor Fliegeralarm und die Tage und Nächte in den Kellern waren vorbei. Die Bevölkerung erfuhr dies als eine Erlösung. »Mit einem Mal Fliegerruhe«, notierte Karl Orth. »Was das nach den letzten Tagen und Wochen bedeutete, kann nur der beurteilen, der in ähnlicher Lage gewesen ist. Es gibt keinen Alarm mehr. Das war das Aufatmen der Bevölkerung. Denn von deutschen Fliegern hatten wir in der letzten Zeit nichts mehr gesehen, und von ihnen glaubte man daher auch nichts befürchten zu müssen.« Daß sich auch Orth mit dem militärischen Zusammenbruch abgefunden hatte, hätte er kaum deutlicher zum Ausdruck bringen können.

Belagerungszustand

Am 30. März, Karfreitag, bezog der amerikanische Militärgouverneur für Stadt und Kreis Friedberg im Rathaus auf der Kaiserstraße Quartier. Seine erste Amtshandlung war, den Belagerungszustand über die Stadt zu verhängen. Auf Maueranschlägen – das städtische Amtsblatt konnte erst nach Ostern wieder erscheinen – wurde bekanntgegeben, daß die Bevölkerung zwischen 18 Uhr abends und 8 Uhr morgens die Häuser nicht verlassen dürfe. Die Totalverdunklung müsse strengstens eingehalten werden. Außerdem müsse sich jeder bei der amerikanischen Militärverwaltung einen Personalausweis mit Lichtbild und Fingerabdruck beschaffen. Wer dem nicht unverzüglich nachkomme und auf der Straße ohne diesen Ausweis angetroffen werde, müsse mit einer empfindlichen Geldstrafe rechnen. Auf Verstöße gegen die Ausgangssperre stand Gefängnis. Es wurde eine Bannmeile von drei Kilometern um die Stadt gelegt; nur wer einen Passierschein der Militärverwaltung besaß, durfte sich weiter entfernen. »Ansammlungen von mehr als 5 Personen in der Öffentlichkeit oder in Privatwohnungen sind verboten. Das Abhalten von Gottesdiensten ist gestattet. Ansammlungen vor Lebensmittelausgabestellen oder vor öffentlichen Ämtern haben sich sofort aufzulösen, falls irgendwelche Unruhen entstehen.«

Jeder nur mögliche Widerstand sollte bereits im Keim erstickt werden. Dementsprechend wurden die Bewegungsfreiheit eingeschränkt, Zusammenkünfte verboten und die Identität neu erfaßt. So war der

Alliierte Militärregierung Deutschland

Kontrollgebiet des Obersten Befehlshabers

Bekanntmachung

an die Zivilbevölkerung

1. Die Militärregierung ist eingesetzt worden. Jedermann hat unverzüglich und widerspruchslos alle ihre Verordnungen und Befehle zu befolgen.

2. Sämtliche Zivilpersonen müssen außer Sicht in ihren Wohnungen, Luftschutzkellern oder Arbeitsstätten bleiben, bis weiteres bekannt gemacht wird. Später gelten dann folgende Ausnahmen:

   a. Zwischen 8 und 12 Uhr kann eine Person per Haushalt die Wohnung verlassen, um Nahrungsmittel und Wasser zu holen.

   b In besonderen Fällen kann ein Offizier der Militärregierung schriftliche Erlaubnis erteilen, die größere Bewegungsfreiheit zuläßt.

3. Vollständige Verdunklung ist von Sonnenuntergang bis Sonnenaufgang einzuhalten

4. Der Gebrauch und das Tragen von Fotoapparaten und Ferngläsern ist untersagt.

5. Alle Anlagen geeignet zur Nachrichtenübermittlung, Schußwaffen, Munition, Sprengstoff und anderes Kriegsmaterial müssen dem von der Militärregierung ernannten zeitweiligen Bürgermeister übergeben werden, sobald Ausgangserlaubnis besteht.

Deutsche Polizeibeamte dürfen auf Grund schriftlicher Erlaubnis eines Offiziers der Militärregierung Kleinkaliberwaffen und zugehörige Munition besitzen und bei sich tragen, um Ruhe und Ordnung aufrecht zu erhalten.

6. Personen, die wegen Begehung eines der nachfolgenden Verbrechen schuldig erkannt werden, können mit jeder gesetzlich zugelassenen Strafe einschließlich der Todesstrafe bestraft werden.

   a. Verbindung mit deutschen Streitkräften.

   b. Bewaffneter Angriff oder bewaffneter Widerstand gegen Angehörige der alliierten Streitkräfte.

   c. Ungesetzlicher Besitz oder Verfügungsmacht über Gegenstände, die im Paragraph 5 oben aufgezählt sind.

   d. Beihilfe für irgendeinen Angehörigen der deutschen oder mit Deutschland verbündeten Streitkräfte, um seine Gefangennahme zu verhindern.

   e. Störung des Beförderungs- und Nachrichtenwesens.

   f. Sabotage irgendwelchen Kriegsmaterials der alliierten Streitkräfte.

   g. Vorsätzliche Zerstörung, Entfernung, Fälschung oder Verheimlichung von Urkunden, Akten oder Archiven jeder Art.

   h. Diebstahl, Plündern oder Beute machen.

   i. Vorsätzliche Behinderung oder Irreführung von Angehörigen der alliierten Streitkräfte.

   j. Jede andere Hilfeleistung im Interesse der deutschen Kriegsführung und jede Gefährdung der Sicherheit der alliierten Streitkräfte.

7. Verstöße gegen eine der obigen Bestimmungen werden durch ein Gericht der Militärregierung bestraft.

8. Die vollständigen Anordnungen der Militärregierung werden in Kürze angeschlagen werden.

Im Auftrage
des Militärbefehlshabers.

Die erste »Bekanntmachung an die Zivilbevölkerung«: Der einheitliche Text wurde von den Amerikanern unmittelbar nach der Eroberung in allen Städten und Landkreisen angeschlagen. Die unter Punkt 8 angekündigten »vollständigen Anordnungen« waren detaillierter, ließen der Zivilbevölkerung insgesamt aber eine größere Bewegungsfreiheit.

Aktionsradius eines jeden, der mit dem Gedanken an Widerstandsaktionen spielte, von vornherein beschränkt, und es bestanden nur wenige Möglichkeiten unterzutauchen. Vor allem bei Nacht, wenn die Werwölfe hätten tätig werden können, ließen sich die aufgrund der Ausgangssperre menschenleeren Straßen gut unter Kontrolle halten. Jeeps mit aufmontierten Maschinengewehren fuhren in unregelmäßigen Abständen Patrouille.

Als sich in der ersten Woche kein größerer Widerstand der Bevölkerung feststellen ließ – lediglich nach dem 2. April, dem reichseinheitlichen Aufruf zum Werwolf, waren nachts einige Parolen auf Hauswände gepinselt worden –, verkürzte Hauptmann Sullivan, der amerikanische Stadtkommandant, die Ausgangssperre auf die Zeit von 20 Uhr abends bis 6 Uhr morgens. Auch sonst ließ er die verschiedenen Bestimmungen des Belagerungszustandes nicht allzu streng handhaben: Wer in der Zeit der Ausgangssperre auf der Straße aufgegriffen wurde, mußte auf einem Feldbett im »Haus des Handwerks« übernachten, das die amerikanische Militärverwaltung für diese Zwecke beschlagnahmt hatte. Berufsschulunterricht fand ohnehin keiner statt. Auch der amerikanische Stadtkommandant war aus dem Alten Rathaus dorthin gezogen, nachdem er zwischenzeitlich noch einige Tage seine Büros im Finanzamt untergebracht hatte.

Die Reisebeschränkungen, die die Amerikaner erlassen hatten, fielen nicht sonderlich ins Gewicht, da der Gleiskörper im Bereich des Friedberger Bahnhofs völlig zerstört war und ohnehin keine Züge fuhren. Grundsätzlich gab die Militärverwaltung Passierscheine nur an Ärzte und Hebammen aus, damit diese Patienten außerhalb der Stadt aufsuchen konnten. An den Ostertagen kehrten jedoch viele von denen wieder nach Friedberg zurück, die am Palmsonntag die Stadt verlassen hatten, und umgekehrt wollten auch die Frankfurter, die nach Friedberg evakuiert worden waren, so schnell wie möglich nach Hause. Man hatte den Krieg überlebt, jetzt mußte man sich wieder um den Besitz kümmern, zumal, wie man hören und sehen konnte, überall Plünderer am Werk waren. Diese Rückkehrbewegungen konnten von der Militärverwaltung nicht völlig unterbunden werden. Einige Friedberger fuhren auch ohne Passierschein auf Fahrrädern in die umliegenden Dörfer, um dort Milch und andere Nahrungsmittel zu holen. In den Tagen vor der Kapitulation der Stadt nämlich hatten die Bauern die Molkereien nicht mehr beliefern können, und es war nicht abzusehen, wann diese ihren Betrieb wieder aufnehmen würden.

Im letzten Kriegsjahr war der Kaufmann Richard Poppe Bürgermeister in Friedberg. Da er führendes Mitglied der NSDAP-Ortsgruppe war, wurde er vom amerikanischen Militärgouverneur sofort seines Amtes enthoben. Er wurde verhaftet und, ebenso wie die NSDAP-Funktionäre, deren man habhaft werden konnte, in einem Lager bei Darmstadt interniert. Demgegenüber blieben die Dienststellenleiter der verschiedenen Verwaltungen, soweit sie nicht Funktionsträger der NSDAP waren, auf ausdrückliche Anordnung des Militärgouverneurs vorerst auf ihren Posten, ebenso wie sämtliche Angehörige der Friedberger Polizei, die auf ihrer Uniform nun eine weiße Armbinde mit der Unterschrift des amerikanischen Stadtkommandanten zu tragen hatten. Ihre Waffen freilich mußten die Polizisten ablegen. Mitte April erst wurden die NS-Aktivisten aus den Reihen der Polizei entfernt. Auch Landrat Großmann, der zwar ein alter Parteigenosse war, aber in letzter Zeit keine Parteifunktion mehr innegehabt hatte, blieb noch für einige Tage in seinem Amt.

Für Poppe wurde Balduin Vogt als neuer Bürgermeister eingesetzt. Ausschlaggebend für die Wahl Sullivans scheinen Vogts gute Englischkenntnisse gewesen zu sein. Weitere Erkundigungen wurden offensichtlich nicht eingeholt, denn sonst wäre man darauf gestoßen, daß Vogt bereits 1931 der NSDAP beigetreten war. Nach einigen Tagen jedoch wurde bekannt, wahrscheinlich durch Denunziation, daß Vogt formell noch Militärperson war. Nach der Übergabe der Stadt hatte er seine Zahlmeisteruniform kurzerhand ausgezogen und sich als Zivilist umgehend den amerikanischen Militärbehörden zur Verfügung gestellt. Vielleicht wurde darüber hinaus auch bekannt, daß Vogt »alter

Kämpfer« war. Da er nicht ordnungsgemäß aus der Wehrmacht entlassen worden sei, so verlautete offiziell, habe man ihn abgesetzt und in ein Gefangenenlager gebracht. Dort ist er an Unterernährung gestorben.

Landrat Großmann scheint sich hinsichtlich seiner Haltung gegenüber der Besatzungsmacht unschlüssig gewesen zu sein. Bei einer kurzen Besprechung der Friedberger Behördenleiter vertrat er die Auffassung, im Interesse der Gesamtbevölkerung sollte man sich der Besatzungsmacht loyal zur Verfügung stellen. Das war bemerkenswert, denn diese Empfehlung stand im Widerspruch zu den Instruktionen, die alle Ämter noch einmal Mitte März von ihren vorgesetzten Dienststellen erhalten hatten: Der Widerstand sei im geheimen fortzusetzen und jede Zusammenarbeit mit den Amerikanern zu verweigern – eine »bei unserer Lage gelinde gesagt kindlich-romantische Vorstellung«, wie Karl Orth anmerkt. Großmann scheint die Loyalität gegenüber den Amerikanern nicht leicht gefallen zu sein, denn in einem kurzen Gespräch mit Orth im Anschluß an die Dienstbesprechung meinte er, es wäre richtiger, »sich eine Kugel vor den Kopf zu schießen anstatt dazubleiben und die Maßnahmen des Gegners über sich ergehen zu lassen«. Orth widersprach Großmann entschieden: Er habe ein gutes Gewissen, was sein Handeln in den zurückliegenden Jahren anbetreffe, und sehe darum keinen Grund zum Selbstmord. Auf dieses gute Gewissen, erwiderte Großmann, werde der Gegner nichts geben.

Großmanns politische Haltung vor und nach Übergabe der Stadt ist keineswegs eindeutig. In den Tagen vor der Flucht der Parteileitung hatte auch er erwogen, sich in den Vogelsberg abzusetzen. Verschiedene Wertgegenstände, die er nicht mitnehmen konnte, hatte er bereits bei Nachbarn untergebracht, dann war er doch geblieben. Die Kisten ließ er zunächst freilich bei den Bekannten. Daß sich in einer dieser Kisten ein Jagdgewehr befand, hatte Großmann den Nachbarn nicht gesagt, und die hatten es darum den amerikanischen Soldaten, die Hausdurchsuchungen vornahmen, nicht angegeben. Als die Waffe gefunden wurde, kamen sie in allergrößte Schwierigkeiten.

In mehreren eidesstattlichen Erklärungen hat sich Großmann bestätigen lassen, daß er im März 1945 für die kampflose Übergabe Friedbergs eingetreten sei. Worin dieses Eintreten bestand, geht aus keiner dieser Erklärungen hervor. Dafür wird in zweien, beide Ende 1946 abgegeben, Großmann das alleinige Verdienst an der Übergabe der Stadt zugesprochen: »Die erfolgte kampflose Übergabe der Stadt Friedberg an die angreifenden amerikanischen Panzertruppen ist jedenfalls das Verdienst Großmanns«, heißt es in der einen; »so hat Großmann Burg und Stadt Friedberg vor vielleicht völliger Zerstörung bewahrt, manch deutschen und amerikanischen Soldaten vor dem Tode gerettet und den Einwohnern Leben, Hab und Gut erhalten«, heißt es in der anderen Erklärung. Beide waren für Großmanns Entnazifizierungsverfahren bestimmt und nahmen es mit den Tatsachen nicht sonderlich genau. Warum sollte Großmann nach der Übergabe der Stadt an Selbstmord gedacht haben, wenn er doch diese Übergabe angeblich so entschieden betrieben hatte?

Offensichtlich wollte Großmann den weiteren Gang der Ereignisse abwarten und währenddessen für jeden möglichen Ausgang Vorsorge treffen, ohne sich in der einen oder anderen Weise zu exponieren. Bezeichnend ist sein Besuch bei Hauptmann Henrich im »Deutschen Lazarett« in Bad Nauheim. Großmann kam, um sich von Henrich bestätigen zu lassen, daß er gegen die Verteidigung Friedbergs eingestellt gewesen sei. Aber er kam nicht gleich in den Tagen nach der Übergabe, sondern erst nach der bedingungslosen Kapitulation der Wehrmacht, als auch die letzte Hoffnung auf eine »Wende« geschwunden war. Jetzt plötzlich hatte er es eilig, denn er mußte jeden Tag mit seiner Internierung rechnen. Dieses Sich-nach-allen-Seiten-Absichern steckte möglicherweise auch hinter der Bemerkung gegenüber Orth, es wäre besser, »sich eine Kugel vor den Kopf zu schießen anstatt dazubleiben«: In der Sitzung hatte Großmann einem loyalen Verhalten gegenüber den Siegern das Wort geredet, womit er sich notgedrungen sehr weit vorgewagt hatte, danach suchte er einen Zeugen, vor dem er das wieder relativieren konnte.

In den ersten Tagen nach der Kapitulation scheint in den Friedberger Behörden und Verwaltungen große Unsicherheit geherrscht zu haben. Wie hatte man sich den Amerikanern gegenüber zu verhalten, sollte man ihren Anweisungen folgen oder passiven Widerstand leisten? Was war höher zu bewerten: der Diensteid oder die offenkundige Tatsache, daß das Deutsche Reich den Krieg verloren hatte? Und wenn man weiterhin seinen Dienst ordentlich versah, war dies im Interesse der Bevölkerung oder war es Kollaboration mit dem Feind? Setzte man sich damit vielleicht dem Vorwurf aus, feige den Anordnungen des Siegers zu gehorchen? Wenn ja, war dieser Vorwurf berechtigt? Und wenn man mit den Amerikanern zusammenarbeitete und sich ihnen gegenüber loyal verhielt, wie weit durfte man dann gehen? Wo, mit einem Wort, endete das deutsche Interesse, und wo begann die Kollaboration?

Kollaboration selbst, so jedenfalls geht aus den vorliegenden Unterlagen hervor, wurde in Friedberg kaum jemandem zum Vorwurf gemacht, wahrscheinlich deswegen, weil sehr bald die meisten in irgendeiner Form mit den Amerikanern »kollaborierten«. Deswegen freilich brauchten die Amerikaner noch lange nicht alles zu wissen, das scheint die vorherrschende Meinung gewesen zu sein. Informationen, die einen Deutschen belasteten, an die amerikanischen Militärbehörden weiterzugeben galt als Denunziation, und auf diesen Begriff reduzierten sich die Vorstellungen von Kollaboration. In dem Bericht des Polizeihauptmanns Rust heißt es: »Ja, es gab zur damaligen Zeit sogar Deutsche, die die Soldaten, die sich auf wer weiß wie gefährlichen Schleichwegen nach Friedberg zu ihren Eltern und Frauen durchgekämpft hatten, an die Militärregierung verrieten, damit sie von den Amerikanern abgeholt und in Gefangenschaft gebracht wurden. Unter diesen Deutschenverrätern befand sich auch der Polizeihauptkommissar K. aus Friedberg. Ich habe selbst mitangehört, als er heimgekehrte Soldaten, die sich polizeilich anmeldeten und nun glaubten, geborgen zu sein, dem Oberleutnant Alexander von der Militärregierung zur Abholung namhaft machte. Der Lohn waren amerikanische Zigaretten und Saufgelage.« Dreißig Silberlinge für den

Verräter, jeder Informant ein Judas – nach diesem Muster haben wohl die meisten die Weitergabe von Informationen an die Amerikaner verurteilt.

Verschiedene Gründe scheinen hierbei eine Rolle gespielt zu haben: Da war bei manchen noch das Ideal von der Volksgemeinschaft wirksam, die Vorstellung, man müsse gerade jetzt in der Not zusammenhalten und dürfe nichts an die Sieger preisgeben, vor allem nicht um eines persönlichen Vorteils willen. Dieser Verdacht, um persönlicher Vorteile willen anderen Schaden zuzufügen, lastete auf jedem Informanten der amerikanischen Militärbehörden. Beides wurde wohl verstärkt durch die Abneigung, die viele in der Nazizeit bereits gegen Denunzianten gehabt hatten. Noch heute wird in den Erzählungen älterer Friedberger immer wieder betont, es seien dieselben gewesen, die »bei den Nazis und bei den Amis« denunziert hätten. Das scheint nicht unwahrscheinlich, wenn man berücksichtigt, daß gerade die Denunzianten sich jetzt neue Beschützer suchen mußten und daß die amerikanischen Militärbehörden aufgrund mangelnder Mitteilungsbereitschaft der übrigen Bevölkerung auf die Informationen notorischer Denunzianten angewiesen waren.

Die Karfreitagsgottesdienste waren überfüllt. Noch ganz unter dem Eindruck der gerade überstandenen Gefahr strömten die Menschen in die Kirchen. Dankbarkeit und Erleichterung spielten sicherlich eine Rolle, wohl aber auch die Erwartung, hier Antworten auf viele plötzlich akut gewordene Fragen zu bekommen, neue Orientierungen und möglicherweise auch einen neuen Lebenssinn zu finden. In breiten Schichten Deutschlands waren religiöse Energien zwölf Jahre lang auf Führer und Reich übertragen gewesen. Im Frühjahr 1945 wurde dies wieder rückgängig gemacht: Nach dem Ende aller »Reichs-Träume« besuchten die Menschen wieder die Gotteshäuser – für kurze Zeit jedenfalls.

Der Einschnitt, den die Übergabe der Stadt im Leben der Bevölkerung darstellte, ist offensichtlich sehr unterschiedlich erfahren worden. Hier interessiert weniger die politische Bewertung – etwa die Frage, ob das Eintreffen der Amerikaner als Niederlage oder als Befreiung erfahren wurde –, sondern zunächst nur, ob die Tage und Wochen vor und nach der Übergabe der Stadt als ein kontinuierlicher Zeitraum wahrgenommen wurden oder ob der Übergang der Macht von den Deutschen auf die Amerikaner einen biographisch bedeutsamen Bruch bildete. Für Karl Orth war es ein tiefer Einschnitt: »Wir waren geschlagen und mußten dulden. Jetzt kam uns nach und nach zu Bewußtsein, was die Niederlage für uns zu bedeuten haben würde …«

Bezeichnenderweise war es das Verhalten »aufsässig gewordener Fremdarbeiter und Kriegsgefangener«, das in Orth das Bewußtsein der Niederlage auslöste; sie stellten Ansprüche, obwohl sie selbst gar nicht die Sieger waren, sondern in deren Gefolge die Niederlage der Deutschen ausnutzen wollten – so jedenfalls sah es Orth. Daß dies auch eine Folge der jahrelangen Demütigungen sein konnte, die ihnen die Verlierer zugefügt hatten, als sie noch Sieger waren, kam Orth nicht in den Sinn. Für ihn stand im Vordergrund die Erfahrung der kollektiven Ohnmacht, die auch die Ohnmacht eines jeden einzelnen war. Man war dem Sieger und allen, die unter seinem Schutz standen, auf Gedeih und Verderb ausgeliefert. Dabei flossen das persönliche Schicksal des einzelnen und das der Gemeinschaft ineinander: »Wir wissen nicht«, so faßte er die eigenen Ängste und offensichtlich auch die seiner Umgebung zusammen, »wann und wo wir wieder Arbeit, Brot und Hausung finden werden. Wir hören täglich aus dem Rundfunk entsetzliche Erzählungen über die Zustände in den Konzentrationslagern. Wir lesen zwischen den Zeilen Drohungen über Drohungen. Wir sehen, wie die ausländischen Arbeiter Herren über uns geworden sind und unsere schmalen Rationen durch die ihnen zuerkannten Begünstigungen noch weiter schmälern. Wir fürchten die Hungersnot. Und in all die Sorge des einzelnen um sich, um seine noch vermißten Angehörigen, mischt sich die Sorge um das Schicksal des Vaterlandes. Was soll aus ihm werden?«

Für Ferdinand Dreher war nicht nur das Reich zugrunde gegangen. Er hatte an den Führer geglaubt. Nachdem der einzige Sohn im August 1941 in Rußland gefallen war, war er noch mehr auf den Sieg fixiert. Davon hing auch ab, was der Tod des Sohnes bedeutete: heroisches Opfer für das Vaterland oder Erlöschen der Familie. Drehers Tagebucheintragungen in den letzten Kriegsmonaten schwanken zwischen Hoffnung und Verzweiflung. Die letzte Eintragung, datiert auf den 8. März, ist paradigmatisch: »Endlose Tiefflieger-Anflüge und Schießerei«. Wenige Tage danach hat er Friedberg verlassen und sich zusammen mit seiner Frau in den Vogelsberg zurückgezogen. Am 15. April nahm er Gift.

Für Orth dagegen waren das Ende der NSDAP und der Zusammenbruch des Reichs zwei völlig verschiedene Dinge. So hält er für die zweite Aprilhälfte in seinem Bericht fest: »Es kam der völlige Zusammenbruch der deutschen Heeresmacht an allen Fronten, die furchtbaren Kämpfe in Berlin und der widerwärtig-unharmonische Ausklang des Parteizusammenbruchs [gemeint sind wohl die Parteiausschlüsse von Göring und Himmler]. Daß er zusammenfiel mit dem Unglück des Vaterlandes und des deutschen Volkes, bedeutet nicht, daß beide miteinander gleichzusetzen sind, wie das in Reden oft betont wurde. Die innere Hohlheit des Parteiapparates, das Triumphieren der Lüge in ihrem gesamten Propagandasystem hatten den Koloß schon längst seines inneren Haltes beraubt und die Voraussetzungen für seinen Sturz geschaffen.«

Wer sich weniger mit der Partei beziehungsweise dem Reich identifiziert hatte, sah die Dinge anders. Der Einschnitt, den die Übergabe der Stadt und der bevorstehende Zusammenbruch des Reichs darstellte, hatte hier eine weit geringere Bedeutung. Mit der Übergabe der Stadt, so antworteten im Sommer 1983 viele der befragten Frauen, hätten endlich die Luftangriffe aufgehört, aber sonst habe sich eigentlich gar nicht viel geändert. Die Lebensmittel seien vorher und nachher knapp gewesen, und man habe es sehr schwer gehabt, ganz allein die Kinder durchzubringen. Der Krieg, so die pointierteste Antwort, sei erst zu Ende gewesen, als der Mann wieder zu Hause war.

Hier hat der Krieg gar nichts von einer Haupt- und Staatsaktion, sondern wird ausschließlich als eine gravierende Beeinträchtigung des Ehe- und Familienlebens erfahren. Wer die Dinge so sah, dem war ziemlich gleichgültig, ob das Reich in Trümmern lag. Wichtig war die eigene Wohnung. Er fragte auch nicht unbedingt, ob nun die Millionen Toten sinnvoll oder sinnlos gestorben waren. Nur der eigene Sohn, der eigene Mann war von Bedeutung. Es war dies die radikale Umkehr dessen, was zwölf Jahre in die Köpfe der Menschen gehämmert worden war: Du bist nichts, Dein Volk ist alles! Volk, Gemeinschaft, Staat, das waren leere Worte! Jetzt hatte man sich um sich selber zu kümmern, um die Kinder, die Eltern, den Mann. Das genügte. Mit dem Einmarsch der Amerikaner scheint diese Einstellung immer mehr Anhänger gefunden zu haben.

Denjenigen dagegen, denen Volk und Vaterland auch jetzt noch zentrale Bezugspunkte waren, erschien diese Haltung als egoistisch und verantwortungslos. Plötzlich habe es keinen Gemeinschaftssinn mehr gegeben, ist der durchgängige Tenor in den Berichten von Orth und Rust. In dieser Kritik schwang sicherlich noch die Idee von der Volksgemeinschaft mit. So redet etwa Orth noch lange von der »Gefolgschaft«, wenn er die Mitarbeiter des Finanzamts meint. Und Fritz Rust klagt: »Es war alles aus den Fugen, kein Recht und kein Gesetz wurde mehr beachtet. Der Begriff ›Mein und Dein‹ war abhanden gekommen. Jeder organisierte und stahl, wo nur etwas zu holen war. Wo war die mustergültige deutsche Ordnung geblieben?«

Die Klage über den verlorenen Gemeinschaftssinn und die entschlossene Feststellung, jetzt müsse man sich erst einmal um sich selber kümmern, bilden offensichtlich die beiden Endpunkte in der Skala möglicher Einstellungen. Die vorliegenden Quellen dürften jedoch insofern täuschen, als ihre Autoren nicht repräsentativ sind. Die Frauen aus dem Altenclub etwa hätten ihre Erlebnisse und Meinungen nie aufgeschrieben; sie hielten sie für zu unwichtig, zu belanglos. Wahrscheinlich orientierten sich die meisten irgendwo zwischen beiden Extrempunkten – jedenfalls wenn sie danach gefragt worden wären. In Wirklichkeit waren fast alle damit beschäftigt, für das eigene Überleben und das der Familie Sorge zu tragen.

Trotz aller Klagen neigte Orth offensichtlich zu der Auffassung, die Belästigungen und Repressionen seit dem Einmarsch der Amerikaner seien bei weitem nicht so zahlreich und gravierend wie zunächst befürchtet: »Möge es uns nicht schlimmer ergehen, als es uns bisher ergangen ist«, notiert er Anfang Mai. Wer besiegt ist, so seine Überzeugung, hat sich mit den Folgen der Niederlage abzufinden. Das gelte um so mehr für das deutsche Volk, das in seiner Gesamtheit, wie er meint, für die jetzige Lage mitverantwortlich sei.

Wie leicht gerade diese These, die später unter dem Begriff der Kollektivschuld populär wurde, in eine Entschuldigung für die wirklich Verantwortlichen umschlagen konnte, zeigt sich in Orths Aufzeichnungen: »Wir wollen jetzt nicht mit Steinen nach den Verantwortlichen werfen, die sich selbst gerichtet haben oder noch gerichtet werden. Die allgemeine passive Schuld des deutschen Volkes verbietet es jedem einzelnen unter uns, Richter zu sein. Es ist daher auch geboten, Maß zu halten in unserer Beurteilung und Verurteilung der Männer und Frauen, die das Volk in dieses Chaos hineingeführt haben.« Das legt nahe, daß Orth Urteile gehört oder gelesen hat, die er für maßlos hielt. Leider hat er hierüber nichts festgehalten. Gelegentlich nur merkt er an, es sei die *Frankfurter Rundschau*, die sich mit Drohungen gegen ehemalige Parteimitglieder nicht genugtun könne. Zu diesen ehemaligen Parteimitgliedern gehörte er selbst.

Freilich übte auch Orth herbe Kritik an den unteren und mittleren NSDAP-Funktionären; er warf ihnen vor, im entscheidenden Augenblick nicht das gewesen zu sein, was sie vorgegeben hatten: »Alle diese großsprecherische Tod- und Teufelpropaganda hatte sich selbst damit den Erfolg abgegraben, daß die Parteileute (Gauleiter mit Stab, Kreisleiter mit Stab usw.) es durchweg vorzogen, sich nicht mit der Waffe in der Hand in die Widerstand leistende Truppe einzureihen und ihr Gaugebiet und Kreisgebiet zu verteidigen, sondern mit Kind und Kegel in wohlvorbereiteten Kraftwagen nach rückwärts flüchteten.«

Orths Vorwurf gegen die Partei bestand zunächst also darin, daß ihre Chargen im entscheidenden Augenblick feige gewesen sind. Daneben kritisierte er, was erheblich schwerer wog, daß die Partei sich der kämpfenden Truppe nicht untergeordnet habe, sondern ihre eigenen Wege gegangen sei. Für die NS-Führung hatte allerdings niemals zur Debatte gestanden, sich der Truppe einzureihen; ihr war es immer und ausschließlich darum gegangen, im Volkssturm eine »Parteiarmee« zur Verfügung zu haben, mit der man der Wehrmacht endlich zeigen konnte, was »fanatischer Widerstand« war, und die den letzten Einfluß jener »reaktionären Offiziersclique«, wie Hitler die Verschwörer des 20. Juli genannt hatte, beseitigen sollte. Für den Konservativen Orth dagegen stand der Primat des Staates gegenüber der Partei unumstößlich fest. Selbstverständlich hatte sich die Partei dem Staat unterzuordnen.

Orths Haltung war typisch für die meisten Beamten, die nach 1933 in die NSDAP eingetreten waren, weil sie von ihr die Wiedererlangung jenes Sozialprestiges erwarteten, das sie im Kaiserreich innegehabt hatten. Tatsächlich hatte sich die NSDAP eine Zeitlang als Anwalt des Berufsbeamtentums dargestellt, wobei vor allem Jakob Sprenger, dem damaligen Sachbearbeiter für Beamtenfragen in der NSDAP-Reichsleitung und späteren Gauleiter von Hessen, eine entscheidende Rolle zugefallen war. Orth scheint dem Nationalsozialismus insoweit Sympathien entgegengebracht zu haben, als dieser die Wiederherstellung des autoritären Staates versprach. Fachbeamte, keine Parteibeamte, diese gegen die Weimarer Republik gerichtete Parole der NSDAP hatte auch ihn angesprochen. Kompetenz und Pflichterfüllung, das waren Werte, die ihm zusagten, und diese Vorstellungen, verbunden mit einem Denken in klaren Hierarchien, hatte er über den Zusammenbruch hinweggerettet. Für den Untergang des Deutschen Reiches waren, wie man an »den Parteileuten« sehen konnte, Inkompetenz und mangelnde Pflichterfüllung verantwortlich.

Orth unterschied dabei sehr genau zwischen »Parteileuten« und denen, die unter anderem *auch* Mitglied der NSDAP gewesen waren, oft nur, um ihre berufliche Stellung zu sichern oder zu verbessern. Die rigorose Entlassung von Mitgliedern der NSDAP aus allen Behörden, so klagte er, werde nur »ein haßerfülltes Beamtenproletariat (erzeugen), das, bisher immer nur aufs Positive eingestellt, nun zum Negativen hingezwungen, auch einmal die Dämme niederreißen könnte, die es sonst traditionsgemäß selbst immer für Staat und Volk gehütet hat.«

Orths Vorbehalte gegenüber dem Nationalsozialismus zeigen sich auch in seiner Kritik an dessen Ideologie. Sie sei eine reine Parteiangelegenheit gewesen und hätte niemals auf den Staat übertragen werden dürfen: »Meiner Meinung nach ist ihr ausschlaggebender Fehler, daß sie sich überhaupt anmaßte, eine Weltanschauung zu sein und andere Menschen, gleichviel welcher Sinnesrichtung und Herkunft, zu ihrem inneren Bekenntnis glaubte zwingen zu können. Eine menschliche Doktrin wurde aufgestellt, ihre Unwiderleglichkeit behauptet, gegen das Gewissen des einzelnen und gegen das Gottesgesetz in der Schöpfung, und jeder Widerspruch dagegen mit Brachialgewalt unterbunden. Und dabei wurde behauptet, daß die NS-Weltanschauung der reine Ausfluß der uns bisher bekannten und geläufigen biologischen Grundgesetze sei. Das kann und darf man nicht, weil wir diese Gesetze nicht bis in alle Verzweigungen kennen und niemals ihre vollkommene Kenntnis erreicht sein wird, solange Menschen leben und streben.«

Das Gewissen und die Zehn Gebote, unter Berufung darauf distanzierte sich der konservative Protestant Orth vom Nationalsozialismus. In der überwiegend evangelischen Beamtenstadt Friedberg dürften seine Ansichten repräsentativ für viele gewesen sein. »Für mich«, so fährt er fort, »bedeutet die NS-Weltanschauung die Entfernung vom göttlichen Gesetz und ihre Umsetzung in der Praxis Gottentfernung. Was daraus erwuchs unter Zuhilfenahme der Nietzscheschen Philosophie, ist nur eine andere Form der rein egoistischen Betätigung der Menschen innerhalb eines Volkskörpers und Staatsgebildes – und anderen doch auch daseinsberechtigten Völkern gegenüber.«

Immerhin: Orth setzte sich intensiv mit der Herrschaft des Nationalsozialismus auseinander. Vielen anderen genügte das, was für ihn nur der erste Schritt war: der Vorwurf der Feigheit an die Adresse der NS-Chargen.

Sowohl Orth als auch Rust waren gegen eine *politische* Bewältigung der Nazi-Herrschaft – sicherlich auch deswegen, weil sie dann selbst als ehemalige Mitglieder der NSDAP ihre Entlassung aus dem Amt zu gewärtigen hatten; vor allem aber wohl, weil sie als Konservative von Politik, wenn diese von Parteien ausgeführt wurde, nichts hielten.

»Wer soll einschreiten«, fragte Orth und gab sich die Antwort gleich selber: »Die Männer und Frauen der politischen Leidenschaften sind ungeeignet. Alles, was nach Leidenschaft aussieht, wird noch mehr zerstören, als schon zerschlagen ist.« Für Politik war der Staat zuständig, und wenn der nicht handlungsfähig war, so Orths Vorschlag, dann sollten die beiden christlichen Kirchen an seine Stelle treten, unter keinen Umständen aber die Parteien.

In den letzten Kriegstagen haben sich offenbar größere Teile der Bevölkerung, die bis dahin noch auf ein Wunder gewartet hatten, vom Nationalsozialismus abgewandt. Nicht nur, weil das Wunder ausblieb, sondern vor allem wohl deswegen, weil die Kluft zwischen den großsprecherischen Reden und dem tatsächlichen Verhalten der Funktionäre unübersehbar wurde. Indem sie sich der Gefahr entzogen und selbst zu keinerlei Opfer bereit waren, führten sie ihre eigenen Parolen ad absurdum. Die Partei hatte sich damit selbst aus der Volksgemeinschaft ausgeschlossen, so sahen es viele. Sowohl die unter dem unmittelbaren Eindruck der Ereignisse verfaßten Berichte als auch die späteren Erzählungen legen nahe, daß das Verhalten der NS-Funktionäre einer der wichtigsten Beiträge zur »Entnazifizierung« der Bevölkerung gewesen sein muß – jedenfalls wenn man unter Nazismus die Herrschaft der nationalsozialistischen Partei und deren Weltanschauung versteht.

Den Ideen des Nationalsozialismus abgeschworen oder die Hoffnung auf eine mögliche Wende des Krieges aufgegeben hatten jedoch nicht alle. In den ersten Tagen nach der Übergabe der Stadt wurden an mehreren Hauswänden nachts Hakenkreuze und Parolen angepinselt, die den deutschen Endsieg beschworen und zum Widerstand gegen die Besatzer aufriefen. Vierzehnjährige Hitlerjungen, so stellte sich bald heraus, waren die Urheber der Schmierereien. Nachdem sie verhaftet worden waren, hatten die Aktionen der »Werwölfchen«, wie sie von einigen spöttisch genannt wurden, in Friedberg ein Ende. Dagegen baten noch am 8. April die im Sanatorium Groedel in Bad Nauheim liegenden verwundeten deutschen Offiziere, die inzwischen zu Kriegsgefangenen erklärt worden waren, den dienstältesten Offizier Bad Nauheims in einer Resolution, weiterhin den Hitler-Gruß anstelle des militärischen Salutierens ausführen zu dürfen. Dem Wunsch wurde nicht entsprochen.

In den ersten Tagen nach der Übergabe der Stadt gab es in Friedberg weder Wasser noch Strom. Auch die Gasversorgung war völlig zusammengebrochen. Teilweise hatten die innerstädtischen Leitungen nach den letzten Bombenangriffen und dem Artilleriebeschuß am Morgen des 29. März nicht mehr repariert werden können, teilweise war auch die regionale Versorgung eingestellt worden. Strom und Gas ließen sich zur Not entbehren, Wasser jedoch nicht. So sah man überall in den Straßen Männer, Frauen und Kinder mit Gefäßen aller Art, in denen sie von der Pumpe am Bleichplatz auf der Seewiese oder aus alten Privatbrunnen Wasser holten und in die Wohnungen schafften. Als am 4. April die Wasserleitungen wieder in Betrieb genommen wurden und am Abend des darauffolgenden Tages auch die Stromversorgung wieder funktionierte, wurde dies als ein deutliches Zeichen für die beginnende Normalisierung des Lebens gewertet.

Jetzt konnte man auch wieder Radio hören und damit Genaueres über den Fortgang der Kämpfe erfahren. Zuvor war man weitgehend auf Gerüchte und Mutmaßungen angewiesen, die sich vor allem auf die unterschiedlichen Entfernungen gründeten, aus denen der Kanonendonner zu hören war. Am Ostersonntag konnte man aus westlicher Richtung verstärktes Geschützfeuer hören. In der Stadt ging das Gerücht um, aus dem Raum Bad Homburg seien SS-Panzer im Anmarsch. Diejenigen, die immer noch an den deutschen Endsieg glaubten, schöpften neue Hoffnung. Die Amerikaner seien in die Falle gegangen; jetzt werde sie zugemacht. Diese Gerüchte erhielten neue Nahrung, als in dem Gartengelände am Edelspfad mehrere Batterien amerikanische Artillerie in Stellung gingen. Die im Taunus tatsächlich noch operierenden SS-Verbände näherten sich Friedberg jedoch nicht, sondern zogen sich auf der Straße Homburg-Usingen zurück. Die SS-Panzer seien »in den Taunuswäldern untergetaucht«, berichtet Rust abfällig. Am zweiten Ostertag war im Westen kein Kampflärm mehr zu hören. Auch die amerikanische Artillerie zog nach einigen Tagen wieder ab. Nur noch einmal kehrte der Krieg kurz zurück: In der Nacht vom 18. auf den 19. April tauchten deutsche Jagdflugzeuge über der Stadt auf und beschossen Nachschubkolonnen der Amerikaner. Daraufhin gingen amerikanische Flakgeschütze in Stellung. Sie kamen jedoch nicht zum Einsatz, da von deutschen Jägern nichts mehr zu sehen war.

Der Durchzug amerikanischer Truppen durch die Stadt ließ allmählich nach; dafür nahmen die Transporte von deutschen Kriegsgefangenen zu, die auf amerikanischen Lastwagen die Stadt passierten. Daß die Gefangenen, auf den Lastwagen stehend, fortwährend die Arme nach oben halten mußten, wurde von vielen als militärisch unnötig und menschenunwürdig empfunden. »Dieses Schauspiel«, schrieb Rust, »war so beschämend, daß man sich abwenden mußte. Wer die Arme heruntersenkte, weil er sie nicht mehr hochhalten konnte, bekam mit dem Gewehrkolben in die Rippen gestoßen. Wie sahen diese bedauernswerten Menschen aus, durchnäßt, abgemagert, heruntergerissen und schmutzig. Wie wichtig taten hierbei diese Sieger. Es war ja auch nichts anderes zu erwarten, es gab selbst Deutsche, die unsere armen, bedauernswerten Soldaten als Verbrecher bezeichneten und öffentlich beschimpften.«

Zweierlei wird hier deutlich: die Meinungsverschiedenheiten über zwölf Jahre Nationalsozialismus, die nach dem Zerfall der NS-Herrschaft teilweise sehr heftig ausgetragen wurden, sowie der Antiamerikanismus bei einer Reihe von Deutschen. Bei Rust richtete sich diese Abneigung speziell gegen die amerikanische Armee und deren Auftreten, bei Orth eher gegen die amerikanische Politik der »re-education«. »Es ist erstaunlich«, so notierte er, »daß die schwarzen Truppen der Amerikaner vielfach als die deutschfreundlichen gekennzeichnet werden gegenüber den weißen Amerikanern. Und neulich soll ein Schwarzer zu einem Deutschen gesagt haben: ›Wir alte, ihr neue Sklaven‹, mit mitleidigem Achselzucken.«

Die Beschlagnahme von Häusern und Wohnungen durch die Amerikaner, die bei vielen tiefe Verbitterung auslöste, sah Orth eher als eine selbstverständliche Folge des Krieges. »Wir müssen froh sein«, schrieb er, »daß wir es mit amerikanischen Truppen zu tun haben und nicht mit anderen.« Er sagte dies, wiewohl er selbst von Einquartierungen betroffen war. Er hatte seine Dienstwohnung räumen müssen, als dort für kurze Zeit der Stab einer amerikanischen Artillerieeinheit einzog: »Soweit ich die einquartierten Offiziere kennenlernte, waren sie von guter Art und Haltung und betonten, daß es ihr Bestreben sei, die Lasten, die durch sie der Bevölkerung auferlegt werden müßten, in Grenzen zu halten. Auch von mancher Seite aus der Nachbarschaft hörte ich anerkennende Äußerungen über das Verhalten der amerikanischen Einquartierung.« Es gab auch andere Meinungen, aber die relativierte Orth: »Daß in Einzelfällen auch ungeschlacht und für die Beteiligten schmerzlich gewirtschaftet wurde und der Hinweis nicht unterblieb, unsere Soldaten hätten es in Polen und Frankreich noch ganz anders gemacht, ist eine Begleiterscheinung des Krieges, mit der sich Besiegte abzufinden haben.«

Andere sahen die Einquartierung nicht so gelassen. Schon am Samstag vor Ostern, zwei Tage nach dem Einmarsch der Amerikaner, waren die an das Kasernengelände angrenzenden Häuser beschlagnahmt und die deutschen Bewohner ausquartiert worden. Amerikanische Feldeinheiten wurden hier für einige Tage untergebracht.

Nachdem sie weitergezogen waren, wurden die Wohnungen wieder freigegeben, schon wenige Tage darauf jedoch erneut beschlagnahmt. In den Monaten April und Mai wurden nahezu alle größeren Häuser in Friedberg einmal mit amerikanischen Soldaten belegt, wieder freigegeben und erneut belegt. Mitte Mai richteten sich die Besatzungstruppen dann auf Dauer ein. Was sie nun beschlagnahmten, behielten sie bis in die Mitte der fünfziger Jahre.

Die Bewohner der beschlagnahmten Häuser hatten zwei bis drei Stunden Zeit, mitunter auch weniger, um ihre Wohnungen zu räumen. Mitnehmen durften sie nur persönliche Dinge, Wertgegenstände und Kleidung. Die Einrichtung, Möbel, Bettzeug, Geschirr hatten in den Wohnungen zu bleiben. Soweit die Ausquartierten nicht bei Verwandten oder Bekannten Unterkunft fanden, wurden sie in Schulräumen untergebracht – der Schulbetrieb war noch nicht wieder aufgenommen worden. »Wie die Zigeuner« habe man damals durch die Gegend ziehen müssen. Die ersten Verbände, so wird erzählt, seien durchweg noch anständig gewesen, die nachfolgenden Truppen jedoch hätten übel gehaust und auch gestohlen. Als Faustregel habe gegolten: Gibt man das, wofür sich die Amerikaner interessieren, freiwillig her, so bekommt man etwas dafür; weigert man sich jedoch, so wird es einem abgenommen, ohne daß man etwas dafür erhält.

Polizeihauptmann Rust hat in seinem Bericht die Begleiterscheinungen bei der Beschlagnahme von Wohnungen anschaulich geschildert: »Die deutschen Familien und alleinstehenden Frauen mußten innerhalb einer Stunde ihre Wohnungen den amerikanischen Soldaten überlassen. Sie durften nur so viel mitnehmen, wie sie tragen konnten. Bei dem wüsten Durcheinander vergaßen die betroffenen Familien, alleinstehenden Frauen und Kriegerwitwen, die wertvollsten Sachen mitzunehmen. Nur der, der diese verzweifelten Frauen gesehen hat, kann sich von dem Jammer der Betroffenen ein Bild machen. Sie liefen umher, hatten ein Bündelchen Wäsche oder eine Decke oder sonst belanglose Gegenstände bei sich und weinten herzzerreißend. Wer außer seinen Möbeln und Wäsche auch seine Wertsachen zurückgelassen hatte, hat davon nichts wiedergesehen. Die amerikanischen Soldaten waren im Gebrauch der Möbel und Betten rücksichtslos. Nicht nur, daß sie mit Stiefel und Sporen in den Betten lagen, sie kochten mit ihren Spiritus- und Benzinkochern auf den polierten Tischen, Büffets, Kredenzen und sonstigen wertvollen Möbeln. Wo keine Dampfheizung vorhanden war, wurden die Möbelstücke teilweise zertrümmert und verfeuert. Sie schleppten die Möbel der einzelnen Wohnungen durcheinander. Später konnte festgestellt werden, daß in einer Wohnung Möbelstücke aus drei bis vier Haushaltungen zusammengetragen waren. Bei ihrem Weitertransport nahmen sie teilweise die Betten und Matratzen mit. Was ihnen im Wege war, wurde vor den Häusern verbrannt. Zu dem kam, daß Deutsche, insbesondere liederliche Dirnen und auch Frauen, die sich mit den Amerikanern anbiederten und auch einließen, Kleider, Wäsche und Wertgegenstände stahlen und mitnahmen.«

Rusts Darstellung wird durch die Friedberger Polizeiakten im wesentlichen bestätigt. Soweit sie amerikanische Soldaten betrafen, wurden die bei der städtischen Polizei erstatteten Anzeigen übersetzt und an die amerikanischen Militärbehörden weitergeleitet. Einige dieser Übersetzungen sind erhalten geblieben. So meldete sich am 7. Mai Lisette Falck im Polizeirevier und gab an, bei der Räumung ihrer Wohnung in der Färbergasse am 16. April in der Eile eine gelbe Handtasche mit 2400 Mark liegengelassen zu haben. Nach dem Abzug der Amerikaner am 23. April sei das Geld nicht mehr dagewesen. Was Rust am meisten geärgert haben wird, war wohl, daß er sich ein ums andere Mal darauf beschränken mußte, die Anzeigen aufnehmen und später übersetzen zu lassen. Nachforschungen oder gar Festnahmen gab es keine.

Doch nicht die weitergehende Bestätigung des Rustschen Berichts durch die Friedberger Polizeiakten macht seine Darstellung so interessant; schließlich hatte Rust als amtierender Polizeichef der Stadt den besten Überblick über die Eigentums- und Gewaltdelikte amerikanischer Soldaten in den ersten Monaten nach der Übergabe der Stadt.

Auch wenn er das eine oder andere übertrieben hat, im wesentlichen dürften seine Angaben zutreffend sein. Aufschlußreich an Rusts Bericht ist vor allem der Gestus zivilisatorischer Überlegenheit, mit dem sich der Polizeihauptmann am Sieger revanchiert, indem er ihm notorisch schlechtes Benehmen attestiert – ein nicht nur in der deutschen Geschichte immer wieder zu findendes Modell, fehlende politische und militärische Macht zu kompensieren. Nach dem kurzen Traum einer deutschen Herrschaft über Europa kehrten nun viele wieder zu diesem Selbstverständnis zurück, das bereits bei der Verarbeitung der Niederlage von 1918 eine Rolle gespielt hatte. Zivilisatorische Überlegenheit ließ sich gegenüber einem materiell weit unterlegenen Gegner wie der Sowjetunion natürlich leichter behaupten als gegenüber den USA, dem Spitzenland der technisch-industriellen Zivilisation: Wie haben die Russen geschaut, als sie nach Deutschland kamen und Häuser betraten, in denen das Wasser aus der Wand floß – so kann man noch heute gelegentlich hören. Damit freilich war den Amerikanern nicht beizukommen. Was ihnen fehlte, war zivilisiertes Verhalten, der kultivierte Umgang mit den Gütern, die sie – zugestandenermaßen – im Überfluß besaßen: Aber sie stellten ihre Spirituskocher auf die Büffets, wahrscheinlich nahmen sie nicht einmal beim Essen die Füße vom Tisch, und außerdem legten sie sich »mit Stiefel und Sporen« in die Betten. Auch wenn einige Soldaten der amerikanischen Infanterie- und Artillerieeinheiten, die in Friedberg einquartiert wurden, in ihren Quartieren sicherlich übel gehaust haben, Sporen getragen haben sie zweifellos nicht. Da Rust sie aber nun einmal als ungehobelte, unzivilisierte Cowboys wahrnahm, trugen sie in seiner Vorstellung eben Sporen. Mit denen legten sie sich auch in die Betten.

Dieses Klischee scheint weit verbreitet gewesen zu sein: Man hatte den Krieg zwar verloren, aber zivilisatorisch war man dem Sieger allemal überlegen. Die Anerkenntnis der militärischen Überlegenheit der Gegner ging Hand in Hand mit dem Verdacht, es handele sich bei ihnen wohl doch um Barbaren. Wer über die Manieren der Sieger die Nase rümpfte, vergaß freilich, wie sich die eigenen Soldaten verhalten hatten, als diese noch Sieger waren. Natürlich sind die Frauen der Verlierer immer höflicher als die Männer der Sieger. Orth und einige andere scheinen sich dessen bewußt gewesen zu sein, denn sie waren erheblich zurückhaltender in ihren Urteilen über die Amerikaner.

Doch Rust attestiert den amerikanischen Soldaten nicht nur schlechtes Benehmen. Für ihn ist die amerikanische Armee zum großen Teil eine Truppe aus Hochstaplern und Dieben, Räubern und Plünderern. Jedesmal wenn die Amerikaner straßen- oder viertelweise Hausdurchsuchungen durchgeführt hätten, um nach Waffen, Wehrmachts- und SS-Angehörigen zu suchen, habe es nachher Beschwerden und Klagen gegeben: »Nach der Durchsuchung erschienen wie immer die betroffenen Einwohner und brachten vor, daß ihnen bei der Durchsuchung, der sie nicht beiwohnen durften, Uhren, Geld und sonstige Wertgegenstände gestohlen worden seien. Beschwerden bei der amerikanischen Militärregierung hatten keinen Erfolg.«

Rust sah die Dinge aus der Perspektive dessen, der für Sicherheit und Ordnung verantwortlich war. Das, was vor der Übergabe der Stadt seine Aufgabe gewesen war, war es auch jetzt. Sie wie gewohnt zu erfüllen, daran hinderten ihn nun einmal die Amerikaner: Einerseits stellten sie eines der Hauptprobleme der öffentlichen Ordnung dar, andererseits unternahmen sie scheinbar nicht die geringste Anstrengung, die Straftaten ihrer Soldaten zu unterbinden oder doch wenigstens zu ahnden. Außerdem hatten sie der Friedberger Polizei die Waffen abgenommen, mit denen diese gegen Diebe und Plünderer – Rust dachte dabei vor allem an die entlassenen Kriegsgefangenen und Fremdarbeiter – hätte vorgehen können:

»Auf Anordnung des amerikanischen Stadtkommandanten durfte die Polizei keine Waffen tragen. Die abgelegten Waffen befanden sich im Polizeiamt. Am 31.3.1945 erschienen auf dem Polizeiamt einige amerikanische Soldaten und verlangten unsere Schußwaffen und Munition. Sie hingen sich zwei und drei Pistolen pro Mann um und verschwanden. So kam die Friedberger Polizei um ihre guten 08-Pistolen und Munition.« Als einzige Waffe blieb den Polizisten das Koppel. In

Anbetracht der weitreichenden Befugnisse, die die Polizei unter dem nationalsozialistischen Regime übernommen hatte, fühlte man sich jetzt kompetenz- und wehrlos. Es ist bezeichnend, daß Rust immer wieder auf die Fremdarbeiter zu sprechen kommt: Über sie hatten der Polizei zuvor nämlich nicht nur exekutive, sondern auch jurisdiktionelle Befugnisse zugestanden.

Mit der Verhängung des Ausnahmezustandes über die Stadt war zunächst auch angeordnet worden, daß weder Haus- noch Wohnungstüren verschlossen werden dürften. Bei der Durchsuchung der Wohnungen und der Verfolgung von Flüchtenden sollte es keinerlei Hindernisse für die amerikanischen Soldaten geben. Außerdem sollte das Offenstehen der Wohnungen denen, die an Widerstand dachten, jedes Gefühl der Sicherheit nehmen und sie von dem Gedanken abhalten, aus dem Verborgenen heraus zu operieren. Damit stand natürlich auch den Plünderern Tür und Tor offen. Vor allem alleinstehende Frauen lebten während dieser Zeit in ständiger Angst. Ohne daß man es bemerkt habe, so wurde im Sommer 1983 berichtet, habe plötzlich ein Amerikaner hinter einem in der Wohnung gestanden. Im Vergleich mit den schwerfälligen knatternden Holzvergaserfahrzeugen der Wehrmacht waren die amerikanischen Jeeps schnell und leise; »Flitzer« hießen sie denn auch bei den deutschen Soldaten. Urplötzlich seien sie dagewesen. Auch die amerikanischen Soldaten mit ihren gummibesohlten Schnürstiefeln seien kaum zu hören gewesen, wenn sie die Wohnungen betraten. Die deutschen Landser in ihren Knobelbechern dagegen hatte man von weitem schon kommen hören. Daß man die Amerikaner akustisch schwer ausmachen konnte, gab ihnen eine Omnipräsenz, die die Menschen beunruhigt und verängstigt zu haben scheint. Das änderte sich erst, als die Türen wieder geschlossen und abgeschlossen werden durften.

Auf Plakaten, die gleich nach Ostern überall in der Stadt angeschlagen wurden, erklärte der amerikanische Gouverneur für Stadt und Kreis Friedberg alle deutschen Fahrzeuge für beschlagnahmt. Weiterhin forderte er die Bevölkerung auf, alle Schuß-, Hieb- und

Stichwaffen abzuliefern, ebenso die Funk- und Fotoapparate, Fern- und Operngläser, also alles, was in irgendeiner Weise bei Widerstandsaktionen hätte Verwendung finden können. Punkt 10 der Anordnung lautete: »Das Freilassen von Tauben ist untersagt. Sie sind entweder zu töten, oder ihre Flügel müssen gestutzt werden.« Jede Nachrichtenverbindung mit deutschen Widerstandszentralen sollte unterbunden werden. Sammelstelle für die abzuliefernden Gegenstände war das Rathaus, dessen Sitzungssaal nun als Lager für Waffen, Fotoapparate und Ferngläser diente. »Die abgelieferten Gegenstände«, so berichtet Rust, »wurden mit Namen versehen und registriert. Niemand hat sie wieder zurückerhalten, obwohl die Beschlagnahme nur eine vorübergehende Maßnahme darstellen sollte.« Amerikanische Soldaten kamen im Rathaus vorbei und nahmen sich, was ihnen als Souvenir geeignet schien. Immerhin befanden sich darunter auch einige Erinnerungsstücke von beträchtlichem Wert.

Allmorgendlich fanden im Rathaus Dienstbesprechungen statt, an denen auch der Polizeichef teilzunehmen hatte. Während er auf die anderen noch wartete, konnte Rust das sukzessive Verschwinden der eingesammelten Gegenstände beobachten. Eines Morgens, so berichtet er, betraten drei amerikanische Offiziere den Sitzungssaal des Rathauses, um sich dort Waffen auszusuchen. Dabei entdeckten die drei die im Rathaus hängenden historischen Ölgemälde, die die letzten Kaiser des Heiligen Römischen Reiches darstellten. Sie entstammten der Zeit, als Friedberg noch Freie Reichsstadt war und außer dem Kaiser keinen Herren über sich anerkannte. Dem aufgeregten Gespräch der drei entnahm Rust, daß sie sich für die Bilder interessierten. Nach kurzer Zeit verließen sie in großer Eile das Rathaus, offensichtlich um einen Kraftwagen für den Abtransport der Bilder zu holen. Mit Hilfe von zwei Polizeibeamten schaffte Rust die Bilder daraufhin in aller Eile auf den oberen Boden des Rathauses, wo er sie unter altem Gerümpel versteckte. Nur ein paar Photographien der ehemaligen Bürgermeister Friedbergs blieben im Sitzungssaal hängen.

»Sodann«, berichtet er, »begab ich mich wieder in den Saal und wartete der Dinge, die da kommen mußten. Ich hatte kaum meinen Beobachtungsposten wieder eingenommen, als ich einen amerikanischen offenen Kraftwagen mit den drei Offizieren vor dem Rathaus anhalten sah. Halten, Aussteigen und Erscheinen im Sitzungssaal waren nur einige Augenblicke. Beim Betreten des Saales und dem Anblick der leeren Wände waren sie so verblüfft, daß sie nur gestikulierend einige Worte hervorbrachten. Aufgeregt wendeten sie sich an mich und fragten in gebrochenem Deutsch: ›Wo sind Bilder?!‹ und zeigten auf die leeren Stellen an den Wänden. Ich ließ ihnen durch die Dolmetscherin, Frau Löser, die dem Bürgermeister beigegeben war, klarmachen, daß diese Bilder vor etwa 5 Minuten von zwei Amerikanern abgeholt und mit einem Kraftwagen in Richtung Burg gefahren worden seien. Wutentbrannt und schimpfend verließen diese Gangster den Saal, allerdings langsamer, als sie vorher hereingekommen waren. Die Bilder blieben vorerst in ihrem sicheren Verwahr und gelangten viel später, als sich die Verhältnisse wieder in geordneteren Bahnen bewegten, an ihren alten Platz.«

Für Rust waren mit dem Einmarsch der amerikanischen Soldaten in Friedberg Verhältnisse eingetreten, wie man sie bislang nur aus Berichten und Filmen über amerikanische Großstädte kannte. Korruption und Kriminalität waren die Hauptthemen in der nationalsozialistischen Propaganda gegen die USA, und diese Propaganda hatte es relativ leicht gehabt, weil sie sich durch amerikanische Kriminalfilme, die noch bis Anfang des Krieges auch in Friedberg gezeigt worden waren, Mord und Totschlag bestätigen lassen konnte. Für Rust war Amerika das Land der Kriminalität, des organisierten Verbrechens und der Gangs, Deutschland dagegen ein Land der Ordnung und der öffentlichen Sicherheit. In dieser Gegenüberstellung schwangen natürlich auch die Aversionen mit, die der Konservative Rust gegen den »Amerikanismus« hatte. Schwächung der staatlichen Kompetenzen war für ihn gleichbedeutend mit dem Anwachsen der Kriminalität. So konnte er schreiben: »Auch die Sicherheit auf den öffentlichen Straßen nahm Formen an, die uns als Deutschen vollkommen fremd waren. So kam es wiederholt vor, daß Deutsche von amerikanischen Soldaten nach der Uhrzeit angesprochen wurden. Mit dem Moment, wo der Angesprochene seine Taschen- oder Armbanduhr zeigte, riß der amerikanische Soldat dem Deutschen die Uhr aus der Hand oder vom Arm und verschwand. Diese Vorkommnisse waren keine Einzelfälle. Aus diesem Grunde bezeichnete man die amerikanische Armee als Uhrensammler-Armee. Auch Ringe zogen sie den Deutschen von den Fingern.«

Wahrscheinlich hat Rust die Häufigkeit solcher Vorkommnisse kräftig übertrieben. An der grundsätzlichen Richtigkeit seines Berichts ist jedoch kaum zu zweifeln, zumal vieles davon im Sommer 1983 bestätigt wurde – auch der Raub der Uhren und Ringe, wenngleich erst nach intensivem Befragen und Hinweisen auf Rusts Bericht. In dem allgemeinen Bild der Ereignisse des Jahres 1945 ist der Uhrenklau ein Privileg der Roten Armee: Die Russen, von denen viele die Uhren nicht einmal hätten lesen können, seien ganz versessen darauf gewesen. »Uri, Uri«, sollen sie immer gerufen haben. Das mag sein. Aber offensichtlich war das Interesse an Uhren nicht auf die Angehörigen der Roten Armee beschränkt, sondern erstreckte sich auch auf Soldaten der drei anderen Besatzungsmächte.

Als Beute waren Uhren in vieler Hinsicht am besten geeignet: Sie waren relativ wertvoll, sie ließen sich den Eltern, der Frau oder der Freundin zum Geschenk machen oder in Geld umsetzen, und vor allem waren sie leicht mitzuführen. Daß auch amerikanische Soldaten Uhren geraubt haben, ist heute weitgehend vergessen oder verdrängt worden, und nur noch die Rotarmisten gelten als Uhrenräuber. Als Ende der vierziger, Anfang der fünfziger Jahre die Bundesbürger ihren inneren Frieden mit den Amerikanern schlossen, als die Amerikaner zu Verbündeten wurden, brachte man, den Bombenterror vielleicht ausgenommen, den Krieg und seine unmittelbaren Begleiterscheinungen nur noch mit den Russen in Zusammenhang. Die Amerikaner standen für Marshall-Plan und Care-Pakete. Daß dies unmittelbar bei Kriegsende nicht so war, zeigen die Berichte von Rust und Orth.

Vierzig Jahre später aber neigt man dazu, das inzwischen etablierte Bild der Amerikaner auf das Jahr 1945 zurückzuprojizieren. Ganz offensichtlich fiel es den meisten Befragten schwer, sich daran zu erinnern, daß die jetzigen Verbündeten einmal Feinde gewesen und auch als solche aufgetreten sind.

Nach der Entlassung und Inhaftierung des zeitweiligen Bürgermeisters Balduin Vogt wurde am 24. April der Studienrat Anton Heinstadt vom amerikanischen Stadtkommandanten als neuer Bürgermeister eingesetzt. Heinstadt, Jahrgang 1886, hatte vor 1933 dem Zentrum angehört und als dessen Abgeordneter den Wahlkreis Bensheim im Hessischen Landtag vertreten. Nach dem Attentat auf Hitler am 20. Juli war er unter dem Verdacht verhaftet worden, dem weiteren Kreis der Verschwörer zuzugehören, ein Verdacht, der offenbar aus seiner früheren politischen Tätigkeit resultierte. Obwohl man Heinstadt keinerlei Kontakte zu den Verschwörern nachweisen konnte, hatte man ihn aller Funktionen enthoben, die er als Hauptmann d. Res. beim Wehrbezirkskommando in Friedberg innehatte. Er war also keine Militärperson mehr, war nachweislich kein Nazi gewesen, eher ein Verfolgter des Regimes – mithin war er der geeignete Mann für den Posten des Bürgermeisters. Aus seiner Zeit als Zentrumsabgeordneter hat Heinstadt dem Friedberger Stadtarchiv eine Fülle von Aufzeichnungen hinterlassen, leider nicht aus seiner Tätigkeit als Bürgermeister. Offensichtlich hat sie ihn voll und ganz in Anspruch genommen.

Heinstadt übernahm zweifellos ein schweres Amt: Auf der einen Seite hatte er die Belange der Friedberger Bevölkerung zu vertreten, auf der anderen Seite mußte er die zahllosen Wünsche der Amerikaner erfüllen, unter denen die Requirierung von Wohnungen und die Bereitstellung von Möbeln und anderen Einrichtungsgegenständen an erster Stelle standen. »Man konnte der Meinung sein«, empörte sich Rust über die Anforderungen der Amerikaner, »sie hätten in Amerika nur in Polstermöbeln gesessen und in Daunenbetten geschlafen.«

Am 9. Mai, einen Tag nach der bedingungslosen Kapitulation,

quartierte sich im Mathildenstift ein amerikanischer General mit seinem Stab ein. Nun war das Mathildenstift, benannt nach der Gattin eines hessischen Großherzogs, ein durchaus repräsentativer Bau und bot auch hinreichend Platz für einen General mitsamt Stab. Doch die Einrichtung des Bankgebäudes war nicht gerade auf einen Generalstab zugeschnitten. Also wurde Bürgermeister Heinstadt aufgefordert, umgehend geeignete Einrichtungsgegenstände in deutschen Wohnungen beschlagnahmen und ins Mathildenstift bringen zu lassen.

»Die Polstermöbel, Teppiche, Schlafzimmer und Schreibtische mit Sesseln«, so berichtet Rust, »wurden bei ehemaligen Parteigenossen requiriert. Zur Beschlagnahme von Möbeln, Teppichen und Radiogeräten bediente sich die Militärregierung zweier Deutschen namens [...]. Eines dieser Subjekte [...] ereilte sein verdientes Geschick: Bei einem Trinkgelage im Café Häfner mit Amerikanern warfen ihn diese aus dem Lokal auf die Straße; hierbei hat er sich das Genick gebrochen.«

Requirierungen wurden in der deutschen Bevölkerung durchweg gefürchtet, unabhängig davon, ob man der NSDAP angehört hatte oder nicht. Infolge der wahllosen Beschlagnahme von Wohnungen herrschte offensichtlich der Eindruck vor, auch bei den Requirierungen könne es jeden treffen. Also fühlten sich die meisten innerlich mit jenen solidarisch, bei denen requiriert wurde. Entsprechend verhaßt waren die Deutschen, die sich für Requirierungen den Amerikanern zur Verfügung stellten. Rusts Bericht läßt dies nur zu deutlich werden. Wenn etwas als wirkliche Kollaboration bezeichnet und verurteilt wurde, dann dies.

Man wird es darum als politische Dummheit bezeichnen müssen, daß ehemalige Mitglieder der KPD, eben aus den Gefängnissen befreit und nach Friedberg zurückgekehrt, an diesen Requirierungen teilgenommen haben – nicht für sich selbst, wohlgemerkt, sondern für die Amerikaner. Dies wurde als persönliche Rache gedeutet, auch dort, wo es das gar nicht war, als ein Begleichen alter Rechnungen unter dem Schutz der Sieger. Weil unklar war, wen es am nächsten Tag treffen würde, fühlten sich die meisten von den Requirierungskommandos bedroht und eher den Betroffenen verbunden als den einstigen Verfolgten des Systems, ganz unabhängig von der politischen Haltung. Daß die Antifaschisten weitgehend isoliert blieben, war auch eine Folge ihres ungeschickten Auftretens in dieser Frage.

Rust wußte, warum er für die Polizei jede Beteiligung an Requirierungen ablehnte: »Da der General scheinbar auch nur gewohnt war, mit Silberbestecken zu speisen, erging an den Bürgermeister das Ersuchen, vierundzwanzig komplette Eßbestecke und das erforderliche Porzellan und Kaffeegeschirr zu beschaffen. Dieser beorderte mich zu sich auf das Rathaus und trug mir auf, bei der Firma Theodor Morschel in Friedberg, Bismarckstraße 13, vierundzwanzig Silberbestecke und das gewünschte Porzellan zu beschlagnahmen. In Anbetracht der Unverschämtheit dieses Generals ging mir der Hut hoch. Ich erklärte dem Bürgermeister, daß die Polizeibeamten keine Straßenräuber wären, und widersetzte mich dieser Anordnung mit dem Bemerken, der General möge mit seinen Aluminiumbestecken speisen, wie er es in Amerika gewohnt sei. Der Bürgermeister war über meine Haltung sehr erbost, aber ich kam seinem Ersuchen nicht nach. Wo er diese Gegenstände beschafft hat, kann ich nicht sagen.« Ironie der Ereignisse oder politisches Raffinement: Der Bürgermeister und nachmalige Mitbegründer der Friedberger CDU bediente sich von nun an ehemaliger Kommunisten, um die Ansprüche der späteren Verbündeten gegenüber der deutschen Bevölkerung zu befriedigen.

In die deutschen Eigentumsverhältnisse einzugreifen, um den Forderungen eines amerikanischen Generals nachzukommen, war für Rust undenkbar. Dann sollte der Amerikaner seine Ansprüche reduzieren. Oder er sollte sich selber holen, was er wollte. Er, Rust, war nicht dessen Büttel und schon gar nicht ein »Straßenräuber«; vor allem aber war für ihn fremdes Eigentum unantastbar. In dieser Frage ist Rusts Einstellung offensichtlich repräsentativ für die vorherrschende Meinung in der Friedberger Bevölkerung. Den Zusammenbruch des Nationalsozialismus mit einer grundlegenden Veränderung der Eigentumsverhältnisse zu kombinieren, etwa mit der Enteignung führender NSDAP-Mitglieder, dafür gab es in der Beamtenstadt Friedberg keine Mehrheit.

Natürlich hatte der Krieg viel größere Veränderungen in den Eigentumsverhältnissen gebracht, denen gegenüber die Requirierung von Möbeln, Porzellan und Silber kaum ins Gewicht fiel. Die Bomben hatten den Besitz mancher Familien in Friedberg von einem Augenblick auf den anderen vernichtet. Aber das war etwas anderes: Hier war von niemandem entschieden worden, wen es treffen sollte. Welches Haus verbrannte und welches verschont blieb, war eine Frage des Zufalls. Die Bombenschützen der amerikanischen Flugzeuge klinkten ihre Bomben aus, weil ihre Zieleinrichtungen anzeigten, daß jetzt ausgeklinkt werden mußte. Irgendwo im Zielgebiet würden die Bomben detonieren. Tod und Zerstörung war allgemein und ließ sich nicht an einzelnen Personen festmachen. Vielleicht war dies einer der Gründe dafür, daß die amerikanische Zerstörung deutschen Eigentums »verziehen und vergessen« werden konnte, nicht aber die von den Russen vorgenommenen Enteignungen.

Besatzungsalltag

»Kaum war die amerikanische Besatzung da«, so berichtet Karl Orth, »und übernahm die vollziehende Gewalt mit ihrer Militärpolizei, da regten sich die Kriegsgefangenen aller Nationen, Russen und Polen, und dazu die zahlreichen ausländischen Zivilarbeiter, die aus allen Ländern Europas nach Deutschland gekommen waren, und machten uns das Leben schwer.« – »Gekommen waren«, schreibt Orth. Beabsichtigt oder unbeabsichtigt, er unterstellt damit, es habe sich hierbei um Freiwillige gehandelt. Das mag für den einen oder anderen vielleicht zutreffen, aber in der Regel waren sie »nach Deutschland verbracht worden«. Daß es sich bei den »ausländischen Zivilarbeitern« überwiegend um Verschleppte handelte, um Menschen, die in Deutschland zu arbeiten gezwungen worden waren, und daß die Übergriffe und Plünderungen auch die Rache der Geknechteten an ihren einstigen Herren war, dergleichen kam Orth nicht in den Sinn.

Fast jedem Bauernhof in der Wetterau waren ein bis zwei Fremdarbeiter oder Kriegsgefangene zugewiesen worden. Auf den größeren Gütern waren es ganze Kolonnen. Sie sollten die zur Wehrmacht eingezogenen Männer ersetzen. Ihr Schicksal war unterschiedlich: Von manchen Familien wurden sie korrekt behandelt, von einigen sogar, wiewohl das verboten war, integriert; für andere waren es schlicht und einfach »Untermenschen«. Viele russische Arbeiter waren in der Zuckerfabrik in Friedberg eingesetzt. Sie waren in Baracken und Notunterkünften am Stadtrand untergebracht, wo sie von deutschen

Soldaten bewacht wurden. Jetzt waren die deutschen Soldaten weg oder selber Gefangene.

Nicht alle in Friedberg eingesetzten Kriegsgefangenen und Fremdarbeiter haben den Tag der Befreiung erlebt: Einige wurden bei den Bombenangriffen getötet, andere verhungerten, wieder andere erfroren. Diejenigen, die überlebten, sorgten zunächst einmal für sich selbst. »Der Auflockerungsprozeß«, so Orth in seinem Bericht, »setzte sich insbesondere in den Dörfern immer stärker fort, führte zu schweren Belästigungen der deutschen Bevölkerung durch aufsässig gewordene Fremdarbeiter und Kriegsgefangene und machte in manchen Dörfern den Bauern und Gutsbesitzern das Leben zur Qual. Systematisch wurden Wagen, Pferde, Fahrräder weggeplündert, Vieh aus den Ställen geholt und geschlachtet, die Arbeit verweigert, der Bauer bei der Besatzungsbehörde denunziert.« Orth schließt kategorisch aus, daß es für solches Verhalten irgendeine Rechtfertigung geben könne.

Nicht alle Kriegsgefangenen und Zwangsarbeiter freilich scheinen »aufsässig« geworden zu sein: Ausdrücklich nimmt Orth die Franzosen davon aus, und Rust schreibt, die Russen hätten bei den Plünderungen eine »rühmliche Ausnahme« gebildet. Die Vorstellung vom russischen Untermenschen, der die Knute brauche, war ihm offensichtlich fremd. Überhaupt finden sich in den Erzählungen neben Klagen auch anerkennende Bemerkungen über die Kriegsgefangenen und Zwangsarbeiter: Einige hätten die Familien, bei denen sie gearbeitet hatten, vor Übergriffen ihrer Landsleute beschützt, manche hätten sogar auf den Höfen weitergearbeitet. Noch beliebter wurden die Fremdarbeiter, als man Bescheinigungen für die Spruchkammer brauchte, um sich eine weiße Weste attestieren zu lassen. Viele ließen sich gegen Bezahlung »Persilscheine« ausstellen; Persilscheine von *displaced persons*, wie die Amerikaner die ausländischen Zwangsarbeiter nannten, standen hoch im Kurs. Sie stammten immerhin von Opfern der Nazi-Herrschaft und konnten darum in ihrem Aussagewert kaum angezweifelt werden.

»Einbruch, Diebstahl, Raubüberfälle durch Ausländer waren an der

Tagesordnung«, heißt es bei Rust. »Die Ausländer in der Hauptsache waren zur Landplage geworden, und kein Deutscher konnte sich dagegen wehren, wenn er nicht Gefahr laufen wollte, mißhandelt oder gar an seiner Gesundheit geschädigt zu werden.« Dergleichen Vorfälle werden auch in anderen Berichten und Erzählungen bestätigt. Für das Jahr 1945 finden sich in den Friedberger Polizeiakten mehrere Raubmorde, die ohne Zweifel durch Kriegsgefangene und Zwangsarbeiter verübt worden sind.

»Am gemeinsten«, empört sich Rust, »waren die Polen; sie stahlen bei den Bauern, bei denen sie früher beschäftigt waren, und auch bei anderen Leuten das Vieh und schlachteten es ab. Sie stahlen Hühner, Schafe und Hasen. Ihre Raubzüge führten sie mit gestohlenen Kraftwagen und Fahrrädern im Kreise Friedberg durch. Eine Frau, die ihr Fahrrad nicht hergeben wollte, wurde von einem Polen auf der Straße Friedberg-Dorheim erschossen. Außerdem waren Vergewaltigungen an der Tagesordnung.«

Hunger, Angst vor der Zukunft und Rache scheinen die Motive der Plünderer gewesen zu sein. Vielleicht auch die Überlegung, die ihnen mit Gewalt ausgepreßte Arbeitskraft lasse sich in Form von Wertgegenständen nachträglich zumindest teilweise entlohnen; man müsse das zuvor Geraubte nur einfach zurückrauben. Oft genug freilich ging es gar nicht um Wertgegenstände, sondern um Nahrung und Bekleidung. Ein Beispiel hierfür ist die Plünderung der »Volksopfersammlung« am Ostersamstag.

»Von in die Stadt strömenden Polen und Ostarbeitern«, berichtet Orth, »wurden die Vorräte an Wäsche und Kleidung durchwühlt, und die ausländischen Besucher kamen dick und neu angezogen aus den Sammelräumen wieder heraus, in denen sie ihre andere Garderobe zurückließen. Dabei kam es zu wüstem Streit unter den Plündernden. Ein Jammer, wie nachher die Räume aussahen, in denen ausgespeichert worden war, was sich so viele von uns nur mit schwerem Entschluß vom Herzen hatten reißen können.« Orths Formulierungen sind typisch dafür, wie 1945 in Deutschland das Problem der Kriegsgefangenen und Zwangsarbeiter angegangen wurde; Plünderung wurde so lange gegen Verschleppung aufgerechnet, bis schließlich die Verschleppung verdrängt war und nur noch die Übergriffe und Plünderungen im Gedächtnis blieben. Plötzlich sind die Verschleppten und Gefangenen »ausländische Besucher«, die in der Sammelstelle der Volksopferspenden ihre alte »Garderobe« abgeben und sich »dick und neu« einkleiden. Das war offensichtlich ironisch gemeint. Orth wird gewußt haben, daß die »andere Garderobe« eine lumpige Arbeitskluft war, die man kaum als Garderobe bezeichnen konnte.

Dennoch hatte die Plünderung der Volksopfersammlung etwas von einem Garderobenwechsel, und möglicherweise hat Orth dies sogar empfunden: Der Wechsel der Kleidung machte für die Gefangenen ihre Befreiung sinnfällig, mit den alten Kleidern schüttelten sie auch die Vergangenheit und mit ihr die Knechtschaft ab. Wie die Plünderungen der Deutschen in den Material- und Verpflegungslagern der Wehrmacht vor und nach der Übergabe der Stadt, so hatten auch die Plünderungen der Kriegsgefangenen und Zwangsarbeiter eine »soziale Funktion«, einen »emanzipatorischen Sinn«: Indem sie die Zivilkleidung der Deutschen anzogen, vollzogen sie auch im äußeren Erscheinungsbild den Schritt von der Knechtschaft in die Freiheit.

Orth wollte dergleichen ironisch relativieren: Ausländische Besucher, andere Garderobe, dick und neu – doch die Ironie schlägt schon im darauffolgenden Satz um, wenn von den Deutschen die Rede ist: Hier gibt es keine Ironie mehr, sondern nur noch Selbstmitleid. Die ausländischen Besucher nämlich tragen die Kleidungsstücke, die »sich so viele von uns nur mit schwerem Entschluß vom Herzen hatten reißen können«. Vom Herzen gerissen, nur so konnten deutsche Altkleider gegen die Freiheit und Integrität, die diesen Menschen über Jahre verwehrt worden waren, aufgerechnet werden.

Schlaglichtartig wird hier das Modell sichtbar, nach dem viele den Krieg und die Herrschaft des Nationalsozialismus verarbeitet haben: Alles wird nur noch vom Augenblick der Niederlage her gesehen, geschichtliche Abfolgen werden umgekehrt, Ursache und Wirkung werden vertauscht. Nach der Niederlage gebärdete sich der einstige Sieger – Sieger vor allem, was die polnischen und französischen Kriegsgefangenen anbetrifft –, als sei er schon immer der Verlierer gewesen. Handstreichartig usurpiert er die Rolle des Opfers, wohingegen die einstigen Opfer plötzlich nur noch Besucher sind, undankbare Besucher.

Doch nicht nur Kriegsgefangene und Zwangsarbeiter plünderten. An den Plünderungen dieser Tage und Wochen waren auch viele Deutsche beteiligt. Für die meisten von ihnen war das vorher gänzlich unvorstellbar gewesen, und bald danach sollte es das auch wieder sein. Dementsprechend wurden die Plünderungen, kaum daß sich die Verhältnisse normalisiert hatten, sehr schnell verdrängt und vergessen. In Erinnerung blieben nur die Plünderungen der Kriegsgefangenen und Fremdarbeiter. Daß hier mit zwei Ellen gemessen wurde, hat seinen Grund: Die Plünderungen, an denen Deutsche beteiligt waren, richteten sich in der Regel nicht gegen Privateigentum. Hier wurde öffentliches Eigentum, insbesondere Wehrmachtseigentum, geplündert. Eigentlich wurde dadurch niemand unmittelbar geschädigt. Man nahm, was jetzt ohnehin herrenlos geworden war, man holte sich nur zurück, was einem von Staat und Partei auf die eine oder andere Weise abgenommen oder durch den Krieg zerstört worden war. In gewisser Hinsicht handelte es sich um wilde Reprivatisierungen, um einen bescheidenen Ausgleich für das, was man verloren hatte. So jedenfalls scheinen es damals viele gesehen zu haben. Mit einem gewissen Recht. Nur eben, daß derjenige am besten »entschädigt« wurde, der skrupellos genug war, auf nichts und niemanden Rücksicht zu nehmen.

Am Ostersamstag wurden die Eisenbahnwaggons der Wehrmacht, die auf dem Friedberger Güterbahnhof abgestellt waren, aufgebrochen und ausgeräumt. Kisten mit Butterschmalz, Fett und Fleischkonserven, aber auch Decken, Wäsche und Bekleidungsstücke wurden entwendet. Nach Ostern wurden die Ersatzteillager des Heeres geplündert, die in den drei Turnhallen der Stadt untergebracht waren. Hier lagerten Ersatzteile für Kraftfahrzeuge, Motoren, Gummireifen,

Planen, Batterien, Militärbekleidung, Schuhe, Gummimäntel, Sägen, Hämmer, Stemmeisen, Hobel, Feilen, Spaten, Pickel, Schubkarren, Schaufeln, Fahrräder und anderes. »Diese Bestände«, so vermerkt Rust ausdrücklich, »wurden in der Hauptsache von der deutschen Bevölkerung geplündert.«

Allem Anschein nach wurden die Plünderer von recht unterschiedlichen Motiven geleitet: Ging es den einen um die Sicherung des Allernotwendigsten, so sorgten sich andere bereits um den Aufbau einer neuen Existenz. Erstere plünderten nur Lebensmittel, letztere dagegen alles, was irgendwie einen Wert zu haben schien. Drei Formen der Reaktion auf den Zusammenbruch der gewohnten Ordnung lassen sich im Frühjahr 1945 unterscheiden: Da waren zunächst diejenigen, die den Zerfall der Ordnung nicht wahrhaben wollten, die darauf bestanden, daß zu plündern gegen das Gemeinwohl verstoße und strafbar sei, und die sich darum weigerten, solche Aktionen gutzuheißen oder gar an ihnen teilzunehmen. Die Nazis hatten zwar viele der alten Werte für die Propaganda mißbraucht und reichlich ausgenützt. Aber damit waren diese Werte noch lange nicht hinfällig geworden. Gerade jetzt, wo alles in Frage gestellt war, mußte man sich um so fester an diese Werte halten. Karl Orth beispielsweise sah die Dinge so.

Dann gab es jene, die, wenn sie eine Gelegenheit fanden, Lebensmittel plünderten, um sich und ihre Familie zu ernähren. Die monatlichen Zuteilungen waren knapp: im Juni 1945 pro Person 4500 Gramm Brot, 500 Gramm Fleisch, 250 Gramm Fett und 250 Gramm Nährmittel (Nudeln, Grieß, Reis) für den ganzen Monat. Damit war das Existenzminimum unterschritten. Wer einen Garten besaß, konnte diese Rationen mit Gemüse, Salat und Obst aufbessern, doch viele hatten keinen Garten. Warum sollte man die Lebensmittel in den jetzt herrenlosen Lagern verderben lassen? Man mußte sehen, wo man etwas herbekam! Die meisten der im Sommer 1983 befragten Frauen scheinen damals dieser Auffassung gewesen zu sein.

Eine dritte Gruppe schließlich bildeten jene, die alles zusammenrafften, dessen sie gerade habhaft werden konnten. Lange genug war man zu Opfern und Spenden aufgefordert worden. Alles Betrug! Jetzt mußte man sich um eine neue Lebensgrundlage bemühen, und dafür war fast alles geeignet. Viele im Augenblick nahezu wertlose Gegenstände würden irgendwann einmal wieder gefragt sein und sich dann gut verkaufen lassen. Man mußte nur warten können. Der Grundstein zu so manchem wirtschaftlichen Erfolg im Nachkriegsdeutschland wurde in diesen Tagen gelegt.

Auch ein Lager mit Hunderten von Radioapparaten samt Zubehör, das die Wehrmacht im Hof des Bauunternehmers Reuß eingerichtet hatte, wurde geplündert. Nicht besser erging es der in der Landesblindenschule eingerichteten Rettungsstelle, deren dreißig Betten zur Aufnahme der Verletzten nach Luftangriffen gedient hatten. Die gesamte Einrichtung verschwand innerhalb weniger Tage. Dasselbe gilt für die elektrischen Heizöfen und die Verbandkästen in den öffentlichen Luftschutzräumen der Stadt. Selbst die Kaserne wurde nach dem Abtransport der dort zunächst noch gefangengehaltenen deutschen Soldaten ausgeplündert: Kraftwagen, Pferde, Mobiliar, Wäsche, Betten, Decken, kurz: »alles, was nicht niet- und nagelfest war«, wie Rust schreibt, wurde weggeschafft. Fünf Lastkraftwagen voll Diebesgut wurden von der Polizei nur hundert Meter vom Kasernentor entfernt angehalten und beschlagnahmt. Das meiste jedoch verschwand, ohne daß die Polizei etwas dagegen hätte unternehmen können. »Hier waren Einheimische am Werk«, berichtet Rust, »die den ganzen Tag auf Raub und Diebstahl aus waren.« Dies waren die »Existenzgründer«, im Gegensatz zu den »Existenzsicherern«, die nur gelegentlich »tätig« wurden.

Hätte nicht Polizeihauptmann Rust sämtliche Plünderungen in Friedberg minutiös und detailliert festgehalten, so wäre darüber – mit Ausnahme der Plünderung des Proviantamts am Nachmittag vor der Übergabe der Stadt – nichts mehr zu erfahren gewesen. Daß der Proviantamtsplünderung in den Tagen nach der Kapitulation weitere Plünderungen folgten, daran konnte und wollte sich zunächst keiner mehr erinnern.

Rust hatte für die deutschen Plünderer ebensowenig Verständnis wie für die ausländischen. Darin machte er keine Unterschiede. »Beträchtliches Volksvermögen«, so notierte er, »das der Allgemeinheit hätte zugute kommen können, wurde in diesen Tagen gestohlen und vernichtet.« Für ihn handelte es sich hier nicht um eine allgemeine Reprivatisierung in etwas ungeordneten Bahnen oder um die Lebensmittelbeschaffung von Hungernden, für ihn war es die widerrechtliche Aneignung von Gegenständen, die bei der Versorgung der Obdachlosen und Flüchtlinge dringend gebraucht worden wären. An die nämlich, so beklagte er mehrfach, denke keiner; jeder sei nur mit sich selbst beschäftigt.

In der Musterschule waren eine Küche und Übernachtungsmöglichkeiten für Rückkehrer und Flüchtlinge eingerichtet worden. Zwischen dreißig und fünfzig Personen mußten dort täglich versorgt werden. Nach der Wiederaufnahme des Eisenbahnverkehrs – ab dem 27. Mai fuhren vom Güterbahnhof in Friedberg wieder Züge in Richtung Frankfurt und Hanau – nahm ihre Zahl noch zu, oft waren es über hundert am Tag. »Sie kamen«, berichtet Rust, »in Gruppen oder einzeln an und beförderten ihre Habseligkeiten auf Kinder- oder Sportwagen. Die Kinderwagen hatten teilweise nur drei Räder. Auch Schiebekarren und Schubkarren sowie Fahrräder dienten der Beförderung.« Die meisten Flüchtlinge waren nur notdürftig gekleidet. Die oft wochenlangen Fußmärsche, die Tage und Nächte im Freien hatten ihre Spuren hinterlassen. »Da die Polizei«, schreibt Rust, »größere Mengen an Bekleidung durch Beschlagnahme bei den Plünderern sichergestellt hatte, konnte hier notdürftig geholfen werden.«

Erheblich schwieriger gestaltete sich die Beschaffung von Lebensmitteln für die Heimkehrer. Nach der Plünderung des Proviantamts und der Übergabe der in der Burg gelagerten Bestände an die Bad Nauheimer Lazarette gab es kaum noch Reserven, auf die der auch für die Flüchtlinge zuständige Bürgermeister hätte zurückgreifen können. Von außerhalb Verpflegung heranzuschaffen war ausgeschlossen; der Eisenbahnbetrieb lag bis Ende Mai völlig still, die Lastkraftwagen waren beschlagnahmt, und aufzutreiben war ohnehin nichts. Mit freiwilligen Lebensmittelspenden aus der Bevölkerung war nicht zu rechnen. Die meisten hatten selber nichts, und die, die etwas hatten – in der Regel aus Plünderungen –, gaben dies nicht ohne Gegenwert heraus. »Bei einer rechtzeitigen Beschlagnahme der hochwertigen Lebensmittel des Heeresverpflegungsamtes«, klagt Rust, »wäre eine ausreichende Versorgung der Bevölkerung und der durchziehenden Rückwanderer sichergestellt gewesen. So aber war ein Teil der Plünderer im Besitze der wertvollen Lebensmittel, und ein anderer Teil der Bevölkerung, insbesondere die Alten und Kranken, litt bittere Not.«

In dem am 4. April erschienenen Verordnungsblatt hatte der Bürgermeister – es war noch Balduin Vogt – zur Rückgabe der im Proviantamt geplünderten Gegenstände aufgefordert. Einige scheinen dieser Aufforderung auch nachgekommen zu sein. Aber es waren nur wenige, in erster Linie die, die etwas für den eigenen Bedarf mitgenommen hatten, nicht die anderen, die ganze Fuhrwerke vollgeladen hatten. Rechtzeitig sichergestellt hatte die Friedberger Polizei dagegen größere Mengen Tabak, Zigarren und Zigaretten, die ebenfalls aus Heeresbeständen stammten. So versorgte man die Flüchtlinge und Rückwanderer pro Person mit fünf Zigarren, zwanzig Zigaretten oder einem Päckchen Tabak. Das waren allgemein akzeptierte Tauschmittel, für die man sich dann Lebensmittel besorgen konnte. Gegen Tabak und Zigaretten tauchten so manche der verschwundenen Lebensmittel plötzlich wieder auf. Darauf hatte der Bürgermeister gebaut, als er die Flüchtlinge mit Tabak versorgen ließ.

Ein Problem, das alle betraf, war der Brennstoffmangel und die Knappheit an Energie. Da der Bahnverkehr zunächst noch ruhte, konnten keine Kohlen für den Hausbrand herangeschafft werden. Die Gasleitungen waren zum größten Teil zerstört und konnten vorerst nicht wiederhergestellt werden. Dagegen hatten die Monteure des Überlandwerks die zerschossenen Stromleitungen schon bald wieder zusammengeflickt. Strom also gab es, Gas nicht. Die Folge war, daß der Stromverbrauch die Kapazität überstieg. So kam es immer wieder zur Überlastung der Versorgungsnetze. Zunächst wurde dazu aufgefordert, Strom zu sparen. Als das nicht half, wurde der Strom stundenweise abgeschaltet. »Stromsperre« wurde zu einem festen Begriff im Besatzungsalltag.

In den April- und Mainächten wurde es einige Male noch empfindlich kalt. Zunächst behalf man sich damit, die Holzreste aus den zerbombten Häusern zusammenzusuchen. Als diese Reserven zur Neige gingen, zogen viele mit Handwagen und Karren in die nahen Taunuswälder, um dort Brennholz zu holen. Als erstes wurden die Kugelfangwände des zur Friedberger Garnison gehörenden Schießplatzes bei Ockstadt niedergerissen und zerlegt. Das trockene Holz ließ sich gut verfeuern. Als die Kugelfangwände »verbraucht« waren, wurden Bäume gefällt. »Das Forstpersonal war gegen dieses Treiben machtlos«, vermerkt Rust.

»Es ist gut«, so habe er von »gut deutschen Männern« sagen hören, berichtet Karl Orth, »daß die Amerikaner da sind, auch wenn ihr Verhalten noch so viel zu wünschen übrigläßt, sonst würden wir uns auch im kleinsten Dorf gegenseitig umbringen, und die Stadt würde das Land mit Krieg überziehen, um es auszuplündern und so vorübergehend ihren Hunger zu stillen.« Eine Regelung der Ernährungsprobleme ohne Obrigkeit, gleich ob deutsche oder amerikanische, war für die »gut deutschen Männer« einschließlich Orth unvorstellbar.

Nicht für alle Friedberger bedeutete der Einmarsch der amerikanischen Truppen lediglich das Ende der ständigen Luftangriffe und den Beginn der amerikanischen Besatzungszeit: Für einige, die politischen Gegner des Nationalsozialismus vor allem, war der 29. März 1945 ein Tag der Befreiung, der Befreiung zumindest von ständiger Furcht vor Verfolgung und Verhaftung. Allmählich kehrten auch diejenigen in die Stadt zurück, die von den vorrückenden Alliierten aus Gefängnissen, Zuchthäusern und Konzentrationslagern befreit worden waren. Es waren jedoch nur wenige, und es waren ausschließlich politisch Verfolgte. Von den Juden, die vordem in Friedberg gelebt hatten, kehrte keiner zurück.

Was ging in den Köpfen dieser Menschen vor? Etwa als sie in die Stadt zurückkamen und feststellten, daß zwar die NS-Führungsspitze inzwischen abgesetzt und interniert worden war, daß aber viele ehedem sehr aktive Parteimitglieder sich – im Rahmen der Bestimmungen des Belagerungszustandes – ungehindert bewegen konnten. Auch von den Polizisten waren noch fast alle da und versahen ihren Dienst. Was nahmen diese nun wirklich Befreiten stärker war: die Kontinuität oder den Bruch?

Den meisten von ihnen ging es offenbar ähnlich wie den anderen Friedbergern: Sie waren so damit beschäftigt, für Unterkunft und Lebensmittel Sorge zu tragen, daß sie kaum Zeit fanden, sich um andere Dinge zu kümmern, zumal ohnehin die Amerikaner das Sagen hatten und vorerst an eine politische Selbstverantwortlichkeit der Deutschen nicht einmal im kommunalen Rahmen zu denken war. Der von den Amerikanern eingesetzte Bürgermeister war formell deren Vollzugsorgan, auch wenn es ihm de facto gelegentlich gelang, deutsche Interessen gegen amerikanische Anweisungen zur Geltung zu bringen. Einige der politisch Verfolgten freilich stellten sich dem Bürgermeister und der amerikanischen Militärkommandantur zur Verfügung. Manchen gelang es in ihrer neuen Position, sich als Sachwalter legitimer deutscher Interessen zu profilieren, andere dagegen wurden als Vollstrecker amerikanischer Anordnungen angesehen oder – schlimmer noch – als solche, die kamen, um Rache zu nehmen.

Tatsächlich kam es auch zu einigen Racheakten von politisch Verfolgten an ihren früheren Verfolgern. Belegbar ist dergleichen freilich nur, wenn auf eigene Faust gehandelt wurde und sich die private Rache nicht unter dem Vorwand von Requirierungen für die amerikanische Armee verstecken ließ. Um einen solchen Racheakt handelte es sich offenbar bei einer »Wohnungsbeschlagnahmung«, von der Rust berichtet: »Am 10.5.1945 beschwerte sich die Ehefrau des J., daß ihr von Deutschen die Wohnung ausgeräumt und ihre eingeweckten Lebensmittel aus dem Keller gestohlen würden.« Der politische Zusammenhang ist unübersehbar, auch wenn er von Rust mit keiner Silbe angesprochen wird: Die bedingungslose Kapitulation und damit das definitive Ende der nationalsozialistischen Herrschaft war zwei Tage zuvor erfolgt, und der Ehemann der Beschwerdeführerin, zu dieser Zeit entweder in Kriegsgefangenschaft oder untergetaucht, war schon lange vor 1933 ein stadtbekannter Anhänger der NSDAP gewesen. Für den politischen Hintergrund der Aktion spricht auch, daß die Anweisungen, die man Frau J. gegeben hatte, nicht die von Plünderern waren, sondern Anordnungen von Leuten, die vorgaben, politische und verwaltungsmäßige Entscheidungen treffen zu können: Man hatte Frau J. aus ihrer bisherigen Wohnung ausquartiert und sie in der Mansarde untergebracht. Jetzt, so werden sich die Betreffenden gesagt haben, sollen die alten Nazis einmal am eigenen Leib erfahren, was sie vordem anderen zugefügt haben.

»Ich begab mich«, berichtet Rust weiter, »mit zwei Polizeibeamten [dorthin] und mußte feststellen, daß im Hof ein Pferdewagen stand, auf dem man die Betten und andere Möbelstücke sowie die eingemachten Lebensmittel in Gläsern und Flaschen zum Abtransport verladen hatte. Frau J. hatte man aus ihrer Wohnung ausquartiert und sie mit ihren zwei minderjährigen Kindern in zwei Mansardenzimmer eingewiesen.«

Warum Rust vermieden hat, den politischen Hintergrund dieser »Beschlagnahme« zu erwähnen und sie statt dessen als eine der üblichen Plünderungen dargestellt hat, wird aus seiner Reaktion auf die Vorgänge klar: »Wir waren ja allerhand gewohnt, aber diese Niederträchtigkeit veranlaßte uns, mit den Räubern kurzen Prozeß zu machen. Wie mit diesen Strolchen verfahren wurde, brauche ich nicht besonders zu erwähnen. Frau J. wurde wieder in ihre Wohnung gebracht und das gestohlene Gut auf dem schnellsten Wege zurückgegeben und die Plünderer mit ihren leeren Wagen zum Hof hinausgejagt. Zur Rechenschaft konnten dieselben nicht gezogen werden, denn es bestand ja keine Gerichtsbarkeit mehr. Die Gerichte waren geschlossen und die Richter entlassen.«

In Wirklichkeit dürfte Rust ganz andere Gründe gehabt haben, warum er diese Polizeiaktion schnell und ohne Aufsehen abwickeln wollte. Selbstverständlich hätte er die »Plünderer« verhaften und in den Zellen der Polizeistation festsetzen können. In aller Ausführlichkeit hätte er dann die amerikanische Militärkommandantur mit den Vorgängen betrauen können. Doch gerade das wollte er nicht, denn dann wäre der politische Zusammenhang aufgerollt und sein Einschreiten vielleicht gar nicht mehr als eine rein polizeiliche Maßnahme verstanden worden. So viel aber wollte Rust nicht aufs Spiel setzen.

Rust selbst hat sein Eingreifen kaum als eine politische Parteinahme begriffen, aber er fürchtete wohl, daß andere es so sehen könnten. Alles, was irgendwie mit Politik zu tun hatte, war ihm zuwider. Er war für den Staat, aber gegen die Politik. Staat, das war Ordnung, Politik hingegen bedeutete Zwist, Streit, Unordnung.

Am 15. August 1945 wurde Rust wegen seiner Mitgliedschaft in der NSDAP, der er Anfang Mai 1933 beigetreten war, aus dem Polizeidienst entlassen. Er wurde auch später nicht wieder eingestellt. Die Verbitterung darüber ist in seinem Bericht unüberhörbar. Undank ist der Welten Lohn – dies versucht er unablässig nachzuweisen: Hatte er nicht die Ölgemälde mit den deutschen Kaisern gerettet, hatte er sich nicht den Anforderungen des amerikanischen Generals widersetzt? Und ausgerechnet er mußte gehen, um Platz zu machen für Denunzianten und Säufer. So jedenfalls sah er es.

»Am 15. August wurden wir alten Polizeibeamten durch die Militärregierung entlassen«, lautet der letzte Satz seines Berichts. »Wir alten Polizeibeamten« – das sollte wohl heißen: Wir, die wir uns bei den Amerikanern nicht lieb Kind gemacht haben durch Denunziationen und Requirierungen, die wir uns bei den ausländischen Zwangsarbeitern keine »Persilscheine« geholt, sondern deutsches Eigentum gegen Plünderungen geschützt haben. Die Polizeibeamten hingegen, die im Dienst verblieben, die hatten das genaue Gegenteil getan. Die Entlassungen in der Friedberger Polizei sah Rust also nicht als eine Folge der früheren Mitgliedschaft in der NSDAP und der Rolle der Polizei oder auch einzelner Polizisten im Dritten Reich.

Aus seiner Sicht war die Entscheidung allein davon abhängig, wie es die einzelnen verstanden, ihre Vergangenheit zu vertuschen und sich bei den amerikanischen Militärbehörden einzuschmeicheln. Die Aufrechten und Pflichtbewußten mußten gehen, die Schmeichler blieben und machten Karriere. In mancher Hinsicht dürfte Rust damit nicht einmal ganz unrecht gehabt haben. Andererseits war diese Betrachtungsweise natürlich eine überaus bequeme Lösung, zwölf Jahre Nationalsozialismus gleichsam ungeschehen zu machen.

Als »aufrecht und gradlinig, gewissenhaft und pflichtbewußt« wird Fritz Rust von denen geschildert, die ihn kannten. Er hatte bei der Silber- und Porzellanrequirierung für den amerikanischen General den Gehorsam verweigert, freilich nicht gegenüber dem General selbst, auch nicht gegenüber dem amerikanischen Stadtkommandanten, sondern nur gegenüber dem eher machtlosen Bürgermeister. Dennoch: Er hatte den Gehorsam verweigert, weil von ihm etwas verlangt wurde, was er als Unrecht empfand. Deutsche Polizisten waren keine »Straßenräuber«. Nur: Vor dem 29. März hatte er nicht protestiert, etwa dagegen, daß die Friedberger Polizei tatenlos zusah, wie am 10. November 1938 SA-Männer jüdisches Eigentum zerschlugen und die Synagoge in der Altstadt in Brand setzten. Hätte er es getan, so wäre er am 29. März 1945 mit Sicherheit nicht Polizeichef von Friedberg gewesen.

»Liederliche Dirnen«

»Durch das Landratsamt Friedberg«, so berichtet Rust, »wurde dem Polizeiamt mitgeteilt, daß sich im Burggarten liederliche Dirnen am hellen Tage den Amerikanern (Schwarzen und Weißen) in schamloser Weise hingaben. Hierauf wurde der Burggarten für die Zivilbevölkerung für dauernd gesperrt und geschlossen.« Bereits in seinem Bericht über die amerikanischen Einquartierungen in der Stadt hatte Rust davon gesprochen, »liederliche Dirnen« hätten sich in den beschlagnahmten Wohnungen herumgetrieben und dort gestohlen.

Wen aber meint Rust, wenn er von »liederlichen Dirnen« spricht? Allem Anschein nach nicht – jedenfalls nicht ausschließlich – die gewerbsmäßigen Prostituierten, von denen es in der Garnisonsstadt Friedberg natürlich einige gab. Mit der Bezeichnung »liederliche Dirnen« wollte er vielmehr seine moralische Verurteilung der Frauen zum Ausdruck bringen, die sich »am hellen Tag« mit amerikanischen Soldaten im Burggarten trafen und dort mit diesen Verkehr hatten – mit weißen *und* schwarzen Soldaten, wie Rust nicht vergißt sofort in Klammern hinzuzufügen. Es seien auch verheiratete Frauen darunter gewesen, selbst Offiziersfrauen, ja sie seien aus allen gesellschaftlichen Schichten gekommen, war im Sommer 1983 zu erfahren. Indirekt wird dies von Rust bestätigt, wenn er in anderem Zusammenhang den Hinweis auf die »liederlichen Dirnen« ergänzt: Es seien »auch Frauen« dabei gewesen, »die sich mit den Amerikanern anbiederten und auch einließen«. Was hat sich im Burggarten im Frühjahr und Sommer 1945 tatsächlich abgespielt?

Der Burggarten zieht sich im Halbkreis an der Innenseite der nördlichen und östlichen Burgmauern entlang. Er war für den Großherzog von Hessen und bei Rhein angelegt worden, damit dieser, wenn er gelegentlich in seinem Schloß in Friedberg weilte, promenieren konnte. Seit 1918, dem Ende des Großherzogtums Hessen, diente der Garten den Friedbergern als Ziel sonntäglicher Spaziergänge. Nun erwies er sich als ideal für die Treffen amerikanischer Soldaten mit deutschen Frauen: Mit Bäumen und Büschen bestanden, bot er eine Fülle ruhiger Ecken, in die man sich zurückziehen konnte. Außerdem war er nur vom Burghof her durch zwei Eingänge zu betreten. Man durfte also ziemlich sicher sein, nicht überraschend gestört zu werden.

Gestört werden wollten weder Deutsche noch Amerikaner. Die Deutschen nicht, weil sie ihre Besuche im Burggarten in der Regel vor Verwandten und Bekannten geheimzuhalten versuchten. Immerhin handelte es sich hier nach Auffassung der meisten um Prostitution – und überdies mit dem Feind. Auch die Amerikaner legten keinen Wert darauf, mit deutschen Frauen gesehen zu werden, da ihnen eigentlich jeder Umgang mit Deutschen verboten war. »Don't fraternize«, hatte man ihnen eingeschärft. Das hieß, daß sie mit Deutschen nicht sprechen und ihnen nicht die Hand geben durften. Sie durften sie nicht besuchen und sich auch nicht öffentlich mit ihnen zeigen. Dieser Befehl freilich war so absurd, daß sich die wenigsten daran hielten. Es mutet an wie Zynismus, daß das Wort »Fraternisation« bald zum Synonym für sexuelle Beziehungen zwischen Deutschen und Amerikanern wurde.

Der größte Vorzug des Burggartens war, daß er etwas Romantisches hatte und so über den eigentlichen Anlaß der Treffen und deren geschäftsmäßige Abwicklung hinwegzutäuschen vermochte. Offenbar haben vor allem die amerikanischen Soldaten die Illusion der Romanze gesucht. Einen gravierenden Nachteil freilich hatte der Burggarten auch: Aus den oberen Stockwerken des Schlosses konnte ein größerer

Teil sehr gut eingesehen werden. Dort war die Verwaltung des Landkreises Friedberg untergebracht, die, wenn auch in vermindertem Umfang, ihre Arbeit wieder aufgenommen hatte. Vom Landratsamt ist die Friedberger Polizei schließlich über die Vorgänge im Burggarten unterrichtet worden. Offensichtlich stellten sie eine erhebliche Beeinträchtigung des Dienstbetriebes dar.

Durch die Schließung des Burggartens für die Zivilbevölkerung hat die Friedberger Polizei die dortigen Treffen amerikanischer Soldaten mit deutschen Frauen allerdings nicht unterbinden können. Rust hatte gar nicht genügend Beamte, um den ganzen Tag über zwei davon an die Tore des Burggartens zu stellen. Ohnehin hätten deutsche Polizisten den Soldaten den Zutritt nicht verwehren können, und wahrscheinlich hätten diese sich auch von den Polizisten hinsichtlich ihrer weiblichen Begleitung wenig Vorschriften machen lassen. Insofern war die Sperrung des Burggartens für die deutsche Zivilbevölkerung mehr ein symbolischer Akt: Diejenigen, die trotz des Verbots hineingingen, sollten stigmatisiert werden. Man wollte den Kreis potentieller Besucher des Burggartens einschränken. Niemand, der den Burggarten aufsuchte, sollte so tun können, als wolle er nur spazierengehen. Diese Rechnung ging auf: »Anständige Frauen«, so wurde im Sommer 1983 übereinstimmend erklärt, hätten den Burggarten gemieden. Die beiden Tore wurden zu einer symbolischen Grenze zwischen Moral und Unmoral, Tugend und Laster.

Die Kontaktaufnahme zwischen Deutschen und Amerikanern, die ein Treffen im Burggarten überhaupt erst möglich machte, war nicht ganz einfach. Beiden Seiten war eingeschärft worden, bei den anderen handele es sich um Feinde. Außerdem gab es Verständigungsprobleme. Bei den Einquartierungen amerikanischer Truppen war zunächst jeder Kontakt ausgeschlossen, da kein Deutscher in den für die Soldaten beschlagnahmten Häusern bleiben durfte. Erst später wurden die beschlagnahmten Häuser zu Treffpunkten kontaktwilliger Deutscher. In den ersten Tagen der Besatzungszeit ist es allerdings mehrfach vorgekommen, daß amerikanische Soldaten bei Deutschen eindrangen und sich Schnaps und Wein besorgten. Daraus haben sich jedoch in den seltensten Fällen Kontakte entwickelt: Vor den betrunkenen Soldaten nämlich hatten fast alle Angst, zumal die Amerikaner die Herausgabe des Alkohols oft mit vorgehaltener Waffe erzwangen und anschließend auf der Straße herumschossen.

Die Annäherungsversuche der ersten Tage waren eher grob und ungeschickt: Auf offener Straße wurden Frauen und Mädchen von Soldaten angerempelt oder anderweitig belästigt. Sehr schnell machte sich bei den amerikanischen Truppen bemerkbar, was von den Verantwortlichen als Demoralisierung bezeichnet wurde: Die Kampfeslust der Truppe, ihre Moral, schwand. Gerade das hatte man durch das Fraternisierungsverbot vermeiden wollen, wie übrigens auch die epidemische Ausbreitung von Geschlechtskrankheiten, die der Fraternisierung zwangsläufig folgte. Die Generäle präferierten für ihre Soldaten im allgemeinen Bordelle, weil diese, nicht nur hinsichtlich der Hygiene, am besten zu kontrollieren sind und die Moral der Truppe am wenigsten schwächen. Fast alle Soldaten dagegen bevorzugen die private Lösung. Vielleicht weil sie die Illusion der Liebe nicht so brutal dementiert wie Militärbordelle.

Sehr bald wurden die groben Annäherungsversuche von subtileren Umgangsformen abgelöst. Die Kommunikation wurde differenzierter; nicht mehr jeder Beobachter konnte sogleich verstehen, worum es ging. Mit am beliebtesten war das Zigarettenspiel: Am Straßenrand stehende Soldaten warfen vorbeigehenden Frauen Zigaretten vor die Füße und beobachteten, wie diese darauf reagierten: Amerikanische Zigaretten waren damals eines der begehrtesten Genuß- und Tauschmittel, und es gehörte schon einige Selbstbeherrschung dazu, achtlos daran vorbeizugehen. Andererseits war es eine Selbstdemütigung, die wohl nicht leicht fiel, sich unter den Augen der fremden Soldaten zu bücken und das aufzuheben, was diese weggeworfen hatten. Gerade auf dieser Spannung zwischen Selbstachtung und Selbstdemütigung aber beruhte das Spiel: Gingen die Frauen weiter, ohne dem Beachtung zu schenken, oder zertraten sie womöglich sogar die Zigaretten, so war klar, daß sie an keiner wie auch immer gearteten Kontaktaufnahme interessiert waren. Blieben sie hingegen stehen und bückten sich, krümmten den Rücken oder gingen in die Knie, so gaben sie damit gewollt oder ungewollt zu erkennen, daß sie empfänglich waren für das, was die Amerikaner zu bieten hatten. Sich für eine demonstrativ hingeworfene Zigarette zu bücken war eine ungeheure Selbsterniedrigung – und wer so weit ging, der würde wahrscheinlich auch in den Burggarten mitkommen.

Offensichtlich hat sich Polizeihauptmann Rust vor allem darüber empört, daß einige Frauen freiwillig in den Burggarten gingen, daß sie den fremden Soldaten teilweise sogar hinterherliefen und in die von den Amerikanern beschlagnahmten Wohnungen kamen. Für sein konservatives Frauenbild eine Ungeheuerlichkeit! Wäre Gewalt im Spiele gewesen, so hätte er das Ganze wahrscheinlich als weniger abstoßend empfunden. Die Vergewaltigungen deutscher Frauen durch amerikanische Soldaten nämlich, die laut Rust in den ersten Wochen und Monaten der Besatzungszeit an der Tagesordnung waren, hat er mit relativer Gelassenheit erwähnt. Er hat sie unter die nächtlichen Ereignisse subsumiert, gegen die die Polizei infolge der von den Amerikanern verfügten Ausgangssperre machtlos gewesen sei.

»Die Besatzungstruppen (weiße und schwarze), die in der Stadt verblieben, drangen nachts in die Häuser der Kaiserstraße, des Gärtnerwegs und der Altstadt ein, forderten mit vorgehaltenen Pistolen Branntwein und sonstige geistige Getränke, raubten Schmuck, insbesondere Uhren, vergewaltigten Frauen und Mädchen und schossen in den Straßen herum.« Eigentumsdelikte, Vergewaltigungen und nächtliche Ruhestörungen in einem Atemzug! »Die deutsche Polizei«, fährt Rust fort, »die ebenfalls von 20.00 Uhr bis 6.00 Uhr die Straßen nicht betreten durfte, war gegen dieses Treiben machtlos. Selbst wenn diese Vorkommnisse am nächsten Tag der amerikanischen Kommandantur gemeldet wurden, blieben die Täter unbehelligt, da sie ja niemand kannte.« Seine Machtlosigkeit scheint ihn fast mehr gestört zu haben als die Straftaten selbst.

Rusts Vorwürfe gegen die Soldaten werden durch die Akten der amerikanischen Militärkommandantur in Friedberg auf den ersten Blick bestätigt. Am 25. April brachten Therese S. und Margarete W., beide wohnhaft in der Riedstraße, bei der Friedberger Polizei zur Anzeige, in der vergangenen Nacht seien zwei farbige US-Soldaten in ihre Wohnung eingedrungen. Die Soldaten hätten sie belästigt und geschlagen. Die sechzehn- bzw. neunzehnjährigen Töchter der beiden, auf die es die Soldaten abgesehen gehabt hätten, hätten gerade noch aus dem Fenster springen und sich in der Dunkelheit im Garten verbergen können.

Am 28. April brachte Auguste W., wohnhaft in der Judengasse, zur Anzeige, in der Nacht vom 25. auf den 26. April seien gegen ein Uhr drei amerikanische Soldaten in ihre Wohnung eingedrungen, hätten ihren Sohn und dessen Freund in ein Zimmer gesperrt und sie mit vorgehaltener Waffe bedroht. Anschließend sei sie von zwei amerikanischen Soldaten nacheinander vergewaltigt worden.

Legt man diese und andere Anzeigen zugrunde, so scheinen – entgegen einer weitverbreiteten Vorstellung – in den Monaten vor und nach Kriegsende Vergewaltigungen keineswegs auf das von der Roten Armee besetzte Gebiet beschränkt gewesen zu sein. Allerdings kamen in den von der sowjetischen und französischen Armee eroberten Gebieten Vergewaltigungen viel häufiger vor als in den von Amerikanern und Engländern besetzten Zonen. Aber auch hier sind Vergewaltigungen publik geworden. So geht aus den Erzählungen einiger Frauen im Sommer 1983 hervor, daß in den ersten Wochen und Monaten der Besatzungszeit viele Frauen sich in ständiger Angst befanden, vergewaltigt zu werden, zumal immer wieder neue Gerüchte über Vergewaltigungen in der Stadt umliefen.

Dennoch – soweit sich dergleichen im nachhinein rekonstruieren läßt: Die Befürchtungen waren größtenteils unbegründet, und die meisten Gerüchte über Vergewaltigungen waren falsch. Tatsächlich nämlich hatten es die amerikanischen Soldaten – und das ist wohl der entscheidende Unterschied zwischen ihnen und den Rotarmisten – gar nicht nötig, Gewalt anzuwenden, wenn sie »Liebe« wollten; im Tausch konnten sie diese erheblich bequemer bekommen, zumal sich Nachfrage und Angebot in etwa die Waage hielten. »Liebe« gegen Dollars, Zigaretten, Schokolade und anderes, das war, folgt man den Berichten und Erzählungen, in diesen Wochen und Monaten das wohl am häufigsten getätigte Geschäft in Friedberg. »There ist nothing like it this side of Tahiti«, hieß es im Kasernenton der Amerikaner über die Zugänglichkeit deutscher Frauen. Wären die Amerikaner abgezogen, hätte den deutschen Frauen, die mit Amerikanern Verhältnisse hatten, wahrscheinlich ähnliches geblüht wie den »Deutschenliebchen« in Frankreich oder Italien, an denen man, kaum waren die Deutschen fort, auf brutale Weise sein Mütchen kühlte.

Die Bereitschaft einer Reihe von Frauen, mit amerikanischen Soldaten sexuelle Beziehungen einzugehen, läßt sich zunächst natürlich damit erklären, daß sie auf diese Weise an zusätzliche Lebensmittel herankamen, an Nahrungsmittel, die oft genug für die Kinder bestimmt waren. Unter dem Zwang des Hungers brachen – wie bei den Plünderungen – auch hier jene Schranken, die zuvor selbstverständlich waren und bald darauf auch wieder als unverbrüchlich galten.

Doch der Hinweis auf Hunger und Not reicht nicht aus. Einige Frauen nämlich gaben sich bald gar keine Mühe mehr, ihre Verhältnisse mit amerikanischen Soldaten zu verheimlichen, sondern stellten sie offen zur Schau. Man darf vermuten, daß ihnen ihre »Beziehungen« mehr bedeuteten. Sicherlich ist Neugierde mit im Spiel gewesen, der erotische Prickel des Neuen und Fremden, auch Lebenshunger und bei manchen vielleicht einfach der Trotz, das nachzuholen, was ihnen in den letzten Jahren durch den Krieg vorenthalten worden war. Es scheinen in Friedberg nicht wenige Frauen und Mädchen gewesen zu sein, die auf irgendeine Weise mit amerikanischen Soldaten Kontakt gehabt haben. Einige dieser Verhältnisse sollen sehr demonstrativ, fast provokativ gewesen sein. Das legt eine weitere Hypothese nahe.

Die sexuelle Zugänglichkeit so vieler Frauen scheint indirekt auch eine Rache an der nationalsozialistischen Ideologie gewesen zu sein, die die Frau zur »Hüterin des Seins«, zur »Magd und Dienerin des Mannes« erklärt und von ihr vor allem Dienst und Opfer verlangt hatte. Haushalt und Kinder galten als Bereich der Frau. Zwar war es den Nazis nie gelungen, die Frauen gänzlich auf das von ihnen propagierte Ideal der Frau und Mutter festzulegen. Insbesondere in den letzten Kriegsjahren hatte man Frauen verstärkt in die Produktion der kriegswichtigen Betriebe einspannen müssen, auch in Friedberg, wo viele für die in Teilen nach Friedberg ausgelagerten Adler-Werke dienstverpflichtet worden waren. Um so mehr jedoch hatte die nationalsozialistische Propaganda versucht, den Frauen einzuhämmern, sie hätten schön zu sein und Kinder zu bekommen, während der Mann für die Nahrung sorge, auf Wacht stehe und den Feind abhalte. Nun war der Feind da, die Männer überwiegend in Gefangenschaft, und die Nahrung mußten die Frauen sich selber besorgen. Das von Goebbels propagierte Familienideal war auf der ganzen Linie zusammengebrochen.

In aller Öffentlichkeit mit schwarzen Soldaten zu verkehren – schroffer konnte man sich kaum von einer Ideologie distanzieren, die der Frau die Aufgabe zugedacht hatte, die »Reinheit des Blutes und der Rasse« zu wahren. Das Dritte Reich hatte die Frauen nationalisiert: »Dem Führer ein Kind«. In der demonstrativen Zugänglichkeit amerikanischen Soldaten gegenüber scheinen einige Frauen versucht zu haben, sich selbst zurückzugewinnen, indem sie über das eigene Geschick von nun an selbst verfügen wollten. Was auf den ersten Blick wie eine Erniedrigung aussieht, wäre demnach in Wirklichkeit eine Befreiung gewesen? Gerade das, diese kleine Nuance von der Passivität zur Aktivität auch im sexuellen Bereich, das war es wohl, was Rust so empört hat: liederliche Dirnen, die sich am hellichten Tag weißen *und* schwarzen Amerikanern in schamloser Weise hingaben …

Alle diese Erklärungen müssen Hypothese bleiben. Mit denen, die damals in den Burggarten gingen, waren keine Gespräche möglich, schon deswegen nicht, weil von niemandem Namen genannt wurden. So bereitwillig sonst Auskunft gegeben wurde, hier stieß ich auf eine

Mauer des Schweigens. Daß die Betreffenden aus allen Schichten kamen, daß auch verheiratete Frauen darunter gewesen seien, sogar Offiziersfrauen, an all das konnte man sich gut erinnern, nur nicht an Namen.

Bereits im Sommer 1945 hatten sich die Verhältnisse allmählich wieder »normalisiert«: Die für einige Zeit fließend gewordenen Grenzen bekamen wieder Kontur, schon bald stand wieder fest, wer eine »anständige Frau« und wer ein »Ami-Liebchen« war. Die Ekstase war vorbei, es ging wieder an die Etikettierungen. Da jedoch aus der »Burggartenzeit« einige Schwangerschaften zurückgeblieben waren, hatten mehrere Frauen allergrößtes Interesse daran, daß weiterhin Gerüchte über Vergewaltigungen durch amerikanische Soldaten in der Stadt umliefen. Der Vorwurf, die Amerikaner hätten Gewalt angewandt, war das probateste Mittel, die eigene Ehrbarkeit zu retten, denn darauf wurde nun wieder Wert gelegt. Auch die kriegsgefangenen Väter, Männer und Freunde würden bald zurückkehren. Schon bald war es weniger anstößig, Nazi gewesen als in den Burggarten gegangen zu sein. Ersteres war ein Irrtum, letzteres eine Schande …

Unbestreitbar ist, daß es in einigen Fällen tatsächlich zu Vergewaltigungen durch amerikanische Soldaten gekommen ist. Das zeigen die Akten der amerikanischen Militärkommandantur in Friedberg. Bei einigen dieser Vergewaltigungen stellt sich jedoch die Frage, ob es sich dabei nicht eher um eine gewaltsame Durchsetzung von »Rechtsansprüchen« gehandelt hat – so jedenfalls hätten die amerikanischen Soldaten wahrscheinlich argumentiert, wenn sie sich dafür hätten verantworten müssen. Und sie hätten nicht einmal lügen müssen.

Neben der Form des »gleichzeitigen« Tauschs im Burggarten hatte sich nämlich eine andere Form des Verkehrs durchgesetzt: von amerikanischen Soldaten Geld und Zigaretten zu nehmen und ihnen dafür seine Adresse zu geben. Im Verlauf der Nacht wurde dann die andere Seite des Tauschgeschäfts abgewickelt. Das war das Verfahren derjenigen, die sich nicht öffentlich zu ihren Verhältnissen mit amerikanischen Soldaten bekennen wollten. Von denen, die nach Rusts Verfügung noch in den Burggarten gingen, stand in der Friedberger Öffentlichkeit fest, daß sie Prostituierte waren, »liederliche Dirnen«. Davor schreckten viele dann doch zurück. Das Anzahlungs-Abzahlungsverfahren schien einen Ausweg zu bieten.

Nun gab es in Friedberg offensichtlich eine Reihe von Frauen und Mädchen, die zwar die Anzahlung nehmen wollten, aber an den nächtlichen Besuchen der Amerikaner kein Interesse hatten. Also gaben sie falsche Adressen an, was zur Folge hatte, daß andere das von ihnen eingeleitete Geschäft begleichen mußten. Es scheinen vor allem Frauen und Mädchen aus bürgerlichen Familien gewesen zu sein, die zwar Dollars und Zigaretten wollten, sich aber genierten, mit amerikanischen Soldaten sexuellen Verkehr zu haben. Ebenso ausgeprägt wie ihr Geschäftssinn war ihre Vorstellung von dem, was sich schickte und was nicht. Also gaben sie die Adressen von Frauen »aus einfachen Verhältnissen« an, denen, wie sie wohl meinten, dergleichen ohnehin wenig ausmache.

Dies dürfte der Hintergrund der Vergewaltigung der Auguste W. gewesen sein, über die das Polizeiprotokoll vorliegt. Auch die Tätlichkeiten zweier amerikanischer Soldaten gegen Therese S. und Margarete W. dürften ihren Ursprung darin gehabt haben, daß sich die beiden Amerikaner von den Töchtern der Frauen betrogen fühlten. Die Mädchen hatten sich, wie aus dem Polizeiprotokoll hervorgeht, mehrfach mit amerikanischen Soldaten im Burggarten getroffen. Dann waren sie weggeblieben. Wahrscheinlich standen noch einige Gegenleistungen aus, die sich die beiden Soldaten holen wollten, und als sie der Töchter nicht habhaft werden konnten, verprügelten sie aus Ärger deren Mütter.

Die deutsch-amerikanischen Kontakte beschränkten sich bald nicht mehr nur aufs Sexuelle: Schon im Sommer 1945 waren die amerikanischen Soldaten die gefragtesten Arbeitgeber in Friedberg. Sie zahlten nämlich nicht mit dem inzwischen ziemlich wertlosen deutschen Geld, sondern in Naturalien. Viele brachten etwa ihre Wäsche zu Friedberger Frauen, um sie waschen und flicken zu lassen. Gegen entsprechende Bezahlung waren diese Frauen gerne bereit, den Soldaten die unannehmlichen Seiten des Soldatenlebens abzunehmen. Mancher GI wurde dabei zu einem festen Bestandteil eines deutschen Haushalts.

Doch nicht nur aufgrund der zusätzlichen Verpflegung scheinen feste Beziehungen mit amerikanischen Soldaten beliebt gewesen zu sein. Einen amerikanischen Soldaten zu kennen war ein Stück Macht. Das zeigte sich im Sommer bei der Kirschenernte: Vom Ockstädter Ortsrand bis fast zur Autobahn erstreckt sich der Kirschenberg, eine offene Anpflanzung von Kirschbäumen, deren Besitz sich fast alle Ockstädter Familien teilen. Angesichts der knappen Verpflegungsrationen setzte zur Reifezeit ein wahrer Ansturm auf die Kirschen ein. Die Ockstädter Bauern ließen sich angesichts dieser Nachfrage gut bezahlen; viele gaben Kirschen und anderes Obst bald nur noch gegen Wertgegenstände ab. Der Stabilität des deutschen Geldes mißtrauten sie ohnehin. Damals, so hieß es nicht nur in Friedberg, hätten die Bauern ihre Ställe mit Perserteppichen auslegen können. Der »Perser« wurde zum Inbegriff der bäuerlichen Habgier.

Zuletzt konnten nur noch wenige Kirschen »kaufen«. Die anderen versuchten es mit Stehlen. Das freilich vermochte der Feldschütz mit seinen Hunden weitgehend zu unterbinden, wobei er von den Ockstädtern tatkräftig unterstützt wurde. Wer nichts hatte, bekam auch keine Kirschen – außer er hatte »seinen Ami« dabei. Gegen amerikanische Soldaten waren Feldschütz, Hunde und Ockstädter machtlos. Wer nichts besaß, um Kirschen eintauschen zu können, und dennoch in Ruhe pflücken wollte, mußte eben einen amerikanischen Soldaten mitbringen. Der »Ami« ersetzte den »Perser«. Auf seinem Stahlhelm sitzend, hielt er alle Deutschen fern, die gegen den Diebstahl einschreiten wollten, und erhob einer von ihnen doch einmal Einwände gegen das Treiben, so erhielt er die barsche Antwort: »Halt's Maul, sonst schießt dich mein Ami tot!«

»Mein Ami« – das Possessivpronomen zeigt die Wege und Schleichwege, auf denen sich die Deutschen die Sieger sehr bald angeeignet haben. Einen Ami zu haben hieß, ein Stück Sieg zu besitzen. So wurde aus der Niederlage des Deutschen Reiches für manchen doch noch ein glanzvoller Sieg – geschäftlich gesehen. Eben darin lag die Normalisierung des Lebens, die allmähliche, langsame, aber unaufhaltsame Verwandlung des Ausnahmezustandes in den Besatzungsalltag. Die Frauen mit »ihren« Amis vollzogen als erste und am offensten, was ihnen, subtiler und vorsichtiger, die Mehrheit bald nachmachen sollte.

Zeittafel

22. Januar 1945: Aufrufung der Stufe 1 des Alarmplans »Gneisenau«: Aufhebung von Rückstellungen, Einziehung des 1. Volkssturmaufgebots.

24. Januar: »Kampfgruppe Reinecke« (1. Volkssturmaufgebot des Kreises Friedberg) wird am Bahnhof Friedberg nach Osten in Marsch gesetzt.

7. Februar: Hauptmann Fred Henrich wird zum Kampfkommandanten von Friedberg bestimmt.

15. Februar: Letzter Meldetermin zum Volkssturm.

17. Februar: General v. Uckermann, Kommandeur der Sicherungsdivision in Marburg, läßt sich über die Planungen zur Ortsverteidigung in Friedberg unterrichten. Auseinandersetzungen zwischen dem designierten Kampfkommandanten Hauptmann Henrich und SA-Standartenführer Riecke.

5. März: Jg. 1928 wird zur Wehrmacht eingezogen, Jg. 1929 wird volkssturmpflichtig.

6. März: Eine Alarmeinheit der Friedberger Garnison wird zur Westfront in Marsch gesetzt.

8. März: Planspiel »Ortsverteidigung von Friedberg«; anschließend: Oberst von Lützow, Kommandeur des Sicherungsregiments, vereidigt Hauptmann Henrich als Kampfkommandanten von Friedberg.

12. März: Schwerer Luftangriff auf den Friedberger Bahnhof. Die Altstadt brennt.

16. März: Aufrufung der Stufe 2 des Alarmplans »Gneisenau«: Hauptmann Henrich übernimmt die volle Befehlsgewalt als Kampfkommandant.

22./23. März: Amerikanische Truppen überqueren bei Oppenheim den Rhein; sie stoßen in nördliche und nordöstliche Richtung vor.

26. März: Einrichtung eines Verbandsplatzes in Friedberg; letzte Vorbereitungen zur Ortsverteidigung.

27. März: Einrücken der Garnisonstruppen in den Verteidigungsring um Friedberg; während der Nacht Schanzarbeiten an den Feldstellungen.

28. März: Gegen Mittag: Hauptmann Henrich läßt die Panzersperren an den Ausfallstraßen schließen.

Gegen 13 Uhr: Beobachter meldet zehn amerikanische Kampfpanzer vier Kilometer südöstlich von Friedberg.

Gegen 14 Uhr: Hauptmann Henrich gibt das vereinbarte Stichwort zur Hissung der weißen Fahne über seinem Gefechtsstand. Die Fahne wird auf Befehl eines Flak-Hauptmanns wieder abgenommen. Henrich erleidet einen Nervenzusammenbruch und tritt als Kampfkommandant ab.

Gegen 16 Uhr: Plünderung des Heeresverpflegungslagers (»Proviantamt«) am südlichen Stadtrand durch Zivilisten und deutsche Soldaten.

Gegen 20 Uhr: Hauptmann Heinrich Wölk wird zum neuen Kampfkommandanten ernannt.

29. März: Gegen 5 Uhr: Amerikanischer Panzerangriff aus südlicher Richtung. Kämpfe. Der amerikanische Angriff wird unter dem Eindruck des deutschen Widerstandes abgebrochen.

Gegen 6 Uhr: Deutsche Verteidiger in Fauerbach ergeben sich.

Gegen 7.30 Uhr: Leutnant Hammann erklärt sich bereit, zwei amerikanische Offiziere zum Gefechtsstand des Kampfkommandanten zu führen.

Gegen 8.30 Uhr: Hauptmann Wölk willigt in die Aufforderung zur kampflosen Übergabe der Stadt ein. Streit unter den deutschen Offizieren.

Gegen 10 Uhr: Amerikanische Truppen (Panzer und Infanterie) rücken in Friedberg ein.

30. März: Der amerikanische Militärgouverneur für Stadt und Kreis Friedberg verhängt den Belagerungszustand.

Quellenverzeichnis

Stadtarchiv Friedberg
Ordner »Aus Friedbergs letzten Kriegstagen 1945«:

Fred Henrich, Beitrag zur Vorgeschichte der kampflosen Übergabe der Stadt Friedberg an die US Third Army am 29. März 1945, masch.-schriftl., 43 Seiten.

Fred Henrich, Stellungnahme zu der »Ergänzung der Tagebuchnotizen« d. Herren Dr. Walther Schäfer in München vom März 1950, masch.-schriftl., 9 Seiten.

Heinrich Wölk, Die Übergabe der Stadt Friedberg. Aufzeichnungen aus der Erinnerung, masch.-schriftl., 6 Seiten.

Heinrich Wölk, Stellungnahme zum »Beitrag zur Vorgeschichte der kampflosen Übergabe der Stadt Friedberg an die US Third Army am 29. März 1945« von Henrich (zugleich Ergänzung zum Bericht von Dr. W. Schäfer über die Person des ehemaligen Hauptm. Henrich), masch.-schriftl., 3 Seiten.

Gustav Hammann, Bericht über meine Erlebnisse im Zusammenhang mit der Einnahme der Stadt Friedberg durch die Amerikaner am 29.3.1945, masch.-schriftl., 7 Seiten.

Dr. Walther Schäfer, Auszug aus dem Kriegstagebuch, Friedberg 27.–29. März 1945, masch.-schriftl., 3 Seiten.

Walther Schäfer, Ergänzung meiner Tagebuchnotizen und kritische Stellungnahme zu dem Beitrag für das Friedberger Stadtarchiv über die »Vorgeschichte der kampflosen Übergabe …« von Fred Henrich, masch.-schriftl., 16 Seiten.

Wilhelm Hans Braun, Aufzeichnungen vom Zusammentreffen mit Major Smith und Herrn H. Wölk am 3.9.1950, masch.-schriftl., 4 Seiten.

Otto Ludwig, Der letzte Batl.-Gefechtsstand des Inf.Ers.Batl. 36. Aufzeichnungen aus der Erinnerung des ehemaligen Batl.-Schreibers (Ia) beim Inf. Ers. Batl. 36, Standort Friedberg i. Hessen, masch.-schriftl., 5 Seiten.

Luftschutz-Kriegstagebuch gemäß Verfügung der Regierung in Hessen vom 24.VI.1939 und 3.I.1944, handschriftl., ohne Paginierung. Das Luftschutz-Kriegstagebuch wurde von dem Revier-Hauptmann der Schutzpolizei, Fritz Rust, geführt.

Fritz Rust, Nachtrag zu meinem Kriegstagebuch 1939 bis 1945. Ereignisse vor und nach dem 28.3.1945, die für die Nachwelt erhalten bleiben sollen, masch.-schriftl., 18 Seiten.

Karl Orth, 1945/1946, masch.-schriftl., mit handschriftlichen Nachträgen und Korrekturen, 100 Seiten. (Oberregierungsrat Orth übergab das Typoskript am 9.2.1964 dem Friedberger Geschichtsverein.)

Anzeige der Elisabethe H., 4. März 1946; masch.-schriftl., 7 Seiten; Kasten NSDAP.

Ordner »März 1945«:
Brief *Ludwig Nickel*, 10.7.1984; Brief *Helmut Finkeldey*, 16. März 1984; *Helmut Finkeldey*, Die Übergabe der Stadt Friedberg 1945, masch.-schriftl., 4 Seiten; Brief *Oswald Schnautz*, 14.12.1983; Brief *Fred Palkovich*, 17.1.1984; Brief *Günther Wölk*, 25.5.1984.

Die Protokolle der im Sommer 1983 geführten Gespräche mit *Rudolf Kayser*, *Hermann* und *Gustl Mangels*, *Ludwig Liebig*, *Liesel Wittmann*, *Berta Pohle*, *Carola Müller*, *Hedwig Margarete Billasch*, *Anneliese Ulrich* und *Gertrud Thomas* befinden sich im Privatbesitz des Verfassers.

Staatsarchiv Darmstadt
Polizeiakten des Kreises Friedberg, 1933–1945.
Akten der amerikanischen Militärpolizei, Kreis Friedberg, 1945, Mikrofilm.

Universitätsbibliothek Gießen
Gießener Zeitung. Tageszeitung der NSDAP für die Kreise Gießen, Friedberg, Büdingen, Wetzlar, Alsfeld, Lauterbach, Biedenkopf, Dillenburg. Jg. 1944, Jg. 1945 bis Ende März.

The National Archives, USA
USSBS City Target Folder IIIa 972
Friedberg CH 5550; GN 5898
RG 243, Records of the U.S. Strategic Bomber Survey
Interpretation Report S.A. 2335
Attack on Friedberg Marshalling Yard on 20 Jul 1944. 1 Seite.
Interpretation Report S.A. 2963
Attack on Friedberg Marshalling Yard on 4 Dec 1944, 2 Seiten.
Interpretation Report S.A. 2990
Attack on Targets in Germany on 12 Dec 1944, Gelnhausen, Friedberg, Nordhausen, 1 Seite.
Interpretation Report S.A. 3378
Attack on Friedberg Marshalling Yard on 12 Mar 1945, 1 Seite.
Immediate Interpretation Report No. K. 3508
Locality: Friedberg Marshalling Yard 27 Dec 1944, 1 Seite und 1 Photographie.
Immediate Interpretation Report No. K. 3933
Locality: Friedberg (Railway Center), 2 Seiten und mehrere Photographien.

Collier's National Weekly, For May 12, 1945, S. 16, 1, 55. How Superman Died. By Richard Roberts. United Press Correspondent.

Kriegstagebuch des Prof. Ferd. Dreher. Auszugsweise abgedruckt in: Von Schwarz-Weiß-Rot zum Hakenkreuz. Beiheft 1 der Wetterauer Geschichtsblätter, Friedberg o.J. (1984), S. 27–35 (1.1.1944–8.3.1945).

Erinnerungen an das Infanterie-Regiment 36, bearbeitet, zusammengestellt und herausgegeben von Hans Reimer, Friedrichsdorf/Ts. o.J. darin: Auszüge aus dem *Kriegstagebuch von Fred Henrich*, 24.3.1941–16.11.1941 (S. 90–120) sowie 1.6.1942–16.10.1942 (S. 250–265).

Die Verbrechen vor Gericht

Nürnberger Menschen-
rechtszentrum (Hrsg.)
Das internationale Militärtribunal von Nürnberg 1945/46
Die Reden der Hauptankläger
Neu gelesen und kommentiert
512 Seiten
ISBN 978-3-86393-067-7

Die während der Nürnberger Prozesse geschaffenen „Nürnberger Prinzipien" stellen einen Meilenstein zu einem internationalen Strafgerichtshof dar.

Bernd Naumann
Der Auschwitz-Prozess
Bericht über die Strafsache gegen Mulka u. a. vor dem Schwurgericht Frankfurt am Main 1963–1965
331 Seiten
ISBN 978-3-86393-049-3

Bernd Naumann berichtete 20 Monate lang im Auftrag der Frankfurter Allgemeinen Zeitung über den Prozessverlauf.